Birgit Ermer

Au Pair in den USA

Leben, arbeiten und lernen in Amerika
Aber richtig!

MANA

Bibliografische Information der Deutschen Nationalbibliothek
Die Deutsche Nationalbibliothek verzeichnet diese Publikation in der Deutschen Nationalbibliografie; detaillierte bibliografische Daten sind im Internet über http://dnb.dnb.de abrufbar.

1. Auflage

Satz und Layout: Katharina Arlt
Druck: Dardedze, Riga
ISBN: 978-3-95503-085-8

Bildnachweis

Titelfoto:
Sandra Casado-Bernal

Bilder im Textteil:

11/81/215 Sina H., 15/23/41/51/52/79/95/112/131/168 Sebastian Oberbauer, 16/119/172/229/260 Sandra Casado-Bernal, 25/46/114/164 Christina M., 28/209 Sara H., 34/241/244 Maren M., 38/91/98/152/163/199/203/263/264 Manuela Straßer, 42 Phil Coffman, 45/128/145 Birgit Ermer, 48 Averie Woodard, 49 Dino Reichmuth, 54 Maarten van den Heuvel, 57 Danielle MacInnes, 60 Myles Tan, 67 London Scout, 72/133 Eva F., 75 Caleb Jones, 76 Nina Held, 82 Caroline Hernandez, 86 Peter Hershey, 88 Alexander Dummer, 92/109 Clara E., 96 Ben White, 101/104 Leo Rivas-Micoud, 103 Maher El Aridi, 111 Nathan Anderson, 115 Agberto Guimaraes, 122 David Beale, 124/271 Frank McKenna, 137/167/210 Sabrina Loder, 138 Jesse Orrico, 141 Tim Gouw, 142 Teddy Kelley, 148 Ashton Bingham, 151 Julia M., 159 Luis Llerena, 171 Kait Herzog, 175 Nico Beard, 177 Alejandro Salinas, 178 Donald West (Wawa - Gasoline (Petrol) Station, cc by 2.0), 181 401(K) 2012, www.401kcalculator.org (Money America, cc by-sa 2.0), 185 Rochelle Nicole, 186 Daderot, 191 David Straight, 194 Wayne Dery, 200 Gabriel Beaudry, 206 Valeria Zoncoll, 216 Gert Boers, 221 Colin Maynard, 226 Kalen Ernsley, 235/238 Tanja H., 248/255 Julia B.

Vorwort

Amerika hautnah. Eine andere Familie. Neue Herausforderungen. Alltag mit Kindern. Internationale Freunde. Geld verdienen. Lernen. Reisen. Geben und nehmen. Als Fremder hin, als Familienmitglied zurück!

All das und vieles mehr umfasst ein Au Pair-Jahr in den USA. Ein Programm mit viel Vergangenheit, das trotzdem nichts an seiner Aktualität und Bedeutung verloren hat. Wo sonst lassen sich Weiterbildung, Geld verdienen und das Eintauchen in eine fremde Kultur so leicht miteinander verbinden? Au Pairs sind mittendrin statt nur dabei. Sie werden Teil des amerikanischen Alltags, erleben eine Familie ganz privat und werden gebraucht! Gleichzeitig bietet ihnen das amerikanische Au Pair-Programm Struktur, Unterstützung und Sicherheit, auf eine Art und Weise die weltweit einzigartig ist!

Die Vorteile einer Au Pair-Tätigkeit sind schnell aufgezählt. Doch wie sieht es mit einem Blick hinter die Kulissen des amerikanischen Au Pair-Business aus? Was erwarten Gastfamilien von ihrem Au Pair? Welche Bedingungen sind an das Leben in den USA geknüpft und wie können Au Pairs ihren Aufenthalt beeinflussen? Wo liegen die kulturellen Herausforderungen für die Programmteilnehmer?

Mir war es wichtig, das Au Pair-Programm in den USA aus verschiedenen Blickwinkeln zu beleuchten. Da wäre meine eigene Erfahrung als Au Pair in Boston, aber auch meine Mitarbeit in einer internationalen Austauschorganisation und jahrelange Beratertätigkeit. Dieses Buch soll aufklären, informieren und sensibilisieren für das Abenteuer Au Pair in Amerika!

Start your very own adventure …now!

Birgit Ermer

Owl be your
friend forever!

1 | Au Pair: Idee und Programme

1.1 Begriff und Auslegung

Die Vorstellungen darüber, was ein Au Pair-Aufenthalt bedeutet und welche Aufgaben ein Au Pair hat, gehen heute weit auseinander. Viele haben schon einmal gehört, dass ein Au Pair nur ausgenutzt wurde. Die Vorurteile reichen von „moderne Sklaverei“ bis hin zu „Das sind langweilige Mauerblümchen, die sich nur für Kinder und Hausarbeit interessieren!“ Weit verbreitet ist auch das Klischee einer jungen Amazone, die dem Gastvater den Kopf verdreht und es mit der Kinderbetreuung eher locker nimmt, oder das der Au Pairs, die eigentlich nur im Ausland leben und günstig reisen wollen. Man hört aber auch von Au Pairs, die gerne Partys feiern, dabei ihre Sprachkenntnisse verbessern und das süße Leben in vollen Zügen genießen, oder ist es gar so, dass Au Pairs eigentlich auswandern möchten und versuchen, während des Auslandsaufenthaltes den Mann oder die Frau fürs Leben zu finden? Was bedeutet „Au Pair“ also, und was versteht man unter einer Au Pair-Tätigkeit?

Was ist ein Au Pair?

Heute werden eine Vielzahl an Auslandsaufenthalten unter der Rubrik „Au Pair“ angeboten: Sprachreisen oder Praktika in Verbindung mit Au Pair oder die Betreuung von Haustieren, älteren Menschen bis hin zur kompletten Haushaltsführung. Genaugenommen haben alle diese Tätigkeiten nichts mit einer Au Pair-Beschäftigung im eigentlichen Sinn zu tun.

Wodurch sich ein Au Pair-Aufenthalt definiert, lässt sich am besten durch eine genauere Betrachtung des Begriffs und der Entstehungsgeschichte erklären: „au pair“ wird im Deutschen meist mit „auf Gegenseitigkeit“ übersetzt. Andere

Quellen verweisen auf die ursprünglich lateinische Herkunft: „par“ bedeutet hier „gleich/entsprechend“.

Entscheidend bei beiden Erklärungsversuchen ist die Betonung der außergewöhnlichen Rolle eines Au Pairs, die sich nur schwer in gängige Arbeits- und Lebensverhältnisse einpassen lässt: Ein Au Pair soll zu einem neuen Familienmitglied auf Zeit werden und am Leben der Gastfamilie teilhaben. Als Gegenleistung für freie Unterkunft und Verpflegung sowie einem Taschengeld, betreut ein Au Pair den Nachwuchs der Gastfamilie und ist auch im Haushalt behilflich. Betrachtet man die obige Erklärung genau, wird nun auch deutlich, was den Begriff „Au Pair“ und die damit verbundenen Tätigkeiten so schwer greifbar machen: Ist ein Au Pair nun eine Hausangestellte, ein Kindermädchen oder ein Gast auf Zeit? Weder, noch – muss hier die Antwort lauten. Denn obwohl das Au Pair Kinderbetreuung und Mithilfe im Haushalt leistet und dafür eine Vergütung sowie freie Kost und Logis erhält, soll ihm auch eine Aufnahme in die Familie und ein Kennenlernen der Kultur ermöglicht werden. Was hierbei recht kompliziert, aber auch faszinierend ist und zudem eine einmalige Lernmöglichkeit bietet, ist die Verknüpfung von materiellen und immateriellen Werten. Wie entstand dieses seltsam anmutende Arbeitsverhältnis?

Bevor wir der Geschichte des Au Pair-Aufenthaltes auf den Grund gehen, soll hier angemerkt werden, dass sich in diesem Buch „Au Pair“ ausschließlich auf den Aufenthalt in einer (in den USA ansässigen) Gastfamilie mit Kinderbetreuung und Mithilfe im Haushalt bezieht. Anderweitige Beschäftigungsverhältnisse, wie z.B. die Betreuung Erwachsener oder eine reine Haushaltshilfe, fallen nicht unter einen Au Pair-Aufenthalt im ursprünglichen Sinn und entsprechen auch nicht den Vorgaben des US-amerikanischen Außenministeriums, weshalb auf derartige Arbeitsverhältnisse hier nicht eingegangen wird.

1.2 Die Geschichte des Au Pair-Wesens

Die Suche nach dem Ursprung der modernen Au Pair-Idee führt ins Europa des 19. Jahrhunderts: Erste Quellen belegen bereits zur Mitte der 1850er Jahre die Aufnahme von „Haustöchtern" in wohlhabende Schweizer Familien. Die jungen Mädchen, deren Status in etwa dem der späteren Au Pairs entsprach, sollten ganz im Sinne des nach Bildung und Wohlstand strebenden Bürgertums auf ihre spätere Rolle als Ehefrau und Mutter vorbereitet werden. In der Gastfamilie erhielten sie neben einer Einführung in gesellschaftliche Umgangsformen einen Einblick in die Kindererziehung und die Bewirtschaftung eines großen Haushaltes.

Die Bedeutung, die zu dieser Zeit der französischen Kultur und Etikette zugemessen wurde, machte die Anstellung in gehobenen Haushalten für eine Vielzahl junger Frauen attraktiv. Zudem verschaffte sie ihnen einen beachtlichen Vorteil bei der Bewerbung zukünftiger Arbeitsstellen. Die mehrsprachige Schweiz bot sich geradezu an, jungen Frauen die französische Sprache und Lebensweise näher zu bringen, ohne dabei Landesgrenzen überschreiten zu müssen. Bereits gegen Ende des 19. Jahrhunderts etablierte sich dort das bis heute gängige „Weschlandjahr", das vor allem deutsch-schweizerischen Mädchen aus einfacheren sozialen Verhältnissen einen Aufenthalt in der französischsprachigen Schweiz ermöglicht. Die Mädchen erhielten und erhalten hiermit die Chance, wertvolle Erfahrungen zu sammeln, ohne dabei die eigene Familie finanziell zu belasten oder als reines Dienstmädchen angestellt zu werden.

Bald herrschte auch in anderen Ländern eine rege Nachfrage nach internationalen Haustöchtern, und viele junge Frauen interessierten sich besonders für Gastfamilien in den pulsierenden Metropolen Europas wie z.B. London, Wien oder Paris. Oft werden die ersten Au Pair-Aufenthalte auch

Der Times Square in New York ist immer gut besucht

als Gegenstück zu den bereits weit verbreitenden Studienreisen, Praktika und Volontariaten junger Männer angesehen.

Trotz aller Abenteuerlust und neu gewonnener Selbstständigkeit waren die ersten Au Pairs in ihrer Anstellung meist auf sich alleine gestellt und hatten keinerlei Schutz und Rückhalt im Ausland. Um diesen Missstand zu ändern, bildeten sich Ende des 19. Jahrhunderts vor allem aus den Reihen der bürgerlichen Frauenbewegung erste nationale und internationale Initiativen. Ein Beispiel ist der bis heute aktive „Verein für Internationale Jugendarbeit" (VIJ), der 1877 gegründet wurde und es sich zur Aufgabe machte, junge Frauen zu beraten und bei ihrer Suche nach Arbeit und wirtschaftlicher Selbstständigkeit zu unterstützen.

Der Erste Weltkrieg brachte dann das Au Pair-Wesen in ganz Europa zum Erliegen. Nach Kriegsende keimte im Rahmen der Versöhnungspolitik das Interesse an einem breit angelegten, internationalen Kulturaustausch wieder auf und somit auch der Wunsch nach einer organisierten Au Pair-Vermittlung. Im Zuge dieser Entwicklung nahm z.B. England im Jahre 1924 mit der Schweiz und 1930 mit Ös-

Au Pairs und Kinder werden gemeinsam kreativ

terreich konkrete Verhandlungen über die Au Pair-Entsendung auf. In Deutschland wurde diese Entwicklung leider durch den immer stärker anwachsenden Nationalsozialismus unterbrochen.

Nach Beendigung des Zweiten Weltkrieges war an einen internationalen Jugendaustausch mit Deutschland erst mal nicht zu denken. Es ist der deutsch-französischen Annäherungspolitik von Konrad Adenauer und Charles de Gaulle zu verdanken, dass sich für deutsche Jugendliche wieder Perspektiven auf internationaler Ebene ergaben. Mit der Gründung des Deutsch-Französischen-Jugendwerks 1963 etablierte sich der Schul- und Studentenaustausch zwischen den beiden Ländern. Des Weiteren wurden Initiativen unterstützt, die zum deutsch-französischen Verständnis beitrugen und dazu gehörte auch das deutsch-französische Au Pair-Programm. Einige Jahre später wurde der Austausch auch mit anderen Nationen wieder aufgenommen.

Die Förderung von Fremdsprachenkenntnissen rückte mit dem Gedanken an ein vereintes Europa weiter in den Vordergrund. Einen ersten zeitlichen Abschluss fand diese Entwicklung 1969, als vom Europarat in Straßburg das „Europäische Abkommen über die Beschäftigung von Au Pair-Hausangestellten" beschlossen wurde. Dieses Abkommen enthält Rahmenvorschriften über die Alters- und Lebensbedingung von Au Pairs, empfiehlt den Besuch von Sprachkursen und definiert ihre Rechte und Pflichten sowie die der Gastfamilien. Ratifiziert wurde das Abkommen allerdings nur von sehr wenigen Staaten.

Bis heute gibt es in Europa keine einheitlichen und verbindlichen Regelungen für Au Pairs. Auch die Arbeit internationaler Verbände wie z.B. das 2006 gegründete „European Committee for Au Pair Standards“ (ECAPS) führte nicht dazu, dass Vorgaben für Au Pairs, Gastfamilien und Vermittlungsorganisationen rechtliche Gültigkeit erlangten. Dementsprechend werden Au Pair-Aufenthalte in vielen Ländern unterschiedlich definiert, können privat wie auch durch Agenturen organisiert werden und variieren in Tätigkeit, Bezahlung wie auch in Hinsicht auf den Schutz und die Betreuung von Teilnehmern.

Während Au Pair-Aufenthalte in Europa eine relativ lange Geschichte haben, besteht in den USA erst seit 1986 die Möglichkeit, offiziell und legal als Au Pair zu arbeiten. Die Entwicklung eines gesetzlich verankerten Au Pair-Programms zog sich dabei über mehrere Jahrzehnte hin.

Dies lag vor allem daran, dass die Au Pair-Tätigkeit lange Zeit als offizielle Arbeit eingestuft wurde, die ebenso gut von Amerikanern ausgeübt werden könne. Nach dieser Definition bedeutete jedes ausländische Au Pair den Verlust eines potentiellen Arbeitsplatzes für einen Amerikaner. Gleichzeitig befürchtete die US Regierung, dass eine Vielzahl von jungen, arbeitsuchenden Europäern auf den amerikanischen Arbeitsmarkt drängen würde. So gelang es nur wenigen amerikanischen Familien, die meist bei der Nato oder im diplomatischen Dienst beschäftigt waren, ausländische „Familienhilfen“ bei sich aufzunehmen und für sie ein offizielles Visum zu erwirken.

Trotz Illegalität ließen sich vor allem junge Frauen vor 1986 nicht davon abhalten, in den USA als Au Pair zu arbeiten. Obwohl es keine genauen Zahlen gibt, ging die amerikanische Botschaft bereits Anfang der 1980er Jahre davon aus, dass allein „mehrere tausend deutsche Mädchen“ in den USA arbeiteten. Letztendlich trug vor allem ein verändertes Frauenbild zur Etablierung des Au Pair-Programms bei: In den 1980er Jahren begannen immer mehr Amerikanerinnen, sich nicht nur auf ihre Familie, sondern auch auf die Karriere zu konzentrieren und gingen in zunehmendem Maße einer Beschäftigung nach. Die Nachfrage nach Kinderbetreuung wuchs, und so machte sich die USA das rege Interesse junger Europäer an Amerika zunutze.

1986 bewarben sich die beiden Jugendaustauschorganisationen „American Institute For Foreign Study“ (AIFS) und „Experiment in International Living“ (EIL) um die Ausrichtung eines kulturellen Au Pair- und Austauschprogrammes unter den Richtlinien des 1961 verabschiedeten Fulbright-Hays Acts. Die amerikanische Regierung lenkte ein und das Au Pair-Programm wurde fortan nicht mehr als Arbeitsaufenthalt, sondern als Kulturaustauschprogramm definiert. Für eine Probezeit von zwei Jahren wurde das Programm der „United States Information Agency“ (USIA) unterstellt und von dieser überwacht. So reisten 1986 mit Betreuung der beiden Organisationen die ersten 200 Au Pairs aus Westeuropa in die USA ein. Das Au Pair-Programm entpuppte sich für die USA als „instant success“, und so erhielten Au Pairs, Gastfamilien und Organisationen viel Aufmerksamkeit durch die Medien.

Der Anfang

1986 starteten die ersten Au Pair-Programme, mit denen Westeuropäer in die USA einreisten.

1989 erteilte die USIA sechs weiteren amerikanischen Organisationen die Erlaubnis, am Au Pair-Programm teilzunehmen, und 1993 wandten sich alle designierten US-Vermittlungsorganisationen mit einer offiziellen Eingabe an die USIA, um die dauerhafte Fortführung des Programms zu sichern.

Es gibt seit jeher Kritiker und Befürworter des amerikanischen Au Pair-Programms. Gegen das Programm sprach für viele die zunehmende Angst vor Kindesmissbrauch, ein verändertes Frauenbild sowie einige wenige Vorfälle mit Au Pairs. Letzteres erregte auch öffentliches Interesse und unter diesem Druck beauftragte der Kongress im Herbst 1994 die USIA mit der Erstellung neuer und erweiterter Programmregeln.

Nach einer ersten, 30-tägigen Veröffentlichungsphase gingen in Washington mehr als 3.000 Kommentare und Anregungen von amerikanischen Gastfamilien ein. Diese bezogen sich vor allem auf die Erhöhung der Au Pair-Vergütung sowie der Forderung nach einem Mindestalter für die Betreuung von Kleinkindern bis 24 Monaten. Die neuen Gesetzesbestimmungen wurden im Februar 1995 verabschiedet, und ab diesem Zeitpunkt galten für das US-amerikanische Au Pair-Programm erstmals verbindliche Bestimmungen, die unter Aufsicht der USIA einzuhalten waren.

1997 wurde von Seiten der USA eine verschärfte Reglementierung des Programmes gefordert, die sich vor allem auf eine Reihe von Presseveröffentlichungen über Vorfälle mit Au Pairs zurückführen lässt. Besonders viel Aufsehen erregte dabei die Mordanklage des englischen Au Pairs Louise Woodward. Dem Kongress wurde ein Gesetzeszusatz mit strengeren Vorgaben hinsichtlich Überprüfung und Vorbereitung von Au Pairs, sowie der maximalen Arbeitszeit vorgelegt. Am 1. Oktober 1997 bewilligte Bill Clinton dann die permanente Einrichtung des amerikanischen Au Pair-Programms. Gleichzeitig wurde die Rekrutierung von Au Pairs für alle Länder genehmigt, mit denen die USA in guten diplomatischen Beziehungen stehen, und die anfängliche Beschränkung auf Westeuropa aufgehoben. Knapp zwei Jahre nach der permanenten Bewilligung des Programmes wurden alle Aufgabenbereiche der USIA in die Zuständigkeit des *Department of State* (Außenministerium) übertragen.

1.3 Amerikanisches Au Pair-Gesetz

Das amerikanische Au Pair-Programm ist in den Bestimmungen des „22 CFR 62 – Exchange Visitors“ verankert. Der Gesetzestext bezieht sich auf den *Mutual Educational and Cultural Exchange Act* von 1961 und hat zum Ziel, die gegenseitige Verständigung zwischen den Menschen der USA und anderer Länder durch kulturellen und lernorientierten Austausch zu fördern.

Paragraph 62.31 definiert das Au Pair-Programm der USA. Hier eine Zusammenfassung der wichtigsten Punkte:

In Abschnitt a.) wird das Au Pair-Programm als ein durch das Department of State designiertes Austauschprogramm festgelegt, welches Ausländern die Möglichkeit bietet, mit einer amerikanischen Gastfamilie zu leben und dadurch direkt am *home life* (Alltagsleben) der Gastfamilie teilzunehmen. Alle Au Pair-Teilnehmer erbringen gegenüber den Gastfamilien „Kinderbetreuungsdienste“ und besuchen eine U.S. post-sekundäre Schuleinrichtung. Au Pairs leisten bis zu 45 Stunden Kinderbetreuung pro Woche und besuchen nicht weniger als sechs Semesterwochenstunden, um die nötigen *academic credits* zu erhalten.

In Abschnitt b.) verweist der Gesetzestext auf die Bereitstellung von entsprechenden Programmen bzw. Programmträgern, welche die im vorangegangenen Abschnitt definierten Zwecke erfüllen. Die Auswahl der Programmträger erfolgt für jeweils zwei Jahre und unterliegt alleinig dem Department of State.

Von großer Bedeutung ist dann Abschnitt c.), der die Auswahlkriterien für die Träger des amerikanischen Au Pair-Programms (auch *Program Sponsors* genannt) festlegt. Dazu gehört u.a.

- die Teilnahme von ausländischen Au Pairs am Programm für ein Jahr

Maximale Arbeitsstunden

Ein Au Pair darf für die Kinderbetreuung nicht länger als 10 Stunden pro Tag bzw. 45 Stunden pro Woche beschäftigt sein.

- die Limitierung der von Au Pairs geleisteten Kinderbetreuungsstunden auf maximal zehn Stunden pro Tag und maximal 45 Stunden pro Woche
- der Besuch von Weiterbildungskursen an eingetragenen U.S. Bildungseinrichtungen für Au Pairs
- die Vorgabe, dass alle Angestellten, freie und festangestellte Mitarbeiter sowie freiwillige Helfer der Programmsponsoren ausreichend geschult und überwacht werden
- die Bestimmung, dass ein Au Pair nur dann in eine amerikanische Gastfamilie platziert werden darf, wenn sich innerhalb einer Stunde Fahrtzeit ein lokaler Betreuer des Programmsponsoren befindet, der/die wiederum im Namen des jeweiligen Programmträgers handeln darf und zwar in Bezug auf alltägliche Situationen wie auch in Notfällen
- die Vorschrift, dass jeder lokale Betreuer Nachweis führen muss über die persönlichen, monatlichen (bei Bedarf auch häufigeren) Kontaktaufnahmen sowie die besprochenen Belange oder Probleme mit jedem betreuten Au Pair und jeder Gastfamilie
- die Forderung, dass jeder lokale Betreuer das Au Pair und die Gastfamilie im Falle einer Umplatzierung (*rematch*) innerhalb der ersten beiden Monate der neuen Platzierung mindestens zweimal pro Monat kontaktiert.

Abschnitt d.) des „Au Pair-Gesetzes“ erläutert die Auswahlkriterien für Au Pairs durch die Programmsponsoren. Dazu gehört u.a.

- das Alter des Au Pairs von 18 bis 26 Jahren
- ein weiterführender, sekundärer Schulabschluss oder Ähnliches

- „kompetente Englischkenntnisse" der Bewerber
- ein Nachweis über die körperliche Eignung des Au Pairs
- ein persönliches, englisches Interview mit einem geschulten Mitarbeiter und die Bereitstellung eines Interviewberichts
- eine erfolgreiche Überprüfung und Beglaubigung folgender Dokumente: Schulzeugnis, mindestens drei Referenzen (persönliches Verhältnis oder Arbeitsverhältnis, keine Familie), ein polizeiliches Führungszeugnis (oder äquivalentes Dokument) sowie ein Persönlichkeitsprofil.

Der Abschnitt e.) der Regularien befasst sich mit der Platzierung von Au Pairs und den Aufgaben der Programmsponsoren. Wichtige Bestandteile sind neben der Vermittlung in eine Gastfamilie – vor Einreise in die USA – folgende Auflagen:

- Nach Ankunft in der Gastfamilie muss zusätzlich zum Au Pair in den ersten drei Tagen ein erwachsenes Familienmitglied anwesend sein.
- Au Pairs dürfen ohne die Unterstützung eines Elternteils oder eines anderen Erwachsenen keine Kinder unter drei Monaten betreuen, zudem muss bei der Betreuung von Kindern unter zwei Jahren durch das Au Pair ein Minimum an 200 Stunden Betreuungserfahrung mit Kindern in diesem Alter nachgewiesen werden.
- Bei der Betreuung von Kindern mit Bedarf an *special needs* (spezieller Förderung) muss seitens des Au Pairs die Erfahrung und/oder ein Training mit solchen Kindern schriftlich nachgewiesen werden und der Gastfamilie müssen diese Informationen auch zur Verfügung gestellt werden.
- Au Pair und Gastfamilie müssen vor Einreise des Au Pairs schriftlich bestätigen, dass sich das Au Pair zur Leistung von Kinderbetreuung verpflichtet und an welcher Programmvariante es teilnimmt (mehr Informationen dazu im Abschnitt 3.2).

San Francisco wurde auf über 40 Hügeln aufgebaut

- Dem Au Pair steht bei der Gastfamilie ein angemessener, privater Schlafraum zur Verfügung.
- Gastfamilie und Au Pair müssen vor Einreise des Au Pairs persönlichen (telefonischen) Kontakt miteinander gehabt haben.

Auch die Schulung von Au Pairs durch die Programmsponsoren, im Englischen *orientation* genannt, findet im Gesetzestext (Abschnitte f. und g.) Beachtung: Neben der generellen Verpflichtung der Programmsponsoren, geeignete Bewerber auszuwählen und diese vor ihrer Einreise in den USA mit allen notwendigen Programminformationen zu versorgen (§ 62.10), müssen Au Pairs auch für das entsprechende Programm in den USA geschult und vorbereitet werden:

- Jedes Au Pair muss eine Kopie der Programmvorgaben und -regeln erhalten, inklusive der Beschwerdeoptionen.
- Jedem Au Pair stehen detaillierte Informationen über die Gastfamilie und die Umgebung zu, in denen das Au Pair leben wird. Ebenso Informationen zu Weiterbildungseinrichtungen und Kursgebühren, ausführliche Reise-

informationen und eine Kopie der Stellungnahme und Informationsschrift des State Departments über das Au Pair-Programm.

Die vom Programmsponsor zur Verfügung gestellten Informationen zu Kindesentwicklung und Sicherheitsmaßnahmen müssen folgende Kriterien erfüllen:

- Vor Platzierung in eine Gastfamilie erhält jedes Au Pair nicht weniger als acht Stunden Sicherheitsinstruktionen über Kinder, von denen sich mindestens vier Stunden auf Kleinkinder beziehen.
- Zusätzlich erhält jedes Au Pair mindestens 24 Stunden Instruktionen zur Kindesentwicklung, von denen sich mindestens vier Stunden mit der Entwicklung von Kindern unter zwei Jahren beschäftigen.

Die darauffolgenden Abschnitte h.) und i.) beschäftigen sich mit der Auswahl von Gastfamilien und geben die mindestens geforderten Prüfungsauflagen für die Programmsponsoren vor:

- Alle Gasteltern sind amerikanische Staatsbürger oder besitzen eine Arbeits- und Aufenthaltsgenehmigung für die USA, sprechen fließend Englisch und wurden am Wohnort der Familie persönlich von einem Mitarbeiter des Programmsponsors interviewt.
- Gasteltern und alle permanent im Haushalt lebenden Erwachsenen müssen einen Background-Check durchlaufen, der persönliche sowie Arbeitgeber-Referenzen umfasst.
- Die Gastfamilie muss sich die Gastgeber-Verpflichtungen finanziell leisten können und erhält ebenso wie das Au Pair schriftliche Informationen über das Programm sowie die Informationen des State Departments. Weiterhin hat die Familie Anrecht auf die komplette Bewerbung des Au Pairs inklusive der Referenzen.

Die Schulung und Vorbereitung von Gastfamilien sieht u.a. den Hinweis auf die Philosophie, sowie die Regeln und Verpflichtungen des Au Pair-Programms vor. Weiterhin müssen Gastfamilien mindestens einmal pro Jahr (bezogen auf den Programmzeitraum der Au Pair-Platzierung) an der eintägigen Schulung (im Englischen: *family conference*) teilnehmen, die durch die jeweiligen Programmträger abgehalten wird. Die Gastfamilie hat zudem innerhalb von 48 Stunden nach Ankunft des Au Pairs in der Familie einen Anruf des lokalen Betreuers zu erhalten und innerhalb von zwei Wochen muss auch noch ein persönlicher Besuch des Betreuers erfolgen.

Ein ruhiger Moment als Au Pair

Abschnitt j.) beschäftigt sich mit dem Einkommen von Au Pairs und verpflichtet die Programmsponsoren sicherzustellen, dass alle Au Pairs:

- entsprechend des *Fair Labor Standards Act*, welcher den gesetzlichen Mindestlohn regelt, für 45 Stunden Kinderbetreuung pro Woche entlohnt werden und dabei nicht mehr als zehn Stunden pro Tag arbeiten
- Anspruch auf zwei Wochen entlohnten Urlaub haben und
- mindestens 1,5 Tage pro Woche frei haben, sowie ein Wochenende pro Monat.

In Abschnitt k.) wird nochmals der verpflichtende Aspekt der Weiterbildung für Au Pairs definiert und auch die finanzielle Beteiligung für Gastfamilien in Höhe von mindestens 500,- US Dollar pro Au Pair-Jahr dargelegt. Die letzten drei Abschnitte l.) bis m.) befassen sich mit der Kontrolle, Überwachung und Berichterstattung der Programmsponsoren durch das Department of State.

Verlängerung

Die Option, das Au Pair-Programm zu verlängern, besteht offiziell erst seit wenigen Jahren und wird in Abschnitt o.) geregelt. Dementsprechend können Au Pairs am Ende ihres ersten Jahres das Programm um weitere 6, 9 oder 12 Monate in den USA verlängern. Möchte ein ehemaliges Au Pair nach erfolgreicher Teilnahme am Programm und mindestens zweijährigem Wohnsitz außerhalb der USA erneut am Programm teilnehmen, so wird dies im Abschnitt p.) bewilligt. Bei einer Wiederholung des amerikanischen Au Pair-Programms ist allerdings zu beachten, dass, wie schon bei der ersten Au Pair-Bewerbung, alle Vorgaben eingehalten werden müssen. Deshalb ist es z.B. nicht möglich, im Alter von 27 Jahren und älter erneut als Au Pair in die USA einzureisen.

1.4 Struktur des amerikanischen Au Pair-Business

Wie bereits erwähnt, ist das US State Department für die Vorgaben des amerikanischen Au Pair-Programms verantwortlich. Außer der Reglementierung und Überwachung des Programms gibt die Behörde jedoch die komplette Abwicklung an ausgewählte Programmsponsoren ab. Diese *program sponsors* sind ausschließlich in den USA ansässige Unternehmen bzw. Austauschorganisationen. Die Zulassung der Organisationen erfolgt immer für zwei Jahre und kann vom State Department auch wieder entzogen werden.

2016 waren insgesamt 16 Austauschorganisationen vom State Department für die Durchführung des Au Pair-Programms zugelassen. Ein Überblick über diese Programmsponsoren folgt im nächsten Abschnitt. Die Sponsoren dürfen untereinander keine vergleichende Werbung betreiben. Ebenso gibt das State Department keine Empfehlung hinsichtlich der zugelassenen Organisationen ab und weist ausdrücklich darauf hin, dass die Entscheidung für die Wahl der richtigen Austauschorganisation alleine beim Au Pair und der Gastfamilie liegt.

Außerhalb der vom State Department berufenen Organisationen darf in den USA keine weitere Institution oder Privatperson Au Pairs legal nach Amerika vermitteln. Selbst in dem Fall, dass eine Gastfamilie ein befreundetes Au Pair aus dem Ausland bei sich aufnehmen möchte oder sich Au Pair und Gastfamilie über eine unabhängige Internetplattform kennenlernen, muss die Bewerbung, Prüfung und Visabeantragung über einen der designierten Programmsponsoren erfolgen!

Nur mit Organisation

Um als Au Pair in den USA zu leben, **muss** man sich an eine vom State Department berufene Organisation wenden.

Die Programmsponsoren, die sich in Unternehmensgröße, Verbreitung und Mitarbeiterzahl unterscheiden, betreuen in der Regel nur den amerikanischen Markt. Das bedeutet, dass sich die amerikanischen Organisationen um die Vermittlung und die Betreuung der Au Pairs in den USA kümmern. Weiterhin übernehmen sie die Anwerbung, Auswahl und Betreuung der Gastfamilien und stellen die lokalen Betreuer. Für die Suche und Auswahl der Au Pairs kooperieren die Organisationen mit Partneragenturen im Ausland oder haben dort eigene Tochtergesellschaften gegründet.

Die Kontrolle des State Departments über die Arbeit der Programmsponsoren sieht eine regelmäßige Überprüfung aller Programmunterlagen für Au Pairs und Gastfamilien sowie für lokale Betreuer und Mitarbeiter vor. Ebenso sind die Organisationen verpflichtet, einen Geschäftsbericht einzurei-

Als Au Pair hoch hinaus

chen und auch über aufgetretene Probleme zu berichten, wie z.B. über Gastfamilienwechsel. Zusätzlich muss von Seiten jeder Organisation eine jährliche Zufriedenheitsbefragung aller Programmteilnehmer (also Au Pairs und Gastfamilien) durchgeführt werden. Bei Nichteinhaltung der Vorschriften und bei einem negativen Ergebnis der Überprüfung droht einer Organisation der Verlust der offiziellen Zulassung.

Um das Au Pair-Programm hat sich in den USA im Laufe der Jahre eine florierende Branche entwickelt, so dass man im Englischen auch vom „Au Pair-Business“ spricht. Zu diesem Business gehören neben Reiseveranstaltern auch Versicherungen, die sich auf die Absicherung von Au Pairs und Gastfamilien spezialisiert haben. Aber auch das Amerikanische Rote Kreuz oder die „American Automobile Association“ (AAA) bieten ebenso spezielle Kurse für Au Pairs an wie zum Beispiel auch einige namhafte amerikanische Universitäten und Colleges, die spezielle Onlineseminare im Programm haben.

Erwähnung soll in diesem Zusammenhang auch die „International Au Pair Association“ (IAPA) finden, die 1994 auf Initiative mehrerer amerikanischer Vermittlungsorganisationen gegründet wurde. Die international tätige, gemeinnützige Organisation etablierte das weltweit größte Netzwerk von Jugendreiseveranstaltern und Austauschorganisationen. IAPA setzt sich für den Schutz von Au Pairs und für die Selbstregulierung des Au Pair-Business ein und erstellt Verhaltensregeln und Richtlinien für die Branche.

1.4.1 Amerikanische Programmsponsoren

Im Jahr 2016 betreuten 16 designierte Programmsponsoren alle Au Pairs und Gastfamilien in den USA. Die Organisationen unterscheiden sich stark in Bezug auf Verbreitung innerhalb Amerikas, Mitarbeiterzahl sowie die Anzahl der lokalen Betreuer. Jeder Sponsor hat seine Zentrale in den USA und wird durch einen offiziellen Geschäftsführer vertreten. Von hier aus koordinieren festangestellte Mitarbeiter die lokalen Betreuer, organisieren An- und Abreise der Au Pairs sowie Schulungsveranstaltungen.

In der folgenden Übersicht ist der jeweilige Hauptsitz der einzelnen Programmsponsoren aufgelistet, dies bedeutet jedoch nicht, dass Au Pairs nur in diesen Bundesstaat vermittelt werden. Ob eine Organisation in den USA viele oder wenige Au Pairs und Gastfamilien betreut, sagt zudem nicht unbedingt etwas über die Qualität aus. Alle Organisationen sind an die Vorgaben des State Departments gebunden und riskieren bei mangelhafter Leistung den Entzug ihrer offiziellen Lizenz. In vielen Fällen arbeiten die Organisationen nicht nur mit Au Pairs zusammen, sondern betreuen auch andere Austauschprogramme in den USA, wie z.B. Schulaustausch oder College-Reisen.

Jedes zukünftige Au Pair sollte auf jeden Fall wissen, mit welcher amerikanischen Organisation das Programm abgewickelt wird. Dies sollten alle Bewerber bereits in ihrem Heimatland erfahren und nicht erst auf Nachfrage: Die Nennung des amerikanischen Programmsponsors in den deutschsprachigen Bewerbungsunterlagen bzw. auf der Webseite stellt ein wichtiges Qualitätsmerkmal dar und sollte bei der Entscheidung für oder gegen eine Agentur berücksichtigt werden. Finden sich keine Hinweise, dann unbedingt vor Einreichung der Bewerbung per Email oder Telefon anfragen!

Amerikanische Programmsponsoren

Name	Hauptsitz	Bundesstaat	
20/20 Care Exchange Inc. dba TIAPE	1250 Newell Avenue. Ste 1, Walnut Creek, CA 94596	Kalifornien	
A.P.EX. American Professional Exchange, LLC dba ProAuPair	806 E. Avenida Pico Suite I-270, San Clemente, CA 92673	Kalifornien	
Agent Au Pair	1450 Sutter Street #526, San Francisco, CA 94109	Kalifornien	
American Cultural Exchange, LLC, dba goAuPair	151 East 6100 South Suite 200, Murray, UT 84107	Utah	
American Institute For Foreign Study dba Au Pair in America	1 High Ridge Park, Stamford, CT 06905	Connecticut	
APF Global Exchange, NFP	205 Keller Street, Suite 204, Petaluma, CA 94952	Kalifornien	
Au Pair 4 Me, Inc.	2809 West Ashurst Drive, Phoenix, AZ 85045	Arizona	
Au Pair International, Inc.	4450 Arapahoe Avenue Suite 100, Coulder, CO 80303	Colorado	
AuPairCare Inc. (by Intrax)	600 California St., Floor 10, San Francisco, CA 94108	Kalifornien	
Cultural Care, Inc. d/b/a Cultural Care Au Pair	One Education St., Cambridge, MA 02141	Massachussetts	
Cultural Homestay International	104 Butterfield Rd., San Anselmo, CA 94960	Kalifornien	
EurAuPair Intercultural Child Care Programs	250 North Coast Highway, Laguna Beach, CA 92651	Kalifornien	
Expert Group International Inc., dba Expert AuPair	100 2nd Ave S, Suite 302S, Saint Petersburg, FL 33701	Florida	
GreatAuPair, LLC	6836 Bee Caves Road, Suite 222, Austin, TX 78746	Texas	
InterExchange, Inc.	100 Wall Street, Suite 301, New York, NY 10005	New York	
USAuPair, Inc.	P.O. Box 2126, Lake Oswego, OR 97035	Oregon	

	Webseite	Programm	Besonderheiten
	http://tiape.org	Professionelles Au Pair	Spezialisiert auf Familien mit Babies und Kleinkindern Schwester-Agentur von ProAu-Pair, gleicher Eigentümer
	https://proaupair.com	Professionelles Au Pair	Spezialisiert auf Betreuung von Kindern mit speziellen Bedürfnissen, Kleinkindern und Babies. Schwester-Agentur von TIAPE, gleicher Eigentümer
	www.agentaupair.com	Klassisches Au Pair, Educare	
	www.goaupair.com	Klassisches Au Pair	
	www.aupairinamerica.com	Klassisches Au Pair, Professionelles Au Pair, Educare	Mitbegründer des US Au Pair-Programms seit 1986!
	www.aupairfoundation.org	Klassisches Au Pair, Educare	
	www.aupair4me.com	Klassisches Au Pair, Professionelles Au Pair, Educare	
	www.aupairint.com	Klassisches Au Pair, Professionelles Au Pair	
	www.aupaircare.com	Klassisches Au Pair	
	www.culturalcare.com	Klassisches Au Pair	
	www.chinet.org/au-pair	Klassisches Au Pair, Educare	
	www.euraupair.com	Klassisches Au Pair, Professionelles Au Pair	
	http://expertaupair.com/web	Klassisches Au Pair, Educare	
	www.greataupair.com	Klassisches Au Pair	
	www.interexchange.org	Klassisches Au Pair	
	www.usaupair.com	Klassisches Au Pair	

1.4.2 Lokale Betreuer

In Gegensatz zu den vielen und oft auch relativ kleinen Au Pair-Agenturen in Europa, ist die Arbeit im Kulturaustauschbereich in den USA ein anerkannter Wirtschaftszweig. Die Position eines lokalen Betreuers, im Englischen *Community Counselor*, *Local Representative* oder *Community Guide* genannt, wird von den Programmsponsoren als Teilzeit- oder Vollzeitstelle ausgeschrieben und entsprechend vergütet. Als Voraussetzung für die Tätigkeit fordern die meisten amerikanischen Organisationen ein abgeschlossenes Studium oder eine Ausbildung im sozialen oder pädagogischen Bereich. Zudem erwarten sie eigene Auslandserfahrungen oder Erfahrungen in der Kulturarbeit, sowie eine regionale Verbundenheit. Die lokalen Betreuer haben in der Regel keine festen Arbeitszeiten und müssen sehr gute Kommunikationsfähigkeiten mitbringen. Außerdem sollten sie sich mit Problemlösungsstrategien auskennen. Im Notfall muss ein Betreuer Unterkunft und Verpflegung für ein Au Pair im eigenen Haushalt anbieten können.

Lokale Betreuer arbeiten immer nur für eine amerikanische Organisation und betreuen keine Au Pairs und Gastfamilien von konkurrierenden Programmen. Natürlich kann es vorkommen, dass ein Betreuer zuerst für die eine Organisation gearbeitet hat und dann den Arbeitgeber und damit auch das Au Pair-Programm wechselt. Die überwiegende Mehrheit der Betreuer sind Frauen, allerdings gib es je nach Vorgabe der einzelnen Organisationen auch männliche Betreuer. Sehr oft finden sich unter den Betreuern Nicht-Amerikaner, die in die USA ausgewandert oder dort verheiratet sind. Einige Betreuer waren früher selbst Au Pairs oder haben an einem anderen Austauschprogramm in den USA teilgenommen.

Verbindlich für alle Betreuer ist die vom State Department vorgeschriebene Schulung durch den jeweiligen Programmsponsor. Dies bedeutet nicht nur eine generelle Einführung in das Au Pair-Programm und die gesetzlichen Regelungen, sondern sieht regelmäßige Trainings und Weiterbildungen vor. Die lokalen Betreuer sind untereinander meist nochmals in Gebietsleiter und regionale Betreuer aufgeteilt. Arbeitet ein lokaler Betreuer nicht Vollzeit für die Au Pair-Organisation, darf er entsprechend der Vorgaben nicht mehr als 15 Au Pairs und Gastfamilien betreuen.

Ein lokaler Betreuer ist als Vertreter des Programmsponsors vor Ort also Ansprechpartner sowohl für Au Pairs als auch für die Gastfamilien.

Die Hauptaufgaben des Betreuers gliedern sich in:

- Anwerbung und Betreuung von Gastfamilien, Unterstützung der Familien während der Suche nach einem geeigneten Au Pair, Betreuung während des Au Pair-Aufenthalts und Unterstützung bei Problemen bzw. im Falle einer Umvermittlung
- Betreuung von Au Pairs während des Aufenthaltes, Unterstützung bei Problemen, Koordination der Umvermittlung, Organisation von lokalen Treffen und Events für Au Pairs
- Berichterstattung an die Au Pair-Organisation hinsichtlich Au Pairs, Gastfamilien und lokaler Besonderheiten

Es spricht für eine gute und transparente Organisation, wenn Au Pairs nach Platzierung in eine Gastfamilie bereits den Namen ihres Betreuers erfahren. In den meisten Fällen erstellt der Betreuer einen Blog oder eine eigene Webseite für alle in seiner Region ansässigen Au Pairs. So sind die Au Pairs über lokale Begebenheiten informiert, können sich untereinander austauschen und wissen auch, wann neue Au Pairs zuziehen oder nach Hause zurückkehren. Das Gebiet, für das ein Betreuer verantwortet ist, wird meist als *Cluster* oder *Community* bezeichnet. In regelmäßigen Abständen organisiert der

Erweiterte Gastfamilie: Au Pair und die US-Großeltern

Betreuer auch lokale Treffen oder unternimmt Ausflüge oder Schulungen, damit der Zusammenhalt und Austausch unter den Au Pairs gefördert wird.

Viele Au Pairs stehen ihrem Betreuer erst einmal recht kritisch gegenüber, gehen sie doch davon aus, dass der Betreuer aufgrund der längeren (Geschäfts-) Beziehung automatisch zur Gastfamilie hält. Tatsächlich versucht der Betreuer die Eingliederung des Au Pairs zu unterstützen, damit Gastfamilie und Au Pair zügig einem geregelten Alltag nachgehen können. Es ist aber falsch zu denken, dass die Betreuer nur im Sinne der Gastfamilien arbeiten, viel mehr stehen Au Pair, Gastfamilie und der Betreuer in einer Dreierbeziehung zueinander. Ohne zufriedene Au Pairs gibt es keine zufriedenen Gastfamilien und Probleme bedeuten stets einen erheblichen Arbeitsaufwand für den Betreuer. Im Falle einer Umplatzierung muss der Betreuer in Absprache mit der Zentrale sowohl die Suche nach einem neuen Au Pair für die Gastfamilie als auch die Neuplatzierung des Au Pairs koordinieren.

Gute Beziehung

Es ist für Au Pairs wichtig eine gute Beziehung zum lokalen Betreuer aufzubauen. Nur wenn beide die Chance zum gegenseitigen Kennenlernen nutzen, kann der Betreuer auch sinnvoll arbeiten und Hilfestellung geben.

Natürlich sind auch lokale Betreuer Menschen mit Stärken und Schwächen. Nicht immer schafft es ein Betreuer, die eigene, kulturelle Sichtweise zurückzustellen, von daher wird er oder sie immer „amerikanisch" reagieren. Fühlt sich ein Au Pair vom lokalen Betreuer missverstanden oder gelingt es nicht, eine Beziehung aufzubauen, dann bieten die größeren Organisationen den Au Pairs in der Regel einen weiteren Ansprechpartner in der US-Zentrale an!

2 | Au Pair: Voraussetzungen

Ein Gesetzestext, der das Au Pair-Programm regelt, ist zwar schön und gut, aber wie man weiß, ist Papier geduldig. Dies bedeutet, dass die theoretischen Vorgaben des State Departments zwar von den Programmsponsoren umgesetzt werden müssen, diese sich aber in der Praxis – ebenso wie das gesamte Au Pair-Business – an den Gegebenheiten des Marktes orientieren. Die Programmsponsoren haben also vor allem auf die Bedürfnisse der amerikanischen Gastfamilien einzugehen, ohne deren Interesse es kein offizielles Au Pair-Programm gäbe!

Hier ein Überblick über die allgemeinen Bedingungen und Voraussetzungen des amerikanischen Programms aus der Sicht eines Au Pairs:

Aufgaben/Pflichten eines Au Pairs in den USA:

- Leben in einer Gastfamilie
- Kinderbetreuung (max. zehn Stunden pro Tag und 45 Stunden die Woche)
- Beförderung der Kinder im PKW
- leichte Mithilfe im Haushalt, die Kinder betreffend
- Besuch von Weiterbildungskursen

Leistungen für Au Pairs:

- freie Unterkunft im eigenen Zimmer und volle Verpflegung (drei Mahlzeiten pro Tag) in der Gastfamilie
- finanzielle Beteiligung der Gastfamilie an Reisekosten und Versicherung des Au Pairs
- Entlohnung („Taschengeld“) für die Kinderbetreuung
- Zeit und finanzielle Unterstützung für den Besuch von Weiterbildungskursen
- zwei Wochen Urlaub bei Weiterzahlung des Taschengeldes

und mindestens ein freies Wochenende pro Monat (Freitagabend bis Montagmorgen)
- Betreuung und Unterstützung in den USA durch den Programmsponsor
- Hilfe bei der Visabeantragung

Voraussetzungen für Au Pairs in Amerika:
- 18-26 Jahre alt (bei Einreise in die USA)
- ledig und kinderlos
- EU-Staatsbürgerschaft oder unbefristete Aufenthaltsgenehmigung für Deutschland, Österreich oder die Schweiz
- Erfüllung der Schulpflicht
- körperliche und geistige Gesundheit
- Englischkenntnisse
- praktische Erfahrung in der Kinderbetreuung
- Referenzen
- Führerschein
- einwandfreies polizeiliches Führungszeugnis
- Bereitschaft, für 12 Monate als Au Pair in den USA zu arbeiten

Die Liste der Voraussetzungen für Au Pairs erscheint erst mal sehr theoretisch, deshalb werden in den nächsten Abschnitten wichtige Punkte genauer beschrieben.

2.1 Persönlichkeit, Erwartungen und Motivation

Einfach weg, reisen und was Neues machen! Raus von zu Hause, eigene Erfahrungen sammeln, aber nicht ganz alleine sein im Ausland. Das Englisch verbessern, neue Leute kennenlernen und endlich selbst herausfinden, was so faszinierend ist an den USA! Und was ist überhaupt der American Way of Life? So lauten die Antworten vieler Au Pair-Bewerber, die ich in ihrer Vorbereitungsphase betreue und nach ihrer Motivation frage. Aber es gibt sicherlich noch viele andere Erwartungen, Träume und Hoffnungen.

Bei aller Vorfreude und Neugier ist es aber dennoch notwendig, die eigene Erwartung mit den Programmvorgaben abzugleichen. Es macht Sinn, sich die Fakten vor Augen zu führen, die sich bereits durch die gesetzlichen Vorschriften ergeben.

Au Pairs leisten Kinderbetreuung und erhalten dafür Unterkunft und Verpflegung in einer Familie, eine Vergütung sowie eine Weiterbildung. Das heißt: Au Pairs verbringen einen Großteil ihrer Zeit aktiv mit Kindern! Alle Interessierten, für die Kinder überwiegend in die Kategorie „Terrorzwerge und Nervensägen" fallen, sollten an dieser Stelle das Buch zur Seite legen und sich gut überlegen, ob sie wirklich Au Pair werden wollen.

Kernaufgabe

Die Kinderbetreuung ist die Kernaufgabe eines jeden Au Pairs. Die Bedürfnisse der Kinder stehen im Mittelpunkt und nach ihnen richtet sich der Au Pair-Alltag.

Beim Schlagwort Kinderbetreuung wird ebenfalls klar, dass die Gasteltern nur die beste und zuverlässigste Betreuung für ihren Nachwuchs möchten. Daraus resultiert der Wunsch nach verantwortungsvollen, selbstbewussten und reflektierten Persönlichkeiten, die diese Betreuung übernehmen. Oft werden Au Pairs auch als „großer Bruder" oder „große Schwester" für die Gastkinder bezeichnet. Was Gasteltern aber auf keinen Fall möchten, ist ein zusätzliches Kind in der Familie. Dies bedeutet, dass Au Pairs als junge Erwachsene angesehen werden, die sich der großen Verantwortung bewusst sind, die sie sowohl für sich selbst, aber auch für die Kinder übernehmen.

Au Pair bedeutet Arbeit – und zwar bis zu zehn Stunden pro Tag. Zu dieser Arbeit gehören neben der Betreuung von Kindern auch die Mithilfe im Alltag der Familie und die Unterstützung im Haushalt. Natürlich wird es Tage geben, an denen

Gemeinsames Backen ist bei Au Pairs und Kindern heiß begehrt

einem der Nachmittag mit den Kindern am Pool oder beim gemeinsamen Spielen mit Freunden nicht wie Arbeit erscheint. Aber es wird auch die Tage geben, an denen man sich selbst nicht so gut fühlt. So kommt es sicher vor, dass die Kinder schon mal schlecht gelaunt sind, ein Elternteil Überstunden leisten muss und es zu allem Überfluss auch noch in Strömen regnet. Auch solche Tage wollen bewältigt werden und verlangen Kraft, Ausdauer und persönlichen Einsatz!

Das Zusammenleben mit neuen und anfangs auch noch unbekannten Menschen in deren Alltag erfordert Lernbereitschaft, Flexibilität und Fingerspitzengefühl. Au Pair-Tage werden nicht immer durchorganisiert sein, und wenn die Eltern auf dem Rückweg von der Arbeit im Stau stehen oder eine Konferenz etwas länger dauert, muss das Au Pair in die Bresche springen und mit der Situation zurechtkommen.

Der Au Pair-Aufenthalt definiert sich per Gesetz als kulturelles Austauschprogramm: Die neue Kultur und die fremde Sprache halten so einige Tücken und Herausforderungen bereit. Diese Kultur muss man im wahrsten Sinne des Wortes er-leben, und man muss versuchen, sie zu verstehen bzw. mit ihr umzugehen. Das Familienleben in den USA ist nicht zu vergleichen mit den Eindrücken und Erfahrungen, die man als Tourist während eines Amerika-Urlaubs sammelt. Auch die Welt der amerikanischen Fernsehserien und Sitcoms deckt sich nur sehr selten mit der Realität, so dass es für viele Au Pair-Bewerber heißt: staunen, lernen und (für die Dauer des Aufenthalts) akzeptieren!

Persönliche Checkliste für zukünftige Au Pairs

- Mut
- Flexibilität
- Fingerspitzengefühl
- Spaß an der Arbeit mit Kindern
- Bereitschaft, sich in eine neue Familie einzugliedern
- Fähigkeit, sich auf andere Menschen (und ihre Eigenheiten) einzulassen
- Geduld und Ausdauer
- Lernbereitschaft
- Verantwortungsbewusstsein
- Zuverlässigkeit
- Arbeitsbereitschaft
- Frustrationstoleranz
- positives Denken

2.2 Sprachkenntnisse

„Au Pairs need to be proficient in spoken English!" Mit diesem einen Satz umschreibt das State Department die erforderlichen Sprachkenntnisse. Eine Anforderung, die viele Au Pair-Bewerber verunsichert und die für flaue Gefühle im Magenbereich sorgt! Was ist mit „kompetenten" bzw. „flüssigen" Englischkenntnissen wirklich gemeint?

Zu allererst: Im internationalen Vergleich braucht sich kein Schüler aus Deutschland, Österreich und der Schweiz seiner Englischkenntnisse zu schämen. Natürlich, die Noten und persönliche Fähigkeiten variieren, aber die in den Lehrplänen angestrebten Sprachfertigkeiten sind gut! Entsprechend der formalen Vorgaben steht das Amerikanische Au Pair-Programm allen Schulabgängern einer weiterführenden Schule offen und auch Bewerber ohne Schulabschluss und mit einer abgeschlossenen Ausbildung können sich grundsätzlich bewerben. Viele Au Pair-Agenturen in Deutschland, Österreich und der Schweiz akzeptieren auch Bewerber ohne (Fach-) Abitur bzw. Matura. Dabei spielen Schulnoten eine eher untergeordnete Rolle. Viele Gastfamilien erhalten und benötigen gar keine Einsicht in die (für sie fremdsprachigen) Schulzeugnisse!

Es wird kein perfektes Englisch erwartet – weder von den Gastfamilien noch von den Agenturen. Was allerdings erwartet wird, ist die Bereitschaft zu sprechen und sich mitteilen zu wollen. Viele Schulabgänger fühlen sich gerade im Schriftlichen sehr wohl und sind über die Jahre zu wahren Meistern im Ausfüllen von Lückentexten und Übungsaufgaben geworden. Was aber wirklich zählt, ist die Kommunikation. Denn nur so können sich Au Pair und Gastfamilie überhaupt kennen- und verstehen lernen. Das bedeutet vor allem für den Prozess nach dem Ausfüllen der Bewerbungsunterlagen, dass Au Pair-Bewerber gute Sprachkenntnisse vorweisen sollten.

- Kommunikation ist der Schlüssel zum Erfolg für alle Au Pairs.
- Den eigenen „Schweinehund“ überwinden und sich zu sprechen trauen: Die gesprochene Information ist höher zu bewerten als die grammatikalische Korrektheit.
- Auch einfache Sätze führen zum Ziel. Wenn einem das ein oder andere Wort nicht einfallen will, sollte man ein Beispiel nennen, eine Situation darstellen oder umschreiben! Notfalls auch „mit Händen und Füßen“!

Zion Nationalpark: rote Sandsteinfelsen und malerische Canyons

Ich möchte hier eindringlich an alle Au Pair-Bewerber appellieren: Übt aktiv Englisch zu sprechen und trainiert, Gespräche zu führen (also zuhören und darauf reagieren), egal ob mit Freunden im Cafe, via Skype oder am Telefon. Benutzt viele Adjektive, um Gefühle auszudrücken und frischt wichtige Verben auf. Überlegt, welche Aufgaben ein Au Pair in den USA erwarten und welche Vokabeln man brauchen wird. Die Lebensbereiche von Au Pairs umfassen z.B.

- Kinder und ihr Umfeld: Spielzeug, Schule, Kindergarten, Sport, Spielplatz
- Leben im Haus der Gastfamilie: Einrichtung, Lebensmittel, kochen
- Autofahren und Straßenverkehr

Wer auf der Suche nach einer möglichst offiziellen Definition der geforderten Sprachkenntnisse ist, kann sich auf den Seiten des „American Council on the Teaching of Foreign Languages" (ACTFL) informieren: www.actfl.org.

Des Weiteren soll noch erwähnt werden, dass grundsätzlich kein offizieller Englisch-Test, wie z.B. TOEFL oder

Um sein Englisch zu verbessern, muss man reden, reden, reden

TOEIC, gefordert ist. Diese anerkannten Sprachzertifikate sind sicherlich in der einen oder anderen Bewerbungssituation von Vorteil und erleichtern den Besuch von weiterführenden Schulen in den USA. Jedoch wiegt kein Test die Bereitschaft auf, Englisch zu sprechen. Dies schließt auch den Mut ein, zu improvisieren sowie umschreiben zu können und sich regionalen Dialekten und sprachlichen Eigenheiten zu stellen.

Englischkenntnisse – was ist zu beachten

- keine Angst haben, sich mitzuteilen
- die Aussage ist wichtiger als die richtige Grammatik
- umschreiben und Beispielsituationen geben
- Gespräche üben
- Adjektive und Verben auffrischen
- Vokabeln entsprechend der Lebensbereiche eines Au Pairs üben
- Grundsätzlich gilt immer:
- nachfragen, wenn etwas nicht verstanden wurde – höflich und mit einem Lächeln!

2.3 Kinderbetreuung

Praktische Erfahrung mit Kindern ist ohne Zweifel die wichtigste Voraussetzung, die jedes Au Pair für die Zeit in den USA benötigt! Was aber versteht man für eine Au Pair-Bewerbung alles unter dem Begriff Kinderbetreuung?

Rein formal legt das State Department keine Vorgaben hinsichtlich der Kinderbetreuungserfahrung für Au Pair-Bewerber fest. Einzige Ausnahme: Die Betreuung von Kindern unter zwei Jahren muss mit mindestens 200 Stunden praktischer Erfahrung belegt werden. Da aber gute und flexible Kinderbetreuung der Hauptgrund für Gasteltern ist, ein Au Pair aufzunehmen, haben sich die Programmsponsoren darauf geeinigt, dass alle Au Pair-Bewerber ein Minimum an 200 Stunden praktischer Betreuungserfahrung von Kindern vorzuweisen haben. Diese Erfahrung muss in der Regel innerhalb der letzten drei Jahre vor dem Bewerbungszeitpunkt gesammelt und schriftlich belegt werden können.

Als praktische Erfahrung gilt für die Programmsponsoren und ihre Partner grundsätzlich jegliche Form von aktiver Kinderbetreuung, also

- Beaufsichtigung von Kindern, Babysitten
- Mithilfe bzw. Leitung einer Kinder- oder Jugendgruppe, z.B. in der Pfarrei, im Sportverein, als Pfadfinder etc.
- Arbeit oder Praktikum, egal ob ehrenamtlich oder vergütet, z.B. in der Kinderkrippe, im Kindergarten, Hort, Jugendzentrum, Kinderkrankenhaus etc.
- Mitwirkung bei Ferienfahrten für Kinder, z.B. im Zeltlager, Sommercamp, auf Sprachreisen etc.
- Nachhilfe und Tutorentätigkeit

Bei der enormen Bandbreite an Betreuungsmöglichkeiten stellt sich natürlich die Frage nach der Qualität dieser praktischen Erfahrung. Was zählt für Gastfamilien und worauf achten sie besonders? Um diese Frage beantworten zu können, versetzt man sich am besten in die Position der Gasteltern: Obwohl jede Familie unterschiedlich ist, haben die meisten doch Kinder im Alter von Säuglingen ab drei Monaten bis hin zu Teenagern. Ein Au Pair arbeitet im Zuhause der Gastfamilie und begleitet den Alltag dieser Kinder: Es gilt also, die Kinder für Kindergarten oder Schule anzuziehen und pünktlich dort abzuliefern, Mahlzeiten und Snacks zu organisieren und bei den Hausaufgaben zu helfen. Aber auch das Betreuen beim Spielen und Basteln und das abendliche Bettfertigmachen der Kinder gehört zum Arbeitsalltag. Gasteltern achten bei der Auswahl ihres Au Pairs sehr genau darauf, dass sich die Altersspanne und Gewohnheiten der eigenen Kinder mit den Erfahrungsbereichen des Bewerbers decken. Von daher ist klassisches Babysitten in einer Familie eine ideale und wertvolle Vorbereitung für zukünftige Au Pairs, da sie dabei genau den Umgang mit Kindern üben, der in den USA auch in ihren Verantwortungsbereich fällt. Bei einem Praktikum in einem Kindergarten dagegen lernt man z.B. die Interaktion mit mehreren Kindern: Es gilt Gruppenkonflikte zu lösen und mit unterschiedlichen Wünschen und Bedürfnissen der Kinder zurechtzukommen, die ein Au Pair eventuell in den USA auch unter Geschwisterkindern zu regeln hat. Abwechslungsreiche Betreuung von Kindern in unterschiedlichen Familien und Situationen ist also nicht nur für den Erfahrungsschatz des Au Pairs besonders wichtig, sondern bürgt auch bei den Gastfamilien für Qualität.

Ein weiterer wichtiger Faktor hinsichtlich der Kinderbetreuung ist die aktive Beschäftigung von und mit Kindern. Gasteltern wollen genau wissen, was ein Au Pair mit Kindern gemacht hat, welche Aktionen und Unternehmungen er oder sie angeleitet hat. Natürlich umfasst die Betreuung von Kindern immer auch ruhige Aktivitäten wie Vorlesen oder auch gemeinsames Fernsehen. Wenn eine Betreuungserfahrung

Kinder-Alltag als Au Pair:
Mittendrin statt nur dabei!

allerdings sich darauf beschränkt, die Kinder abends ins Bett zu bringen und dann abzuwarten, bis die Eltern zurück nach Hause kommen, dann werden diese Stunden für interessierte Gasteltern weniger Bedeutung haben als z.B. die aktive Betreuung von Kindern am Nachmittag.

Auch die persönliche Verantwortung spielt bei der Kinderbetreuung eine Rolle. Ist ein Au Pair-Bewerber alleine für ein oder mehrere Kinder zuständig oder ist stets ein Elternteil oder anderer Erwachsener anwesend? Bei Erfahrungen in der Gruppenleitung oder als Co-Trainer in einer Kinderturnstunde sollte immer darauf geachtet werden, dass man für die ein oder andere Aufgabe oder Übung auch einmal alleine die Verantwortung übernimmt und diese anleitet. Dieser Wunsch lässt sich auch relativ unkompliziert bei einem Praktikum äußern, indem man z.B. gegenüber der Gruppenleitung angibt, dass man gerne ein Bastelprojekt anbieten würde oder mit den Kindern einen speziellen Tanz oder ein Lied einstudieren möchte.

Nun stellt sich als nächstes die Frage nach der optimalen Stundenzahl an Kinderbetreuungserfahrung. Reichen 200

Mit Kindern in einer Hüpfburg – da haben nicht nur die Kleinen Spaß

Stunden aus und wie sieht es mit der Betreuung von jüngeren Geschwistern und anderen Familienangehörigen aus? Auch hier hilft es, sich in die Rolle der Gasteltern zu versetzen. Wem würden diese wohl eher ein geliebtes Kind anvertrauen, einer Person mit dem Minimum an Betreuungserfahrung oder einer Person mit mehr als 200 Stunden? Wie bei einer normalen Jobbewerbung auch gilt für Gasteltern das Motto: je mehr Erfahrung, desto besser, vorausgesetzt, sie wurde mit sinnvollen und abwechslungsreichen Tätigkeiten gesammelt! Dazu gehört auch die längerfristige Betreuung von Kindern, denn jedem dürfte wohl klar sein, dass es bei den ersten Stunden in einer neuen Babysitterfamilie erst einmal darum geht, sich gegenseitig zu „beschnuppern" und Vertrauen aufzubauen. Folglich bringt eine mehrwöchige Erfahrung in zwei Bereichen mehr als Babysittereinsätze in zehn Familien mit je zwei Terminen oder unterschiedliche Praktika in Kinderbetreuungseinrichtungen von jeweils nur wenigen Tagen.

Kein Problem, werden sich nun viele Bewerber denken: Meine jüngere Schwester oder meinen kleinen Bruder kenne ich seit Jahren, bin meist täglich mit ihm oder ihr zusammen und habe somit verschiedene Altersphasen und Beschäftigungsarten miterlebt! Selbstverständlich übernimmt jedes ältere Geschwisterkind auch einmal die alleinige Verantwortung, wenn sich Eltern einen freien Abend gönnen oder ihren Hobbies nachgehen. Auch bei Familienfesten oder an Feiertagen ergibt sich oft die Möglichkeit, auf jüngere Cousins oder anderen verwandten Nachwuchs aufzupassen, den man sonst gar nicht so oft zu Gesicht bekommt. Natürlich zählt auch diese Kinderbetreuungserfahrung – aber nicht ausschließlich. Für einen Au Pair-Aufenthalt ist es enorm wichtig vorab zu lernen, zu fremden Kindern eine Beziehung aufzubauen und deren Vertrauen und Zuneigung zu gewinnen. Die Programmsponsoren haben sich deshalb darauf geeinigt, dass 75 % der geforderten Stunden außerhalb der eigenen Verwandtschaft gesammelt werden müssen. Dies bedeutet, dass jedem Au Pair-Bewerber für die Betreuung von verwandten Kindern maximal 50 Stunden angerechnet werden können, egal wie umfangreich und intensiv die Betreuungserfahrung ist. Mindestens 150 Stunden also soll die Betreuung von nicht-verwandten Kindern umfassen. Dies bedeutet auch, dass Kinder, die rein formal nicht mit einem verwandt sind, aber zum Familienkreis gehören (Stiefgeschwister, Kinder eines Lebenspartners von Verwandten etc.), unter die 50-Stunden-Regelung fallen!

Checkliste für die Kinderbetreuungserfahrung

- Altersgruppe der betreuten Kinder sollte zwischen 0 - 16 Jahren liegen
- Tätigkeiten während der Kinderbetreuung sollten zu den späteren Aufgaben als Au Pair passen
- Qualität der Kinderbetreuungserfahrung muss stimmen: abwechslungsreiche, aktive und verantwortungsvolle Betreuung von Kindern
- längerfristige Betreuung ist von großem Vorteil
- Betreuung von nicht-verwandten Kindern muss überwiegen

Driving is a way of life!

2.4 Führerschein

Autofahren gehört in den USA zum täglichen Leben! Nicht umsonst gibt es *Drive-Thrus* bei allerlei Geschäften, Schulen besitzen eigene *Drop off & Pick Up*-Zonen für Schüler und auch Geldautomaten lassen sich aus dem Auto heraus bedienen. Nicht in allen amerikanischen Orten gibt es Bürgersteige oder Fahrradwege und Grundstücksgrößen sowie Entfernungen sind generell nicht mit denen in Europa vergleichbar. Amerikanische Kinder sind es daher gewohnt, gefahren zu werden, und zwar jeden Tag und zu (fast) jeder Aktivität oder Verabredung. Folglich ist es für Gasteltern außerordentlich wichtig, ein Au Pair mit genügend Fahrkenntnissen aufzunehmen.

Zuerst zu den essentiellen Fakten: Au Pairs können sich bei den meisten Agenturen bereits mit 17 Jahren bewerben,

Fantastische Felsformationen erwarten dich im Arches-Nationalpark

müssen aber vor Ausreise in die USA den vollen EU PKW-Führerschein besitzen – die Erlaubnis zum begleiteten Fahren reicht für die USA nicht aus!

Zusätzlich sollten alle Au Pairs bis kurz vor ihrer Ausreise in die USA den Internationalen Führerschein beantragen und diesen zusätzlich zum nationalen/EU-Führerschein mit nach Amerika nehmen. Der Internationale Führerschein wird gegen eine Gebühr und der Vorlage des EU-Führerscheins sowie eines Passfotos üblicherweise sofort aufgestellt und zwar in der Gemeinde- oder Stadtverwaltung, in Kreisverwaltungsreferaten oder auf Zulassungsstellen. Informationen für die einzelnen Länder findet man im Internet und auf den Seiten der nationalen Automobilclubs.

Gehört das Autofahren in den USA zu den Aufgabenbereichen eines Au Pairs, muss die Gastfamilie sowohl den PKW wie auch Benzin und Versicherung für das Au Pair stellen. Die Überprüfung der Versicherung für das Au Pair übernimmt üblicherweise die amerikanische Sponsororganisation, so dass sich die Au Pair-Bewerber darum keine Gedanken machen müssen.

In den USA angekommen, muss für manche Bundesstaaten ein US-Führerschein erstellt werden. Dies geschieht entweder durch Umschreibung des nationalen/EU-Führerscheins oder es muss ein neuer Test (praktisch, theoretisch oder beides) absolviert werden. Keine Panik – der Führerschein in den USA ist nicht nur kostengünstiger, sondern auch viel einfacher und nicht so umfangreich wie in Europa.

Der lokale Betreuer und die Gastfamilie sind bei der Beantragung des US-Führerscheins behilflich und versorgen die Au Pairs auch mit den nötigen Informationen. Viele Bundesstaaten stellen Informationsbroschüren und Probefragen (meist Multiple Choice-Fragen) zur Verfügung. Mit etwas Lernbereitschaft hat bis jetzt noch jedes mir bekannte Au Pair den amerikanischen Führerschein erhalten!

Führerschein

- PKW-Führerschein als Bewerbungsvoraussetzung
- Autofahren zählt mit großer Wahrscheinlichkeit zu den Aufgaben des Au Pairs
- Gastfamilie stellt PKW, Benzin und Versicherung für das Au Pair
- vor Ausreise in die USA den Internationalen Führerschein beantragen
- in den USA muss evtl. ein US-Führerschein ausgestellt werden

Der beeindruckende Grand Central Terminal in New York

2.5 Visabestimmungen

Das erforderliche Visum für die Einreise von Au Pairs in die USA fällt in die Kategorie der J-1-Visa des amerikanischen Exchange Visitor Programms. J bezeichnet die Zugehörigkeit der Visa zum *work-and study-based exchange visitor program* und berechtigt die Halter nicht zur dauerhaften Einwanderung in die USA. Das Exchange Visitor Programm gewährt pro Jahr rund 300.000 Teilnehmern aus mehr als 200 Ländern und Territorien den Besuch der USA. 86 % der Visaempfänger sind unter 30 Jahre alt und über die Hälfte aller Programmteilnehmer sind junge Frauen. Wer mehr über das Exchange Visitor Programm und die einzelnen Visabestimmungen erfahren möchte, findet Informationen auf der Webseite http://j1visa.state.gov/basics.

Für die Teilnahme am Exchange Visitor Programm und die legale Beantragung der Visa gibt es in den USA ca. 1.400 designierte Programmsponsoren, allerdings nur 16 für das Au Pair-Programm. Ohne die Zustimmung eines offiziell zugelassenen Programmsponsors kann von Privatpersonen kein

Bryce-Canyon-Nationalpark im Südwesten Utahs

J-1-Visa beantragt werden. Damit gibt es auch keine Möglichkeit für einen legalen, komplett privat organisierten Au Pair-Aufenthalt in den USA!

Für die Beantragung und Erteilung des J-1-Visums müssen Programmsponsor und Antragsteller (also das Au Pair) folgende Kriterien erfüllen:

- Nachweis von Englischkenntnissen
- Versicherungsschutz
- Information über die jeweiligen Programmbedingungen vor Ausreise in die USA
- Einführung bzw. spezielles Training für das Programm
- Überwachung der Programmteilnehmer während der Teilnahme

Wie man sieht, sind alle nötigen Visavorgaben bereits in den Au Pair-Regularien verankert. Die Programmsponsoren und ihre jeweiligen Partner stellen den Au Pairs alle notwendigen Dokumente zur Verfügung und starten den Visaprozess nach erfolgreicher Platzierung in eine amerikanische Gastfamilie. Für die Bearbeitung jedes Visaantrags werden Gebühren fällig, die hauptsächlich das Au Pair zu tragen hat. Weitere Informationen zur Visabeantragung findet man in Abschnitt 7.1.

3 | Au Pair: Vorbereitung

Die Entscheidung, Freunde und Familie zurückzulassen und als Au Pair in den USA zu leben, will wohl überlegt sein. Kein Auslandsaufenthalt sollte leichtfertig und übereilt getroffen werden, denn ins Ausland zu gehen darf nie einer Flucht gleichkommen: Probleme und Schwierigkeiten zu Hause werden sich in den USA nicht in Luft auflösen und erwarten einen spätestens bei der Rückkehr! Deshalb bedarf es einer guten Vorbereitung, damit der Au Pair-Aufenthalt nicht zu einem Problem oder gar zu einer Enttäuschung wird.

3.1 Programmdauer

Zwölf Monate, 365 Tage oder 8.760 Stunden – so lange dauert ein Au Pair-Aufenthalt in den USA! Die Programmdauer ist durch das Visum und die Regeln des State Departments festgelegt und kann nicht verändert werden.

Ein ganzes Jahr im Ausland mag einem erst mal sehr lang erscheinen. Allerdings darf nicht vergessen werden, dass es einige Zeit dauert, bis man sich in eine neue Umgebung und Familie eingewöhnt hat. Welchen Vorteil würde ein kürzerer Aufenthalt bieten? Kann man innerhalb von wenigen Wochen oder eines Sommers wirklich zu einem neuen Familienmitglied werden oder bleibt man dann nicht eher in der Rolle eines Gastes bzw. Angestellten? Meine eigene Gastmutter erklärte mir zu Beginn meines Au Pair-Jahres sehr deutlich, dass die ersten Wochen für mich aus sehr viel Lernen bestehen würden und ich versuchen solle, mich in den Alltag der Familie einzufinden. Für sie be-

Beachte

Alle Programmvarianten, die sich mit so hübschen Namen wie „Demi-Pair“ oder „Summer Au Pair“ schmücken, fallen nicht unter die Vorgaben des amerikanischen Au Pair-Gesetzes und bieten den Bewerbern folglich auch nicht dessen Schutz und Vorteile.

Ein Jahr USA verspricht unvergessliche Ein- und Ausblicke

gann ein Au Pair-Aufenthalt erst nach zwei Monaten, denn die Wochen davor betitelte sie als „integration and warm-up time" für mich, wie auch für die Kinder und den Rest der Familie!

Viele Gastfamilien in den USA haben über mehrere Jahre hinweg Au Pairs und sind auf die Unterstützung bei der Betreuung der Kinder angewiesen. Folglich planen die Gastfamilien immer mit der kompletten Programmdauer von zwölf Monaten. Von daher macht es für Bewerber keinen Sinn, nach einem kürzeren Aufenthalt aufgrund von Studienbeginn etc. zu fragen. Ganz im Gegenteil, dies kann sogar schon in der Bewerbungsphase zu einem Ausschluss aus dem Programm führen. Vereinzelt sind Gastfamilien bereit, den Urlaub an das Ende des Programms zu legen oder das Au Pair einige Tage früher aus der Familie zu „entlassen". Dies sollte aber immer erst während des Au Pair-Aufenthaltes mit der Gastfamilie und der Organisation besprochen werden. Au Pairs, die nicht die komplette Programmdauer in den USA absolvieren (oder in Ausnahmefällen eine Sonderregelung erhalten), bekommen keine offizielle Teilnahmebestätigung und verlieren das Recht auf einen bezahlten Rückflug. Ebenso erlischt der Anspruch auf Entlohnung und das Visum!

Das erforderliche J-1-Visum ermöglicht den Au Pairs nach erfolgreicher Beendigung des 12-monatigen Aufenthaltes die *grace period* (Toleranzfrist) zu nutzen und für weitere 30 Tage auf eigene Kosten in den USA zu reisen. Die Entscheidung für oder gegen eine Reisezeit obliegt jedem Teilnehmer selbst. Nach 12 Monaten plus maximal 30 Tagen erlischt die Gültigkeit des Visums und man hält sich danach illegal in den USA auf!

Zeitplan für einen Au Pair-Aufenthalt in den USA	
Optimaler Bewerbungszeitraum	8 bis 6 Monate vor geplanter Ausreise
Au Pair-Aufenthalt in den USA	12 Monate inklusive An- und Abreise, Vorbereitung in den USA und Weiterreise zur Gastfamilie, sowie 2 Wochen Urlaub
Optionaler Reisemonat	Am Ende des 12-monatigen Au Pair-Aufenthalts oder der Programmverlängerung (*grace period*, entsprechend den J-1-Visavorgaben max. 30 Tage)
Optionale Programmverlängerung	Weitere 6, 9 oder 12 Monate in einer US-Gastfamilie, Verlängerung des Programms und des Visums

3.2 Programmvarianten

Das Au Pair-Programm wurde über die Jahre nicht nur hinsichtlich der zugelassenen Nationalitäten erweitert, sondern veränderte sich auch entsprechend der Bedürfnisse der Gastfamilien. So besteht seit einigen Jahren eine Programmvariante für „professionelle Au Pairs“, d.h. für Bewerber, die eine Ausbildung oder besondere Erfahrung im Bereich der Kinderbetreuung vorweisen können. Seit 2001 gibt es zudem das Educare-Programm, welches für Gastfamilien geschaffen wurde, die Kinderbetreuung speziell vor und nach der Schule oder dem Kindergarten benötigen. Für Educare-Teilnehmer bedeutet dies, dass sie mehr Zeit für Weiterbildungskurse haben und weniger Zeit für die Kinderbetreuung aufwenden müssen.

Alle drei Programmvarianten (s. auch Liste in Abschnitt 1.4.1) sind vom State Department offiziell zugelassen und fallen unter die Richtlinien des Paragraph 62.31 „Au Pairs". Zu beachten ist, dass nicht alle Sponsororganisationen die Programmvarianten in gleichem Umfang anbieten und die Bewerbungsvoraussetzungen z.B. beim professionellen Au Pair durchaus variieren können.

Gleiches gilt auch für die Bewerbung von männlichen Au Pairs: Nicht alle Organisationen vermitteln junge Männer und teilweise müssen diese auch mehr Erfahrung in der Kinderbetreuung vorweisen, um erfolgreich in die USA platziert werden zu können.

„Klassisches" Au Pair	
Basisvoraussetzungen	18 - 26 Jahre alt, Englischkenntnisse, mind. 200 Stunden praktische Kinderbetreuung, EU/Schweizer Staatsbürgerschaft oder unbefristete Aufenthaltsgenehmigung
Schule bzw. Ausbildung	Abgeschlossene Schulpflicht
Alter der betreuten Kinder in den USA	Ab 3 Monate
Arbeitszeit (max. 10 Stunden pro Tag, mind. 1,5 freie Tage pro Woche & 1 freies Wochenende pro Monat)	45 Stunden pro Woche
Entlohnung	Entsprechend dem Mindestlohn, ca. 195 US Dollar pro Woche
Urlaubsanspruch	2 Wochen bzw. 10 Tage
Weiterbildung	Besuch von Kursen an einer akkreditierten, weiterführenden Bildungseinrichtung (6 *academic credits*/Semesterwochenstunden)
Weiterbildungsbudget (finanziert von der Gastfamilie)	500,00 US Dollar

Männliche Au Pairs müssen oft mehr Erfahrung vorweisen

„Professionelles" Au Pair	
Basisvoraussetzungen	18 - 26 Jahre alt, Englischkenntnisse, mind. 200 Stunden praktische Kinderbetreuung, EU/Schweizer Staatsbürgerschaft oder unbefristete Aufenthaltsgenehmigung
Schule bzw. Ausbildung	Abgeschlossene Ausbildung im Bereich Kinderpflege bzw. -erziehung (z. B. Erzieher/in, Kinderpfleger/in, Kinderkrankenpfleger/-schwester, Hebamme, Sozialpädagogische Assistenz). Bei einigen spezialisierten Programmanbietern gelten auch andere Ausbildungen wie z. B. Ergotherapie, Heilerziehungspflege, Krankenpflege etc. oder 2 Jahre Vollzeit-Arbeit mit Kindern oder absolviertes 12-monatiges USA-Au Pair-Programm (*Returning Au Pair*)
Alter der betreuten Kinder in den USA	Ab 3 Monate
Arbeitszeit (max. 10 Stunden pro Tag, mind. 1,5 freie Tage pro Woche & 1 freies Wochenende pro Monat)	45 Stunden pro Woche
Entlohnung	üblicherweise +200 US Dollar pro Woche
Urlaubsanspruch	2 Wochen bzw. 10 Tage
Weiterbildung	Besuch von Kursen an einer akkreditierten, weiterführenden Bildungseinrichtung (6 *academic credits*/Semesterwochenstunden)
Weiterbildungsbudget (finanziert von der Gastfamilie)	500,00 US Dollar
Besondere Anforderung	Referenz eines Ausbilders bzw. der Praxis-Anleitung als Bestätigung der Ausbildung

Educare (teilweise auch als *family companion* bezeichnet)	
Basisvoraussetzungen	18 - 26 Jahre alt, gute Englischkenntnisse, mind. 200 Stunden praktische Kinderbetreuung, EU/Schweizer Staatsbürgerschaft oder unbefristete Aufenthaltsgenehmigung
Schule bzw. Ausbildung	Abgeschlossene Schule: Abitur/Matura, Fachabitur, Real-/ Mittelschule + Ausbildung
Alter der betreuten Kinder in den USA	Ab 3 Jahre, die Kinder sind in einer Betreuungseinrichtung (Krippe, Kindergarten, Schule etc.) untergebracht oder werden anderweitig betreut, so dass dem *family companion* ausreichend Zeit für Weiterbildungskurse zur Verfügung stehen
Arbeitszeit (max. 10 Stunden pro Tag, mind. 1,5 freie Tage pro Woche & 1 freies Wochenende pro Monat)	30 Stunden pro Woche
Entlohnung	Entsprechend dem Mindestlohn, ca. 146 US Dollar pro Woche
Urlaubsanspruch	2 Wochen bzw. 10 Tage
Weiterbildung	Besuch von Kursen als *non-degree-student* an einer akkreditierten, weiterführenden Bildungseinrichtung (12 *academic credits*/ Semesterwochenstunden)
Weiterbildungsbudget (finanziert von der Gastfamilie)	1000,00 US Dollar
Fahrerfahrung	Versierter Fahrer, mit mindestens 6 Monaten Fahrpraxis (meist zählen keine Fahrschule/begleitetes Fahren) bei Ausreise in die USA
Besondere Anforderung	Referenz eines Englisch-Lehrers/Ausbilders, TOEFL-Test von großem Vorteil

Für die weiteren Informationen in diesem Buch ist zu beachten, dass aufgrund der besseren Lesbarkeit nur der allgemeine Begriff „Au Pair" verwendet wird. Auf eventuelle Besonderheiten im Rahmen des Educare oder professionellen Au Pair-Programms wird an gegebener Stelle jeweils hingewiesen.

3.3 Programmanbieter

Die folgende Liste gibt einen Überblick über deutsche Programmanbieter, die auch Au Pairs aus der Schweiz und Österreich vermitteln. Diese Aufzählung orientiert sich ausschließlich an Agenturen, die Mitglied in der IAPA sind, ist alphabetisch geordnet und erhebt keinen Anspruch auf Vollständigkeit. Weitere Anbieter finden interessierte Bewerber über die Amerikahäuser, bei Arbeitsagenturen oder auch auf den zahlreichen Jugend- und Informationsmessen.

Programmanbieter

Name	Webseite	Klassisches Au Pair	Prof. Au Pair	Educare
AbroadConnection	www.abroadconnection.de	x		
Active Abroad & Au Pair Agentur Maria-Theresia *	www.activeabroad.de	x	x	x
AIFS American Institute For Foreign Study GmbH, Au Pair in America	www.aifs.de, www.aifs.at, www.aifs.ch	x	x	x
Cultural Care Germany GmbH, Cultural Care Au Pair	www.culturalcare.de, www.culturalcare.at	x		
German Red Cross Volunta GmbH	www.volunta.de	x		x
iSt Internationale Sprach- und Studienreisen GmbH	www.aupair.de	x	x	
Kulturist UG (haftungsbeschränkt) *	www.kulturist.de	x		
MultiKultur e.K. International Exchange Programs *	www.multikultur.info	x		
Stepin GmbH	www.stepin.de	x		x
TravelWorks, Travelplus Group GmbH *	www.travelworks.de	x		
Wind Connections	www.aupairlink.ch	x		

* vermitteln auch männliche Au Pairs

Neben den offiziellen Partneragenturen der amerikanischen Programmsponsoren haben sich in den letzten Jahren auch private Internetplattformen für Au Pairs und Gastfamilien etabliert. Diese gewerblichen Webseiten bieten laut ihrer eigenen Definition interessierten Au Pairs und Gastfamilien die Möglichkeit, schnell und problemlos miteinander in Kontakt

Flying high – deshalb genau auf die Auswahl der richtigen Agentur achten

zu treten. In der Regel können sich Au Pair-Bewerber kostenfrei auf den Webseiten registrieren, während die Gastfamilien für die Einstellung ihres Profils zahlen müssen.

Hier einige Beispiele für die Schlagwortsuche im Internet: „Au Pair World", „Au Pairs Online", „Au Pair Kontakte". Für die Arbeitsweise, Aktualität und Qualität dieser Au Pair-Portale kann ich keine Empfehlung aussprechen.

ACHTUNG: Wer sich als Au Pair-Bewerber seine Gastfamilie auf diese Weise aussucht, kann jedoch nicht die Bewerbung bei einer lokalen Agentur umgehen! Eine private Einreise als Au Pair in die USA ist illegal und vor allem für das Au Pair mit vielen Problemen verbunden. Eine direkte Bewerbung bei einem Programmsponsor in den USA ist ebenfalls nicht möglich – auch dann nicht, wenn man schon vor Ort ist. So sollten alle Au Pair-Interessenten mit Online-Gastfamilienangeboten und übertriebenen Versprechungen seitens der porträtierten Gastfamilien eher vorsichtig umgehen! Eine sorgfältige Auswahl und Prüfung der Au Pair-Bewerbung (wie auch der Gastfamilien) spricht für die Qualität einer Organisation, auch wenn dies für ein Au Pair im Bewerbungsprozess mehr Arbeit und Aufwand bedeutet.

Ebenso möchte ich eindringlich vor *scams* (Betrugsmaschen) warnen, bei denen Au Pair-Bewerber über entsprechende Plattformen oder auch über Facebook direkt von angeblichen „Familien" kontaktiert werden – immer mit einem Wohnort in einer bekannten, exklusiven Gegend, überdurchschnittlichen Gehältern und geringer Kinderbetreuungszeit.

Im Anschluss an den ersten Kontakt werden interessierte Bewerber aufgefordert, Geld per Auslandsüberweisung (z.B. via Western Union) an eine angebliche Agentur zu überweisen. Eine ganze Menge gutgläubiger Bewerber haben dadurch schon mehrere tausend Euro verloren. Um sich vor Betrug zu schützen, rate ich allen Au Pair-Interessierten, sich ausschließlich an die von der amerikanischen Regierung zertifizierten Organisationen und deren Partner zu wenden!

3.4 Kosten, Finanzierung und Förderungsmöglichkeiten

Die Teilnahme an einem Au Pair-Programm bietet salopp ausgedrückt „viel Ausland für wenig Geld"! Gerade das USA-Programm sieht eine starke finanzielle Einbeziehung der Gastfamilien vor, so dass sich auf Seiten des Au Pairs die Kosten in Grenzen halten.

Bei den meisten Anbietern bleibt eine Au Pair-Bewerbung so lange unverbindlich und kostenfrei, bis sich das Au Pair mit einer amerikanischen Gastfamilie geeinigt hat. Erst zu diesem Zeitpunkt werden die Programmgebühren in Rechnung gestellt. Von daher gehen Au Pair-Bewerber mit Ausnahme der Kosten für die Bewerbungserstellung, kein finanzielles Risiko ein, sollte sich keine geeignete Gastfamilie finden.

Bei der Begleichung der Programmgebühren ist zudem darauf zu achten, dass diese in Euro und auf ein lokales Konto entrichtet werden können. So entstehen keine weiteren Gebühren und der Bewerber bleibt von eventuellen Kursschwankungen des Dollars verschont.

Alle Programmanbieter haben zusätzliche Versicherungspakete oder auch Schulungen und spezielle Vorbereitungskurse im Angebot, die je nach Wunsch hinzu gebucht werden kön-

Zusätzliche Ausgaben

- Kosten für die Erstellung der Bewerbungsunterlagen bzw. notwendiger Dokumente: Polizeiliches Führungszeugnis, evtl. ein neuer Reisepass, ...
- Anreise zum Interviewgespräch
- Kosten für die Beantragung und Ausstellung des Visums (ca. 120 - 160 Euro) sowie für spezielle Passbilder
- Anreise zum nächstgelegenen US-Konsulat
- Je nach Anbieter: Beteiligung an Versicherung (mindestens Krankenversicherung, besser in Verbindung mit Haftpflicht- und Unfallversicherung)
- Gastgeschenke
- Anreise zum Abflughafen in Deutschland, Österreich oder der Schweiz

In den USA:

- Je nach Agentur: Transport vom US-Flughafen zum Einführungsworkshop und Verpflegung, evtl. auch Beteiligung an der Weiterreise zur Gastfamilie
- Bei Programmverlängerung: Kosten für Verlängerung des Visums, Versicherungspaket etc.
- Je nach Agentur: Transport zum US-Flughafen für den Rückflug in die Heimat

nen. Liegen bei einem Bewerber spezielle Erkrankungen oder gesundheitliche Einschränkungen vor, dann kann eine Agentur auf individuelle Absicherung des Au Pairs durch eine oder mehrere ergänzende Versicherungen bestehen.

Aufgrund der Taschengeldzahlungen in den USA und da die Gastfamilie das Au Pair auch in anderen Aspekten finanziell unterstützt, gibt es für Au Pair-Aufenthalte in den USA leider keine offiziellen Fördermittel. Manche Anbieter vergeben jedoch Stipendien oder gewähren spezielle Rabatte auf eine frühzeitige Au Pair-Bewerbung. Hier lohnt es sich, die Internetseiten der verschiedenen Anbieter genau zu studieren!

Wer trotz alledem finanzielle Hilfe braucht, kann versuchen, einen privaten Förderkreis ins Leben zu rufen. Man informiert Freunde und Familie über den geplanten Auslandsaufenthalt und bittet um eine kleine Spende oder monatliche Unterstützung. Auch Blogs oder Webseiten, auf denen ein

Bewerber über sein Auslandsabenteuer berichtet, lassen sich manchmal vermarkten.

Hinweis zum Kindergeld: Während der Zeit in den USA wird an Au Pairs und deren Eltern in der Regel kein Kindergeld ausbezahlt. Dies begründet sich in der offiziellen Definition eines Bildungsaufenthaltes und der behördlichen Vorgabe, im Ausland einen theoretisch-systematischen Sprachkurs von mindestens 10 Wochen zu besuchen. Diese Vorgabe deckt sich nicht mit den Bestimmungen des amerikanischen Au Pair-Programms.

Als Tipp: Man kann immer versuchen, das Kindergeld im Nachhinein zu beantragen, indem man der Behörde mitteilt, dass man die notwendigen Belege nach oder während des Auslandsaufenthaltes einreicht. In den USA sollte man dann zusätzlich zu der offiziellen Teilnahmebestätigung der Agentur von allen besuchten Bildungseinrichtungen einen Beleg über die tatsächlich absolvierten Stunden anfordern, also auch die Vorbereitungs- und Nachbereitungszeit für einen Kurs mit auflisten lassen. Wer die offiziellen Vordrucke der Kindergeldkassen direkt in den USA ausgestellt haben möchte, wird sowohl bei den Programmsponsoren wie auch bei Schulen und Lehrern auf Ablehnung stoßen!

3.5 Versicherung

Das Versicherungswesen, allen voran die Krankenversicherung, unterscheidet sich in den USA deutlich zu den Heimatländern der Au Pairs. Während sich junge Menschen in den deutschsprachigen Ländern kaum Gedanken über den Versicherungsschutz oder die Behandlung beim Arzt machen, ist dies für den Au Pair-Aufenthalt sehr wichtig.

Fakt ist, dass alle Au Pairs in den USA versichert sein müssen. Darum kümmern sich die Programmsponsoren, indem sie ein für alle Programmteilnehmer verbindliches Versicherungspaket anbieten.

Das Versicherungspaket ist in der Regel automatisch im Programmpreis mit inbegriffen und kann nicht abgewählt werden. Es umfasst immer eine Krankenversicherung, sinnvoll sind zudem eine Unfall- und Haftpflichtversicherung, durch die auch Personen- und Sachschäden abgedeckt werden. Bereits in der Bewerbungsphase sollten sich zukünftige Au Pairs über die angebotenen Versicherungspakete informieren. Diese variieren sowohl im Umfang als auch in den Deckungssummen von Anbieter zu Anbieter. Ideal ist es, wenn in den Unterlagen oder auf der Webseite der jeweiligen Agentur bereits ersichtlich ist, wie sich das Versicherungspaket zusammensetzt und über welchen Versicherungsträger es abgewickelt wird. Es sollte für einen Bewerber immer möglich sein, auf Nachfrage mehr Informationen über die einzelnen Versicherungen zu erhalten. Auch Einsicht in die Verträge zu bekommen, ist nicht unüblich. Einige Organisationen bieten sogar zusätzlich zu den englischen Originalverträgen eine deutsche Übersetzung an. Auch wenn sich vorab niemand mit negativen Dingen wie einer Erkrankung oder einem Unfall in den USA auseinandersetzen möchte, es ist notwendig, den Vertrag genau durchzulesen und auch auf Details zu achten, wie z.B. den Rücktransport ins Heimatland oder weiterführende Behandlungen.

Arztbesuche

Wichtig ist, vor der Ausreise alle Vorsorgeuntersuchungen und Routine-Checks zu absolvieren, da dies in den USA nicht üblich ist. Besonders der Besuch beim Zahnarzt kurz vor der Ausreise ist dringend anzuraten!

Die Versicherung beginnt üblicherweise mit dem Programmstart in den USA und endet nach 12 Monaten. Da es sich dabei meistens um internationale bzw. in den USA ansässige Versicherungsunternehmen handelt, erhalten die Au Pairs in der Regel Unterstützung durch die Programm-Mitarbeiter oder den lokalen Betreuer. Die Art und Weise, wie ein Versicherungsfall abzuwickeln ist, welche Behandlungen abgedeckt sind und ob ein Au Pair erst mal in Vorleistung gehen muss oder nicht, wird von allen Organisationen auf dem Einführungsworkshop oder in den Schulungsunterlagen erklärt.

Fast alle Programmanbieter haben zusätzliche Versicherungen, wie z.B. eine Reiserücktrittsversicherung oder die Absicherung von Sportunfällen, im Angebot. Sehr oft kann man auch durch einen Zusatzplan die Leistungen des allgemeinen Versicherungspakets aufstocken und noch auf den 13. Monat ausdehnen!

Vorerkrankungen

Bestehende Vorerkrankungen oder chronische Erkrankungen müssen immer vor Programmantritt mit der jeweiligen Agentur besprochen werden. Gleiches gilt für langfristige Therapien und psychologische Betreuung. In solchen Fällen sollte man sich schon vor der Bewerbung erkundigen, ob eine Teilnahme am Programm überhaupt möglich ist. In jedem Fall muss stets ein ausführliches ärztliches Attest eingereicht werden, das neben der Beschreibung des Krankheitsverlaufs auch eventuelle Einschränkungen für die Au Pair-Tätigkeit ausschließt. Bei chronischen Erkrankungen oder gesundheitlicher Anfälligkeit ist es immer ratsam, eine zusätzliche, private Versicherung abzuschließen.

Nutzt ein Au Pair nach dem Aufenthalt in der Gastfamilie die *grace period* des Visums, dann muss auch dieser Zeitraum versichert werden. Es ist durchaus sinnvoll, die vom Programm angebotene Versicherung zu wählen, da eine private Reise- oder Auslandskrankenversicherung in den meisten Fällen nicht haftet. Es ist unbedingt notwendig, den bestehenden Versicherungsvertrag ganz genau durchzulesen, da üblicherweise nur private Urlaubsreisen und kürzere Aufenthalte in den USA (ohne Beschäftigung und Einkommen) abgedeckt sind!

ACHTUNG: Sobald ein Au Pair eine Gastfamilie in den USA gefunden hat und das genaue Ausreisedatum weiß, sollte man auch die Krankenversicherung im Heimatland über den bevorstehenden Auslandsaufenthalt informieren. Im Fall der öffentlichen Krankenkassen ruht nach dem Einreichen der Teilnahmebestätigung der Vertrag meist automatisch während der Zeit im Ausland. Ist ein Au Pair privat versichert, dann ist in der Regel eine Anwartschaft zu beantragen, um Nachteile oder Probleme bei Wiederaufnahme der Versicherung auszuschließen.

3.6 Kinderbetreuungserfahrung sammeln

Im vorangegangenen Kapitel wurde ja bereits ausführlich auf die große Bedeutung von Kinderbetreuung und deren Qualität hingewiesen. Hier stellt sich nun die Frage, wie man zu der notwendigen Erfahrung mit Kindern kommt.

Die Antwort ist recht einfach: Initiative ergreifen! Egal ob man schon länger mit Kindern arbeitet oder sich speziell für den Au Pair-Aufenthalt vorbereitet, jeder kann sich die erforderliche Stundenanzahl (und mehr) erarbeiten.

Grundsätzlich gilt, dass gesammelte Erfahrungen mit Kindern unter zwei Jahren für Gastfamilien sehr wichtig und demnach auch extrem gefragt sind. Wer sich mit Kindern dieses Alters beschäftigen möchte, verschafft sich nicht nur sehr gute Chancen als Au Pair, sondern erlebt auch eine unglaubliche Bandbreite an Entwicklungsschritten beim Kind!

Ein guter Einstieg in die Kinderbetreuung ist der Besuch eines Babysitter-Kurses oder eines speziellen Erste Hilfe-Kurses für Kleinkinder. Diese werden u.a. von Volkshochschulen oder sozialen Trägern wie der Caritas angeboten. Unkostenbeitrag und Zeitaufwand sind meist relativ gering, und neben wichtigen Informationen erhält man auch eine offizielle Teilnahmebestätigung, die der Au Pair-Bewerbung zusätzlich beigefügt werden kann. Mit dem „Babysitterdiplom" in der Tasche kann man sich gut auf Online-Betreuungsplattformen oder bei Babysitteragenturen registrieren. Eine andere Option besteht darin, eine Anzeige in der Regionalzeitung zu schalten oder Aushänge in Drogeriemärkten, Fitnessstudios, Arztpraxen und anderen lokalen Knotenpunkten zu platzieren. In vielen Fällen arbeiten die Anbieter der Kurse auch direkt mit Familien aus der näheren Umgebung zusammen, die eine zuverlässige Betreuung für ihre Kinder suchen.

Babysittererfahrung gesucht – Weitersagen ist erwünscht!

Unbezahlte Praktika – insbesondere auch in den Ferienzeiten – lassen sich bei persönlicher Anfrage und Vorstellung meist problemlos in Kinderkrippen und -gärten, aber auch in einem Hort oder Jugendzentrum absolvieren. Wer lieber ältere Kinder betreut oder sich speziell für Educare vorbereiten möchte, kann bei Nachhilfezentren, in der Grundschule oder bei Anbietern von Ferienfahrten nachfragen. Alle Kinderbetreuungseinrichtungen fungieren in der Regel als hervorragende Multiplikatoren: Kennen einen erst einmal Eltern aus einem Praktikum im Kindergarten, dann fragen diese oft an, ob man nicht auch privat bei der Familie Babysitten möchte.

Ansonsten lohnt es sich, eine Liste zu erstellen: Wer kennt Familien, die eine Betreuung benötigen, und wo treffe ich Leute, die einen Betreuer der Kinder brauchen. Dies können Lehrer, Nachbarn, Freunde der Familie oder Arbeitskollegen der Eltern sein oder der Sportverein für Kinder, die Musikschule oder aber vielleicht auch ein Reiterhof oder ein Hotel. Wer aktiv ist, der kommt sicher an sein Kinderbetreuungs-Ziel!

Es macht immer auch Sinn, die Vorgesetzten bzw. die Eltern von Kindern darauf hinzuweisen, dass man sich später als Au Pair bewerben möchte und dafür eine Bestätigung oder Referenz benötigt.

3.7 Referenzen

Für das Au Pair-Programm werden mindestens drei Referenzen verlangt. Man unterscheidet zwischen Kinderbetreuungs-Referenz (*childcare reference*) und persönlicher Referenz (*character/personal reference*). Referenzen sollten üblicherweise nicht älter als sechs bis zwölf Monate sein – bezogen auf das Ausstellungsdatum.

Die Organisationen haben jeweils unterschiedliche Referenzvordrucke, welche sie ihren Bewerbern zur Verfügung stellen. Folglich müssen sich die Bewerber keine Gedanken um den Inhalt der Referenzen machen, dies bedeutet aber auch im Gegenzug, dass die Organisationen in der Regel keine frei formulierten Praktikums-Nachweise oder Beurteilungen annehmen. Auch werden nur die Referenzvordrucke der eigenen Organisation akzeptiert.

Childcare references geben, wie es der Name schon sagt, Auskunft über die Erfahrungen eines Bewerbers, während *character/personal references* Aussagen über den Charakter und die persönliche Eignung treffen.

Wichtig ist für alle Referenzen, wer diese ausfüllt. Von Seiten des State Departments dürfen keine Familienangehörigen oder verwandte Personen die Referenz ausstellen. Manche Organisationen bieten sogenannte „Familien-Referenzvordrucke“ an, um die Erfahrungen innerhalb der eigenen Familie belegen zu lassen. Diese speziellen Referenzen zählen aber nicht zu der gesetzlich vorgeschriebenen Anzahl von mindestens drei Referenzen pro Bewerber.

Referenzgeber müssen in den USA zudem immer ältere Personen sein, zu denen ein Respektsverhältnis besteht. Dies bedeutet, dass z. B. eine Gruppenleitung im Kindergarten, die Babysitter-Eltern oder ein Lehrer eine Referenz ausstellen können. Babysitterkinder, Nachhilfeschüler oder Freunde bzw. Mitschüler/-Studenten eines Au Pair-Bewerbers gelten hingegen nicht als qualifizierte Referenzgeber. Ein guter Referenzgeber sollte den Au Pair-Bewerber immer auch persönlich (und soweit möglich, über einen längeren Zeitraum hinweg) kennen und diesen aktiv bei der „Arbeit“ beobachtet bzw. unterstützt haben.

Referenzgeber ...

... sollten immer ältere Personen sein, die dich möglichst lange und privat kennen. Verwandte Personen zählen jedoch nicht dazu.

Schwierig wird es, wenn eine fast gleichaltrige Person als Vorstand bei den Pfadfindern oder bei einer Jugendgruppe fungiert oder man eine Sportstunde zusammen abhält. In diesem Fall sollte man versuchen, einen anderen Vorgesetzten (z.B. Abteilungsleiter im Sportverein) als Referenzgeber zu gewinnen. Wenn dies nicht möglich ist, sollte die Person beim Ausstellen der Referenz nur die Funktion angeben und nicht erwähnen, dass er oder sie auch noch Schüler oder ein Kommilitone ist.

Es ist immer von Vorteil, wenn ein Referenzgeber so gut Englisch spricht bzw. schreibt, dass er die Referenz direkt ausfüllen kann. Wenn dem nicht so ist oder ein Referenzgeber nur englische Basiskenntnisse hat, dann stellen die Organisationen üblicherweise Vordrucke in deutscher und englischer Sprache zur Verfügung. Für die meisten Au Pair-Programme ist es in Ordnung, wenn die Bewerber eine deutsche Referenz eigenständig in einen englischen Vordruck übersetzen. Es wird keine beglaubigte Übersetzung benötigt. Es muss immer die Referenz im Original plus die angefertigte Übersetzung zusammen mit der Bewerbung eingereicht werden.

Was in Referenzen üblicherweise abgefragt wird, soll die folgende Auflistung verdeutlichen. Hier ist natürlich zu beachten, dass die Referenzvordrucke und Fragen nicht für alle Au Pair-Programme einheitlich sind und sich auch immer wieder verändern:

- Name, Adresse & Telefonnummer (teilweise auch Email) des Referenzgebers
- Position / Beruf des Referenzgebers
- Datum und Ausstellungsort der Referenz
- In welcher Beziehung steht der Referenzgeber zum Bewerber?
- Wie lange kennt der Referenzgeber den Bewerber und woher?
- Alter, Anzahl und Geschlecht der betreuten Kinder
- Dauer und Häufigkeit der Kinderbetreuung
- Verantwortungsbereiche des Bewerbers (alleine/im Team/ Helfer, ein oder mehrere Kinder)
- Aufgaben und besondere Qualifikationen des Bewerbers
- besondere Eigenschaften/Stärken bzw. Schwächen des Bewerbers
- Wie geht der Bewerber mit Stress, Kritik etc. um?
- Kommunikationsfähigkeiten des Bewerbers
- Ist der Bewerber für einen Au Pair-Aufenthalt geeignet und wenn ja, warum?

Oft sind auch gewisse Charaktereigenschaften (z.B. Zuverlässigkeit, Flexibilität etc.) oder Fähigkeiten (z.B. Windeln wechseln, Hausaufgabenbetreuung) vorgegeben, welche die Referenzgeber einzeln bewerten können.

Die meisten Vermittlungsorganisationen schreiben vor, dass die geforderten 200 Stunden Kinderbetreuung komplett durch Kinderbetreuungs-Referenzen belegt werden. Dies kann durch eine oder mehrere Referenzen geschehen, je nachdem wie viele Stunden an Erfahrung ein Bewerber bei einer Familie oder Einrichtung absolviert hat.

Zusätzlich benötigen Bewerber eine oder mehrere persönliche Referenzen, so dass mindestens drei Referenzen von drei unterschiedlichen Referenzgebern pro Bewerber für Gastfamilien zur Verfügung stehen. Die Gastfamilien erhalten direkte Einsicht in die Referenzen, so dass es sich lohnt, die Bewerbung mit guten und gewissenhaft ausgefüllten Referenzen zu untermauern!

Checkliste Referenzen

- aktuell, im Original (mit Unterschrift und Datum), ggf. mit Übersetzung
- ausgestellt durch Respektspersonen
- vollständig und sorgfältig ausgefüllt (Ein einzelnes Wort als Antwort hat nicht dieselbe Qualität wie ein ausformulierter Satz.)
- Schrift gut lesbar, gerne in Handschrift (auf dunkle Schriftfarbe achten!)
- ehrlich
- positiv im Ton und in Alltagsenglisch formuliert (Referenzgeber werden nicht zur „Rechenschaft" gezogen, falls ein Au Pair-Aufenthalt scheitert. Die Referenzen sollen die Au Pair-Bewerbung unterstützen. Die Formulierungen müssen nicht offiziell sein – wie z.B. in Arbeitszeugnissen.)

Mit viel Fahrpraxis kann man bei Gastfamilien punkten

3.8 Fahrkenntnisse

Als Vorbereitung für den Au Pair-Aufenthalt gilt für alle Au Pairs das Motto: „Fahren, fahren und nochmals fahren!" Zukünftige Au Pairs sollten so viel praktische Fahrerfahrung mit dem PKW sammeln wie nur irgendwie möglich und dies auch in die Bewerbung mit einfließen lassen.

Besonders bedeutend ist dabei die Fahrerfahrung mit Kindern an Bord. Auch hier gilt, wie schon bei der Kinderbetreuung, das Prinzip: Je mehr eigene Verantwortung das zukünftige Au Pair übernimmt und je regelmäßiger Kinder gefahren werden, desto besser!

Zusätzlich lohnt es sich, die Gastfamilien über den Umfang der Fahrausbildung zu informieren (Theorie und Praxis, Sonderfahrten sowie Erste Hilfe Kurs und Sehtest). Die Nutzung verschiedener Autos (z.B. unterschiedliche Modelle und Fabrikate) sowie die Erfahrung mit dem Automatikgetriebe wie auch dem Schaltgetriebe (*manual gear/stick shift*) ist hilfreich! Auch das geübte Fahren bei verschiedenen Wetterverhältnissen, sowie im Stadtverkehr, auf der Autobahn und über Land ist von Interesse.

Wer zusätzliche Pluspunkte für sich und potentielle Gastfamilien sammeln möchte, der kann sich um ein Fahrsicherheitstraining (z.B. ADAC) bemühen oder eine Extra-Fahrstunde, etwa in einem PKW mit Automatik buchen. Des Weiteren macht es Sinn, sich die eine oder andere themenbezogene Vokabel anzueignen. Geeignete Listen und Darstellungen findet man im Internet.

Wer sich im Vorfeld schon mal mit den Besonderheiten der US Verkehrsregeln und -zeichen beschäftigen will, der findet z.B. auf der Webseite der „American Automobile Association" (AAA) oder auf der Webseite für Government Information and Services Gelegenheit dazu: www.usa.gov.

Checkliste Fahrerfahrung

- So viel praktische Fahrerfahrung wie möglich sammeln
- Regelmäßige PKW-Nutzung ist wichtig
- Unterschiedliche Umgebung (Stadtverkehr, Autobahn, Landstraße) und Wetterverhältnisse geben Sicherheit
- Beförderung von Kinder ist super
- Fahrsicherheitstraining, Zusatzkurse etc. als besonderes Plus

3.9 Den richtigen Programmanbieter finden

Bei der Vielzahl an Programmanbietern ist es gar nicht so leicht, sich für ein Programm zu entscheiden. Generell können sich Au Pairs auch bei mehreren Agenturen bewerben, was allerdings zur Folge hat, dass man manche Teile der Bewerbung doppelt bearbeiten muss. Wichtig ist immer, sich nur mit einer Gastfamilie in den USA zu einigen! Spätestens dann müssen alle anderen Bewerbungen eingestellt werden.

Die folgenden Hinweise sollen die Suche nach dem passenden Programmanbieter erleichtern und hilfreiche Denkanstöße geben:

- Au Pair-Verbände nutzen: Organisationen wie z.B. IAPA oder die Au Pair Society bieten eine erste Übersicht. Die Mitglieder der Verbände unterziehen sich einer freiwilligen Prüfung und Regulation, was wiederum für Qualität spricht und Au Pairs schützt.
- Broschüren und Webseiten sichten: Programmanbieter, die in die engere Auswahl kommen, sollte man genau unter die Lupe nehmen, indem man Broschüren anfordert, die Webseite studiert und das Angebot von Informationsveranstaltungen wahrnimmt. Informationsmaterial sollte dabei immer unverbindlich und kostenfrei sein!
- Transparente Leistungen und Preise: Bei allen Marketingmaterialien darf man sich nicht nur durch hübsche Bilder, Hochglanzbroschüren oder Rabattangebote leiten lassen. Die Informationen müssen verständlich aufgebaut und aktuell sein. Angebotene Leistungen sowie die anfallenden Preise müssen deutlich erkennbar sein. Je mehr Information ein Anbieter von sich aus über sein Programm preisgibt, desto eher kann sich der Bewerber ein Bild machen und bleibt von unangenehmen Überraschungen verschont.
- Persönlicher Kontakt und Beratung: Eine Au Pair-Bewerbung ist relativ langwierig und umfangreich. Wie schnell und auf welche Art und Weise kann ein persönlicher Kontakt zum Programmanbieter hergestellt werden? Welche Beratungsmöglichkeiten bietet eine Organisation? Werden bereits in den Marketingmaterialien Ansprechpartner und Kontaktdetails genannt oder gibt es Fotos, damit man weiß, mit wem man spricht? Welche Erfahrungen bringen die Mitarbeiter einer Organisation mit? Waren sie selbst im Ausland? Gibt es einen persönlichen oder lokalen Ansprechpartner oder besteht nur der Kontakt zur Zentrale?

Recherche der richtigen Agentur ist vor allem für Au Pair-Bewerber wichtig

- Ehemalige Teilnehmer: Keine Information ist so wertvoll wie die Erfahrungen von ehemaligen Au Pairs! Bietet einem die Organisation die Möglichkeit, sich über die Erfahrungen ehemaliger Programmteilnehmer zu informieren, z.B. in Blogs und Internetforen? Erklärt sich ein Programmanbieter bereit, einen persönlichen Kontakt zu Ex-Au Pairs herzustellen? Wichtig ist auch, wie offen eine Organisation mit den Erfahrungen ihrer Ex-Teilnehmer umgeht: Gibt es im Internet die Möglichkeit, einen Programmanbieter zu bewerten? Lässt dieser überhaupt Kritik zu, oder werden nur positive Erfahrungen dargestellt?
- Bewerbungsverfahren: Jeder Bewerber sollte genau wissen, was für eine Au Pair-Bewerbung zu tun ist und welche Unterlagen einzureichen sind. Wie nachvollziehbar ist der Bewerbungsprozess aufgebaut? Gibt es deutsche Anleitungen

US Clustertreffen: internationale Au Pairs aus der Nachbarschaft

und Hilfestellungen für Bewerber und wie detailliert ist die Bewerbung? Wie viel Raum bleibt zur individuellen Gestaltung, z.B. in Form von persönlichen Fotos, Videos oder Briefen an die Gastfamilie?

- Sonstiges: Nicht zu unterschätzen ist die Erfahrung, die ein Programmanbieter vorweisen kann. Wie lange werden schon Au Pairs in die USA vermittelt? Wie viele Au Pairs betreut eine Organisation? Welcher Kontakt besteht zu Kollegen in den USA? Arbeitet man mit einem oder mehreren Partnern in den USA zusammen oder gehört der Programmsponsor zum gleichen Unternehmen? Auch das eigene Bauchgefühl sollte in die Entscheidung mit einbezogen werden: Fühlt man sich wohl und gut beraten bei einer Organisation? Habe ich „einen Draht“ zu den Mitarbeitern und finde ich mich in den Informationen und Beschreibungen wieder? Welchen Service bietet mir ein Programmanbieter rund um das Au Pair-Programm an? Findet eine Betreuung vor und nach dem Auslandsaufenthalt statt, können sich Eltern informieren und gibt es die Möglichkeit, mit Ehemaligen in Kontakt zu bleiben …?

4 | Au Pair: Bewerbung

Die Entscheidung für einen Au Pair-Aufenthalt in den USA ist endlich gefallen – los geht es mit der Erstellung der Bewerbungsunterlagen!

Das folgende Kapitel bietet einen Überblick über die wichtigsten Bestandteile der Au Pair-Bewerbung sowie dem damit verbundenen Auswahlverfahren.

Der Bewerbungsprozess sollte grundsätzlich kostenlos für das zukünftige Au Pair sein, hier lohnt sich ein genauer Vergleich der Agenturen. Weitere Qualitätsmerkmale sind zudem eine genaue Erläuterung des Bewerbungslaublaufs sowie eine Anleitung und/oder eine persönliche Betreuung während der Bewerbungsphase. Auch der Umfang der Bewerbung ist zu beachten: Ein sehr schneller und kurzer Bewerbungsprozess bürgt nicht unbedingt für Qualität, denn nur wenn sich eine Agentur für ein Bewerbungsgespräch Zeit nimmt und viele Informationen sammelt, können diese auch detailliert an die Gastfamilien weitergeleitet werden.

4.1 Online-Bewerbung und schriftliche Unterlagen

In der Regel verlangen die Agenturen eine schriftliche Anmeldung anhand einer von ihnen erstellten Broschüre oder aber eine Kurzbewerbung, die meist direkt über die Webseite ausgefüllt wird. Es erfolgt eine erste Abfrage von persönlichen Daten, sowie die Frage nach dem gewünschten Ausreisezeitraum. Oft wird sich hier auch schon nach psychischer und physischer Gesundheit und Erfahrungen in der Kinderbetreuung erkundigt, um die generellen Bewerbungsvoraussetzungen abzuklären.

Sind alle Basiskriterien erfüllt, erhält das zukünftige Au Pair die kompletten Bewerbungsunterlagen oder einen entsprechenden Login. Fast alle Au Pair-Agenturen arbeiten heute mit einer Onlinebewerbung, die in großen Teilen direkt am PC ausgefüllt werden kann. Dies hat den Vorteil, dass man die Eingaben immer wieder zwischenspeichern und zu einem späteren Zeitpunkt an der Bewerbung weiterarbeiten kann. Wichtige Bestandteile der schriftlichen Au Pair-Bewerbung sind:

Persönliche Daten: Adresse, Telefonnummer, Email und Skype-Adresse

Es empfiehlt sich, verschiedene Telefon- und Handynummern anzugeben. Ebenso sollte sich jeder Bewerber eine kostenlose Skype-Adresse zulegen, die es einem später ermöglicht, per Videoanruf mit Gastfamilien in Kontakt zu treten. Es lohnt sich auch, die Mailbox auf dem Handy zu aktivieren und zu gegebener Zeit mit einer englischen Ansprache zu versehen. Vorsicht ist bei der Angabe von Social Media-Daten geboten, wie z.B. Facebook-Profil oder YouTube-Kanal.

> **Was steht im Internet?**
> Es lohnt immer, vor einer Bewerbung den eigenen Namen in eine Suchmaschine einzugeben und zu prüfen, welche Informationen und Bilder interessierte Personen zu sehen bekommen. So gut wie jede Gastfamilie sucht online nach Informationen über potentielle Au Pair-Kandidaten, also rechtzeitig unpassende Bilder (wie z.B. Partybilder mit Alkohol oder Zigarette) löschen oder die Privatsphäre-Einstellungen entsprechend anpassen!

Ausreisezeitraum und Reisedetails

Bereits in den Bewerbungsunterlagen sollte es die Möglichkeit geben, über den gewünschten Ausreisezeitraum sowie den Abflughafen Angaben zu machen. Auch ist es für die zukünftigen Au Pairs wichtig zu erfahren zu welchen Zeiten man das Programm beginnen kann, bzw. welche Reisetermine gewählt werden können.

Jedes zukünftige Au Pair sollte sich für die Suche nach der geeigneten Gastfamilie genügend Zeit nehmen, und so wird

Im Weißen Haus in Washington, D.C. wohnt der US-Präsident

in der Regel immer eine mehrwöchige Zeitspanne für eine potentielle Ausreise gefordert. Hier lohnt es sich, bei den einzelnen Au Pair-Agenturen anzufragen, wie die Reise organisiert ist, wie und wo die Flüge in die USA gebucht werden und wie die Ankunft in den USA organisiert ist: Je mehr Details eine Au Pair-Agentur bieten kann, desto sicherer kann ein zukünftiges Au Pair sein, dass die Zusammenarbeit mit dem amerikanischen Programmsponsor auch reibungslos klappt.

Angaben zu Familie, Wohnsituation, Reise- und Fahrerfahrung

Mithilfe im Haushalt, Kenntnisse im Kochen oder Backen sowie Verantwortung für das eigene Zimmer oder die eigene Wohnung sind für Gastfamilien von Interesse, da diese Tätigkeiten ein Au Pair auch in den USA beschäftigen werden.

In einer Familie aufzuwachsen heißt, sich anpassen zu können, was auch für einen Au Pair-Aufenthalt bedeutend ist.

Bereits gesammelte Reiseerfahrungen beruhigen die Gastfamilien im Hinblick auf Anpassungsfähigkeit und Kontaktfreudigkeit gegenüber fremden Kulturen. In diesem Zusammenhang sollten auch unbedingt ein Schulaustausch, eine

Sprachreise oder ein Schuljahr im Ausland erwähnt werden, wobei sicher schon erste Erfahrungen im Zusammenleben mit einer Gastfamilie gesammelt wurden.

Fahrpraxis und -häufigkeit muss immer angegeben werden, in der Regel wird auch nach Verkehrsdelikten oder Unfällen gefragt. Hier gilt: Ehrlichkeit ist Trumpf! Allerdings sollte man mit der Agentur absprechen, wie genau Angaben gemacht werden müssen, und es ist ratsam, sich bei der englischen Formulierung helfen zu lassen.

Hobbies, Schulausbildung und Arbeitserfahrung

Gastfamilien wollen aktive und interessierte Bewerber – gerne auch mit außergewöhnlichen Hobbies und Interessen. Hier also nicht an Informationen sparen und unbedingt detaillierte Angaben machen, z.B. wie gut man ein Instrument beherrscht und ob man sich auch vorstellen könnte, mit den Kindern der Gastfamilie ein Hobby auszuüben. Auch gute Schwimmkenntnisse sind fast immer von großer Bedeutung für die Gastfamilien.

Bezüglich der Schulausbildung sollte man einen Überblick über die Fächer geben, denn neben Englisch und weiteren Fremdsprachen sind auch andere Bereiche wie z.B. Hauswirtschaft, Musik oder Chor, Kunst, Pädagogik/Psychologie oder Erste Hilfe-Kurse von Interesse.

Erste Arbeitserfahrung – auch im Rahmen von Ferienjobs oder Praktika – verdeutlichen den Familien, dass Au Pair-Bewerber wissen, was es heißt, körperlich zu arbeiten, Verantwortung zu übernehmen und sich an Vorgaben zu halten.

Medizinische Informationen

Für die USA gelten zwar keine besonderen Impfvorschriften, allerdings ist ein Nachweis der gängigen Kinderkrankheiten (insbesondere Masern, Mumps und Röteln) bzw. Impfungen zu erbringen. Es genügt meist, die Angaben aus dem Impf-

Eine besondere Liebeserklärung an das Au Pair

pass zu übertragen und zudem einen Negativbescheid bezüglich Tuberkulose (z.B. in Form eines Bluttests) vorzulegen.

Alle Programmsponsoren bieten dafür eigene Vordrucke (oft „Medical Report" oder „Health Certificate" genannt) an, die vom Bewerber und dem behandelnden Arzt zusammen ausgefüllt werden müssen. Dabei werden u.a. auch Vorerkrankungen des zukünftigen Au Pairs sowie Allergien, Nahrungsmittelunverträglichkeiten und chronische Erkrankungen abgefragt. Ebenso möchten viele Au Pair-Agenturen Auskünfte zu psychologischen Behandlungen oder entsprechenden Krankheitsbildern in der engeren Familie erhalten.

Falschaussagen

Falsche Angaben zu Erkrankungen und/oder medizinischen Behandlungen können zu jeder Zeit der Bewerbung oder auch während des Au Pair-Aufenthaltes zu einem sofortigen Programmausschluss führen. Bei Impfunverträglichkeit oder Unsicherheit, ob man sich mit einer Vorerkrankung für das Au Pair-Programm anmelden kann, sollte jede gute Au Pair-Agentur die Möglichkeit zu einem persönlichen Gespräch oder Telefonat anbieten, bei dem Details vertraulich besprochen werden können. Oft verlangen die Agenturen auch noch zusätzliche Atteste oder Angaben von Bewerbern, welche die Eignung als Au Pair bestätigen.

Manche Gastfamilien bestehen darauf, Tattoos mit Pflaster zu überdecken

Persönliche Fragen und Vorgaben an die Gastfamilie

Ähnlich der medizinischen Fragen werden in den Bewerbungsunterlagen auch Details hinsichtlich des Zusammenlebens mit einer amerikanischen Gastfamilie abgefragt, zum Beispiel: Welche Zukunftspläne und Ernährungsgewohnheiten hat das zukünftige Au Pair? Gastfamilien erwarten in der Regel keine allzu detaillierten Zukunftspläne, sind aber an motivierten und aufgeschlossenen Au Pairs interessiert, die ihr Leben aktiv gestalten. Bei Allergien wie z.B. Laktose- oder Gluten-Unverträglichkeit muss eine Gastfamilie wissen, wie stark diese ein Au Pair im Alltag beeinflussen. Erhöhte Kosten für spezielle Lebensmittel müssen evtl. auch vom Au Pair selbst getragen werden. Vegetarier und Veganer sollten sich zudem unbedingt bereit erklären, in den USA Wurst, Fleisch und auch Fisch oder Milchprodukte sowie Eier zuzubereiten. Die meisten amerikanischen Familien essen gerne und viel Fleisch und erwarten von ihrem Au Pair auch, das es für die Kinder einen Hot Dog oder Sandwich zubereitet. Trotz Fast Food und teilweise riesigen Essensportionen, wird Sport und Gesundheit in den USA großgeschrieben. Rauchen ist nicht nur aufgrund des Gesundheitsrisikos geächtet, es ist auch sehr teuer und in allen öffentlichen Gebäuden verboten. Folglich wollen fast alle Gastfamilien ein Nichtraucher-Au Pair oder verlangen, dass niemals vor den Kindern oder während der offiziellen Arbeitszeit geraucht wird. Ebenso wird Alkohol in den USA sehr restriktiv behandelt, ist grundsätzlich erst ab 21 Jahren zu kaufen und wird in der Regel nicht öffentlich und vor Kindern getrunken. Fragen nach Rauchverhalten, Alkohol- und Drogengenuss finden sich also in jeder Au Pair-Bewerbung. Drogenmissbrauch wird grundsätzlich von allen Programmsponsoren nicht akzeptiert. Auch wenn in den europäischen Medien die Legalisierung von Marihuana in einigen US-Staaten immer wieder thematisiert wird, lässt sich dies nicht mit einem Au Pair-Programm vereinbaren und wird von Gastfamilien abgelehnt. Alle zukünftigen Au Pairs in den USA müssen sich darauf einstellen, dass auch Rauchen von den Gastfamilien nicht geduldet wird. Wer sich als Nichtraucher ausgibt, sollte auch in den USA nicht mit einer Gelegenheitszigarette (*social smoking*) erwischt werden!

Tattoos, Piercings und Co.

Amerikanische Gastfamilien reagieren bei ihren zukünftigen Au Pairs überwiegend sehr sensibel auf sichtbaren Körperschmuck, wie z.B. Tattoos, Piercings und Ohr-Tunnels. Dies bezieht sich z.B. auch auf mehrere Ohrringe oder ein Bauchnabelpiercing, welches erst in Badebekleidung zu erkennen ist. Nicht selten fragen Gastfamilien, ob ein Au Pair bereit wäre, ein Piercing zu entfernen oder ein Tattoo mit einem Pflaster zu überdecken.

4.2 Kinderbetreuungsstunden

Die Angaben zur Kinderbetreuung stellen das „Herzstück" der Au Pair-Bewerbung dar und werden sowohl von Gastfamilien wie auch von den Mitarbeitern der Au Pair-Organisationen genau geprüft.

Fast alle Au Pair-Agenturen lassen sich die praktischen Kinderbetreuungsstunden in Form einer Tabelle anzeigen, in der die einzelnen Erfahrungen aufgelistet werden. Dabei wird üblicherweise nicht nur die Erfahrung abgefragt, die durch Referenzen abgedeckt ist – also mindestens 200 Stunden innerhalb der letzten drei Jahre –, sondern auch alle praktischen Tätigkeiten, die das zukünftige Au Pair mit Kindern gemacht hat.

Grundsätzlich sollte die Betreuungstätigkeit kurz beschrieben werden, also was das zukünftige Au Pair mit dem Kind bzw. den Kindern gemacht hat. Weiterhin interessiert Gastfamilien, wie viele Kinder betreut wurden, das Alter der Kinder, ob Mädchen oder Jungen und ob die Betreuung im Team, als Helfer/in oder alleinverantwortlich stattfand.

Bei Gruppen bis zu fünf Kindern sollten die Namen auf jeden Fall erwähnt werden. Auch das Alter der Kinder zu Beginn der Betreuung ist wichtig, denn so können Gastfamilien abschätzen, ob ein Au Pair die nötige Erfahrung für den eigenen Nachwuchs mitbringt oder nicht.

Vor dem Ausfüllen der Bewerbung ist es hilfreich, genau nachzudenken, welche Erfahrungen mit Kindern man angeben kann. Wie sieht es mit Kindern von Verwandten aus, die man immer nur zu Familienfesten oder Feiertagen sieht und dort bespaßt? Oder gibt es eine längst vergessene Tutorentätigkeit in der Schule, gelegentliches Spielen mit den Nachbarskindern oder die Mithilfe bei der Geburtstagsfeier des Patenkindes? Jede Erfahrung zählt und sollte vermerkt werden, denn Gasteltern suchen nach vielfältigen Erfahrungen mit Kindern, und besonders interessant ist es, wenn Kinder und deren Betreuung zum Alltag des Au Pairs gehören!

Geschwisterbetreuung

Üblicherweise dürfen alle praktischen Erfahrungen aufgelistet werden, also auch die Betreuung jüngerer Geschwister und Familienangehöriger.

Im Fall von besonderen Erfahrungen, wie z.B. der Betreuung von behinderten Kindern und Jugendlichen, ist es wichtig zu vermerken, welchen Entwicklungsstand die Kinder/Jugendlichen haben und von welchen Einschränkungen sie betroffen sind. Hier kann man sich bei der Au Pair-Agentur erkundigen, bis zu welchem Alter die Betreuung Jugendlicher oder junger Erwachsener anerkannt wird. Auch bei speziellen Kenntnissen wie z.B. bei Massagekursen für Säuglinge oder der Arbeit mit chipgesteuerten Babypuppen (Babysimulatoren) sollte eine Nachfrage bei der Agentur erfolgen.

Die Zeitangabe der gelistete Kinderbetreuungsstunden stellt für viele Bewerber die größte Herausforderung dar: Wie lässt sich praktische Erfahrung kalkulieren? Auch hier gilt, dass die meisten Au Pair-Agenturen Anleitungen und Berechnungsbeispiele zur Verfügung stellen. In der Regel geht es darum, die durchschnittliche, aktive Betreuungszeit anzugeben und dann pro Monat hochzurechnen. Üblicherweise zählt man für einen Monat 30 Tage und zieht betreuungsfreie Zeiten wie z.B. Urlaub oder Ferien ab.

Beispiele für Kinderbetreuungsstunden

- Praktikum im Kindergarten, März bis Juli, insgesamt 9 Wochen, 5 Tage pro Woche mit je 6 Stunden Arbeitszeit pro Tag: ergibt eine Gesamtbetreuungszeit von 270 Stunden (9 Wochen x 5 Tage x 6 Stunden).
- Babysitten, durchschnittlich an zwei Tagen pro Monat, einmal 6 Stunden und einmal 1,5 Stunden über einen Zeitraum von insgesamt 23 Monaten, abzüglich 2,5 Monaten Ferien bzw. Urlaub: ergibt eine Gesamtbetreuungszeit von insgesamt 154 Stunden (also 23 Monate - 2,5 Monate Urlaub x [6 + 1,5 Stunden Betreuung je Monat])

Zu beachten ist die realistische Angabe von Betreuungszeiten, da viele Gastfamilien darauf sehr genau achten. Denn selbst bei einem Zeltlager ist kein Betreuer 24 Stunden aktiv für Kinder verantwortlich und auch jüngere Geschwister

Der Brief des zukünftigen Au Pairs wird oft auch von den Gastkindern genau studiert

oder Familienangehörige müssen während eines Urlaubs irgendwann einmal schlafen. Weiterhin wird man keinem Kleinkind die Betreuung jüngerer Kinder anvertrauen. Deshalb lohnt es sich bei den Agenturen genau nachzufragen, ab welchem Alter eigenverantwortliche Betreuung akzeptiert wird: sehr häufig erst ab zehn oder 14 Jahren.

Dementsprechend ist es im Interesse eines jeden Au Pair-Bewerbers, aktive Betreuungszeiten korrekt anzugeben und so der Gastfamilie einen realistischen Eindruck zu vermitteln! Die Auflistung von mehreren hundert oder sogar tausenden von Stunden aktiver Betreuungszeit ist dabei keine Seltenheit. Bei professionellen Au Pairs ergibt sich dies alleine durch die praktische Ausbildung, und auch Bewerber mit jüngeren Geschwistern sammeln situationsbedingt sehr viel Betreuungspraxis.

i

Checkliste Kinderbetreuungsstunden

- alle praktischen Erfahrungen mit Kindern auflisten, besonders Erfahrungen, die noch über die Bewerbungsphase hinaus andauern
- besondere Betreuungserfahrungen vorab mit der Au Pair-Agentur besprechen
- genaue Zeitangaben und Informationen zur Betreuung sind äußerst wichtig für Gastfamilien
- Angaben auf Referenzen und in anderen Bewerbungsteilen müssen mit den Angaben zur praktischen Kinderbetreuung übereinstimmen!
- Stundenberechnung erfolgt bis zum Zeitpunkt der Au Pair-Bewerbung und nicht bis zur angestrebten Ausreise!

4.3 Brief an die Gastfamilie

Einen Brief an potentielle Gastfamilien in den USA zu verfassen, ist ein wichtiger Teil der Bewerbung und wird von allen Anbietern verlangt. Zugegeben, persönliche Zeilen an Unbekannte zu schreiben ist nicht ganz leicht. Andererseits ist der Gastfamilienbrief eines der wenigen Elemente, welches das Au Pair individuell gestalten kann, deshalb lohnt es sich, hier etwas Zeit und Leidenschaft zu investieren.

Wichtig ist, den Text so persönlich wie möglich zu verfassen. Es wird kein professionelles Englisch und auch kein offizieller Geschäftsbrief erwartet. Slang und Abkürzungen sind zu vermeiden. Wahrheit ist wieder Trumpf, denn nur so kann sich die Gastfamilie ein realistisches Bild machen.

Fast alle Agenturen fordern einen Brief in getippter Form und bieten die Möglichkeit, den Text direkt in die elektronische Bewerbungsmappe einzufügen. Wenn die Option besteht, den Brief handschriftlich zu erstellen, dann bitte auf saubere Schreibweise, dunkle Schriftfarbe und genügend Zeilenabstand achten. Es lohnt sich immer, den Text zuerst in elektronischer Form zu verfassen und so die englische Rechtschreibprüfung sowie die Zählfunktion für Wörter zu nutzen. In der Regel muss der Brief zwischen 500 und 1.000 Wörter umfassen.

Bevor es ans Schreiben geht, ist es sinnvoll, sich erneut in die Situation der Gastfamilie zu versetzen: Was möchte diese über das zukünftige Au Pair wissen, welche Informationen sind in der Bewerbungsmappe schon ausreichend abgearbeitet und welche wurden nur oberflächlich behandelt?

Unnötige Wiederholungen gleich zu Beginn des Texts sind Nachname, Alter, Kontaktdetails und Nationalität, denn diese Informationen erhalten Gastfamilien schon bei der Vorauswahl geeigneter Bewerber. Wichtig dagegen sind eine persönliche Ansprache (*Dear future host family …*) und In-

Wichtig für alle Familienmitglieder:
So sieht unser zukünftiges Au Pair aus

formationen zu Familie, Kindheit, Alltagsleben und Wohnsituation. Auch eine kurze Selbstbeschreibung ist angebracht, sowie die Information, dass Familie und Freunde die Bewerbung unterstützen.

Details zur Erfahrung in der Kinderbetreuung sind auch hier ein Muss. Dabei ist besonders auf identische Angaben im Abgleich mit Referenzen und der Auflistung der Betreuungsstunden zu achten! Außerdem interessiert, welche besonderen Situationen das zukünftige Au Pair mit Kindern erlebt hat und welche Aktivitäten besonders viel Spaß gemacht haben.

Abgerundet wird der Brief durch Informationen zur Ausbildung, zu Hobbies und zur Fahrpraxis. Angaben zu Reiseerfahrungen und Sprachaufenthalten beruhigen Gastfamilien im Hinblick auf ein mögliches Heimweh des Au Pairs. Spezielle Fertigkeiten und Zertifikate machen die Bewerbung individuell, dies können z.B. ein Erste Hilfe-Kurs für Kleinkinder, Schwimmabzeichen oder sportliche Erfolge sein.

Die letzten Zeilen bleiben Lesern besonders gut in Erinnerung. Folglich lohnt es sich, eine kurze Zusammenfassung zu bieten, was Gasteltern und Kinder vom zukünftigen Au Pair erwarten können: *Why should you choose me as your future Au Pair? What motivates me to come to the USA?*

Als Schlussformel empfiehlt sich ein Satz, der ausdrückt, dass sich das Au Pair über eine Kontaktaufnahme freut und für weitere Informationen zur Verfügung steht: *If you think I am the right person to join your family, please do not hesitate to contact me. I am happy to provide you with more information and I look forward to speaking to you!*

Vorsichtig sollte man dagegen mit konkreten Wünschen an den Auslandsaufenthalt und Forderungen an die Gastfamilie sein. Wer sich z.B. eine Platzierung in einer bestimmten Stadt oder ein Haus mit Pool und Sonnendeck wünscht, der stößt viele Familien schnell vor den Kopf.

Checkliste Gastfamilienbrief

- persönliche Ansprache und Schreibweise
- unnötige Wiederholungen vermeiden und wahre Angaben machen
- Details zu Familie, Kindheit, Alltag und Wohnsituation aufführen
- kurze Selbstdarstellung geben
- Erfahrung mit Kindern erläutern
- Hobbies, Freunde, Ausbildung/Schule erwähnen
- Fahrerfahrung und spezielle „Skills“ angeben
- Motivation und persönliche Stärken beschreiben
- Schlussformulierung nicht vergessen

4.4 Fotos und Bewerbungsvideo

„Ein Bild sagt mehr als tausend Worte“ – diese Aussage trifft auch auf eine Au Pair-Bewerbung zu. Gastfamilien möchten einen persönlichen Eindruck von der Person erhalten, die ihre Kinder beaufsichtigen wird – und was wäre da passender als Fotos und bewegte Bilder.

Zu jeder Au Pair-Bewerbung gehört zu allererst ein Pass- oder Portraitbild, auf dem das zukünftige Au Pair gut zu erkennen ist und lächelt. Das Bild sollte möglichst aktuell, in Farbe und von guter Qualität sein. Es wird meist kein offizielles Bewerbungs- oder Passbild gefordert, allerdings ist auf passende Kleidung und den Hintergrund zu achten, denn Bilder in Feierlaune oder übertriebener Pose wirken unseriös.

Weiterhin möchten Gastfamilien und die Mitarbeiter des Au Pair-Programms einen Eindruck von der Familie, den Freunden und der aufgeführten Kinderbetreuung erhalten. Das bedeutet, rechtzeitig nach geeigneten Fotos mit Eltern und Geschwistern zu suchen, sowie die wichtigsten Freunde oder auch den/die Freund/in ins rechte Licht zu rücken. Es ist dabei immer von Vorteil, wenn das zukünftige Au Pair mit auf den Fotos zu sehen ist. Bei der Betreuung von Kindern sind „Actionbilder" von großem Interesse, die die Bewerber mit den Kindern z.B. beim Basteln, Vorlesen oder auf dem Spielplatz zeigen!

ACHTUNG: Der Datenschutz ist bei allen Angaben in der Au Pair-Bewerbung zu beachten, aber insbesondere bei Foto- oder Filmaufnahmen. Grundsätzlich muss eine gute Au Pair-Organisation Auskunft darüber geben können, wie und auf welche Daten Gastfamilien und Dritte Zugriff erhalten. Bei Kindern und betreuungsbedürftigen Personen muss grundsätzlich die Erlaubnis der Erziehungsberechtigten eingeholt werden. Häufig darf in Betreuungseinrichtungen nicht fotografiert oder gefilmt werden, bzw. die Anonymität der Kinder und Mitarbeiter muss gewahrt bleiben. In diesem Fall ist es wichtig, eine entsprechende Angabe in der Bewerbung zu machen, wie z.B. *Please note that due to an internal policy I am not allowed to show the faces of the kids.* Oft werden Fotos oder Filmaufnahmen genehmigt, wenn die Gesichter der Kinder unkenntlich gemacht werden oder man die Kinder nur von hinten oder von der Seite sieht!

Bilder oder Filme von Bewerbern in Aktion sind für die Bewerbung Trumpf

Wer keine Aufnahmen von betreuten Kindern in die Bewerbung einbringen darf, sollte auf jeden Fall Rücksprache mit der jeweiligen Au Pair-Agentur halten. Manchmal hilft es, sich vor dem Kindergarten oder der Schule fotografieren zu lassen, in der man mit Kindern gearbeitet hat. Alternativ lässt man Kinder selbstgemalte Bilder hochhalten, zeigt Bastelprojekte oder zeigt Kinder in Verkleidung wie z.B. zu Halloween oder im Karneval.

Fotos und auch Videoaufnahmen von Au Pairs werden in der Regel direkt in der Onlinebewerbung oder über eine gesicherte Plattform hochgeladen. Auch wenn sich auf YouTube und anderen Medienportalen zahlreiche Bewerbungsvideos von ehemaligen Au Pair-Bewerbern finden, sollte man selbst keine privaten Aufnahmen der breiten Öffentlichkeit zugängig machen. Als Quelle für Ideen und Anregungen können die Filme natürlich gerne genutzt werden, aber auch hier gilt: Individualität kommt an!

Für ein Au Pair-Bewerbungsvideo werden keine professionellen Aufnahmen verlangt. Es genügt, kurze Filmsequenzen mit dem Handy oder einer Digitalkamera zu filmen und

Für das Bewerbungsvideo muss es keine professionelle Kamera sein

aneinanderzureihen. Mit Hilfe einer anderen Person und dank kostenloser Bildbearbeitungs- und Filmprogramme über das Internet können auch Laien in kürzester Zeit einen ansprechenden Film erstellen. Ebenso wie bei den anderen Bewerbungsteilen machen die verschiedenen Programmanbieter auch bei Filmen Vorgaben hinsichtlich Dauer (meist zwei bis fünf Minuten), Dateigröße und Format des Au Pair-Videos.

Bevor die erste Klappe zu den Filmaufnahmen fällt, sollte man sich zu folgenden Punkten Gedanken machen:

Inhalt und was möchten Gastfamilien wissen?

- Hobbies und Interessen
- Familie und Freunde
- warum man als Au Pair ins Ausland gehen möchte
- Erfahrungen in der Kinderbetreuung
- Heimatland, Kultur und spezielle Gewohnheiten
- Persönlichkeit; was zeichnet einen aus (Stärken)

Wo werden die Aufnahmen gemacht und was macht das Video besonders?

- verschiedene Szenen wählen z.B. im Haus, draußen im Garten usw.
- Aufnahmen vom Lieblingshobby, beim Autofahren, bei der Arbeit mit Kindern etc.
- Action ist Trumpf, also keinen Monolog vor ewig gleichem Hintergrund halten oder minutenlanges Klavierspiel filmen
- Hintergrundmusik? Achtung bez. Musikrechte und angemessener Texte!

Werden andere Personen in die Aufnahmen mit einbezogen?

- Grüße von der eigenen Familie an die zukünftige Gastfamilie
- Einschätzungen von Freunden, Lehrern, Referenzgebern, Kindern etc.

Wie wird der Schluss gestaltet?

- Gruß an die zukünftige Gastfamilie, was wünscht sich das Au Pair für sich und die Gastfamilie etc.

Wie auch beim Gastfamilienbrief ist es wichtig, in die Fotoauswahl und die Erstellung des Bewerbungsvideos Zeit, Leidenschaft und Kreativität zu investieren. Hier zeigt sich deutlich, wieviel Aufwand ein Au Pair betrieben hat und ob sich der Bewerber Gedanken über die eigene Person und die Außendarstellung gemacht hat!

Checkliste für Fotos und Bewerbungsvideo

- Lächeln
- aktuelle Aufnahmen von guter Qualität
- Action anstatt Stillleben
- Englisch sprechen, laut, deutlich und direkt in die Kamera reden
- der Gastfamilie Einblicke in das eigene Leben gewähren – das zukünftige Au Pair sollte dabei immer im Film wie auch auf den Fotos zu sehen sein
- Datenschutz und die Rechte Dritter (z.B. GEMA) beachten!
- Hintergrundmusik und andere Geräusche (z.B. Wind bei Außenaufnahmen) anpassen
- ruhige und langsame Kameraführung
- Einleitung und positives Ende beim Filmen nicht vergessen
- in der Regel keine Kontaktdaten nennen (Telefon, Email etc.) – Gastfamilien erhalten diese Informationen gesondert

4.5 Interviewer und Kontakt zum Programmanbieter

Sowohl das zukünftige Au Pair wie auch die Agenturen – egal ob in Europa oder den USA – haben ein Interesse an guten Bewerbungen, schließlich verdienen die Partneragenturen dadurch ihr Geld. Dies bedeutet, dass die Au Pair-Anbieter in Europa vor allem Dienstleister sind, und diese Chance sollten alle Au Pair-Bewerber nutzen! Während der Bewerbungsphase werden Fragen oder Unklarheiten auftreten, die sich nicht immer durch die schriftlichen Anleitungen klären lassen. Hier ist die Eigeninitiative der zukünftigen Au Pairs gefragt, denn grundsätzlich gibt es keine dummen oder falschen Fragen. Ob man diese durch Kontakt mit der Zentrale bzw. dem Büro der Au Pair-Agentur klärt oder ob man sich mit seinem persönlichen Ansprechpartner in Verbindung setzt, ist egal: Je mehr detaillierte Informationen man sammelt, umso besser kann man die Unterlagen erstellen.

Träumt man z.B. von einer Gastfamilie mit Hund oder möchte man ein außergewöhnliches Hobby porträtieren, dann ist es ratsam, einfach mal bei den Mitarbeitern der Agentur nachzufragen und sich Ideen einzuholen, wie dies am besten in der Bewerbung umzusetzen ist! Auch hierin zeigt sich wieder die Qualität eines Dienstleisters: Nimmt sich die Agentur Zeit für große und kleine Fragen? Wie gut kennen die Mitarbeiter die Bewerbungsunterlagen und das Programm, und: Wie hilfsbereit und gut erreichbar ist die Agentur?

Einige Au Pair-Anbieter weisen den Bewerbern auch einen persönlichen Au Pair-Betreuer zu, oft Interviewer, Berater oder Bewerbungscoach genannt. Diese Person ist nicht selten ein ehemaliges Au Pair. Auf jeden Fall sollte der oder die Betreuer/in immer eine Verbindung zum Thema Auslandsaufenthalte haben, im besten Fall zu den USA. Betreuer müssen geschult, gut informiert und kompetent sein. Außerdem

Cloud Gate im Millennium Park von Chicago

sollten sie einen zeitlichen Abstand zum eigenen Au Pair- oder Auslandsaufenthalt haben, um nicht die eigenen Erfahrungen als einzigen Maßstab zu nutzen. Auch hier gilt: Wer fragt, erhält mehr Informationen. Gute Agenturen informieren bereits in den Unterlagen oder auf der Webseite darüber, wer ihre Mitarbeiter sind.

Der Betreuer kann in der Nähe des Wohnortes des Au Pair-Bewerbers wohnen oder arbeitet z.B. im Büro der Agentur. Die Chance auf persönlichen Kontakt ist natürlich immer ein Plus, denn so lässt sich bereits vor dem eigentlichen Interview eine Beziehung zum Berater aufbauen. Dies nimmt dem zukünftigen Au Pair die Nervosität vor dem Bewerbungsgespräch, und der Mitarbeiter erhält einen persönlichen Eindruck und ein „Gesicht" zur Bewerbung. Also eine Win-Win-Situation für alle Beteiligten!

Die Aufgaben des Beraters liegen in der Regel in der Betreuung des Au Pairs während der Bewerbungsphase und teilweise auch darüber hinaus. Meist sind sie es, die das Interviewgespräch mit den zukünftigen Au Pairs führen und dann darüber einen Bericht verfassen, welcher die Unterlagen er-

Wer liest, weiß mehr

gänzt. Zusätzlich überprüfen die Berater die Referenzen und kontrollieren die kompletten Bewerbungsunterlagen. Es ist angeraten, frühzeitig einen persönlichen Kontakt zum Betreuer zu suchen, denn eine Bewerbung beginnt nicht erst mit dem persönlichen Gespräch bei der Sichtung der Unterlagen. Auch hier kommt schon die Qualität zum Tragen, denn welcher Berater würde schon eine andere Person als zuverlässig und motiviert bezeichnen, wenn Bewerbungsdokumente fehlen, mit Kaffeeflecken verziert sind oder Referenzen nur halbherzig ausgefüllt wurden?

Erst lesen, dann fragen

Ein wichtiger Hinweis aus meiner eigenen Erfahrung als Beraterin: Fragen zu stellen und den Kontakt zur Au Pair-Agentur zu suchen, lohnt sich immer. Allerdings ersetzt dies niemals das genaue Lesen der Anleitungen. Sich mit den Anforderungen einer Bewerbung zu befassen und die bereitgestellten Informationen durchzuarbeiten, zeugt von persönlicher Reife und sichert dem Bewerber die Motivation und Unterstützung des Betreuers!

4.6 Persönliches Interviewgespräch

Erinnere ich mich an meine eigene Au Pair-Bewerbung, so weiß ich noch wie heute, dass ich immer aufgeregter und nervöser wurde, je näher mein Interviewtermin kam. Meine Bedenken und Befürchtungen von damals teilen auch heute noch viele Bewerber: Was erwartet mich im Bewerbungsgespräch? Kann ich mich gut genug ausdrücken? Hoffentlich lacht mich niemand aus, wenn ich Englisch sprechen muss!

Für die meisten Au Pair-Anwärter gehört das Interviewgespräch zum unbeliebtesten Teil der Bewerbung. Ein Interview sollte in diesem Zusammenhang aber kein Angstfaktor für das zukünftige Au Pair darstellen, vielmehr kann man darin eine Chance sehen!

Warum gibt es überhaupt ein Bewerbungsgespräch, wenn die schriftliche Bewerbung doch schon so umfangreich ist? Nun, die Statuten des amerikanischen Au Pair-Gesetzes schreiben ein persönliches Interview in englischer Sprache vor, durchgeführt von einem Mitarbeiter der Au Pair-Agentur, über das ein Bericht (*interview report*) verfasst und dann der Gastfamilie zur Verfügung gestellt wird! *That´s why.*

Das persönliche Interview kann dabei ganz unterschiedliche Formen haben: Es gibt Au Pair-Agenturen, die bereits im Anschluss an eine allgemeine Informationsveranstaltung Gespräche in Kleingruppen abhalten. Dabei müssen pro Teilnehmer einige Fragen auf Englisch beantwortet werden. Andere Programmanbieter führen Interviews nach Prüfung der generellen Bewerbungsvoraussetzungen via Skype oder Telefon durch oder vereinbaren Einzeltermine nach Erstellung der Bewerbungsunterlagen. Grundsätzlich gilt: Je mehr Aufwand Programmanbieter in Bezug auf das Bewerbungsgespräch betreiben, desto größere Bedeutung wird diesem zugemessen. Ich persönlich möchte nicht von einer mir so gut wie unbekannten Person in einem Hotel oder in der Ecke

Die Vorfreude steigt – *USA here I come!*

eines Vortragsraumes befragt werden, schon gar nicht vor anderen Bewerber und auch nicht über private Themen. Ein Au Pair-Jahr ist ein großes und wichtiges Projekt, und der Rahmen sowie die Gesprächssituation sollten dem angemessen sein! Au Pair-Bewerber und Mitarbeiter der Organisation müssen die Chance haben, sich auf das Interview vorzubereiten, und Informationen müssen vertraulich ausgetauscht und behandelt werden. Von daher stellt ein ausführliches und persönliches Einzelgespräch unter Berücksichtigung der Bewerbungsunterlagen immer ein Qualitätsmerkmal für ein Au Pair-Programm dar, auch wenn Bewerber vor dieser Situation erst mal Unbehagen empfinden!

Welche Ziele verfolgt das Bewerbungsgespräch? Ganz klar soll die Unterhaltung mit einem Bewerber zur Einschätzung der englischen Sprachkenntnisse dienen. Des Weiteren wer-

Möglicher Ablauf eines Interviewgesprächs

- Begrüßung und Vorstellung des Interviewers oder Beraters
- Informationen zum Ablauf des Gesprächs, falls dies nicht schon gesondert erfolgt ist
- Besprechung der Bewerbungsunterlagen, Klärung von offenen Fragen seitens des Beraters
- englischer Gesprächsteil
- evtl. Durchführung des psychologischen Auswahltests (mehr dazu im nächsten Abschnitt)
- Möglichkeit für das zukünftige Au Pair, Fragen zu stellen
- Beendigung des Gesprächs und Ausblick über den weiteren Bewerbungsablauf

den die persönliche Eignung für das Programm sowie die in der Bewerbung gemachten Angaben überprüft.

Welche Fragen können gestellt werden? Mit Sicherheit werden die Interviewer immer Informationen über die Kinderbetreuungserfahrung einholen. Dies geschieht z.B. durch gezieltes Nachfragen zum Alter oder Namen der Kinder. Auch die Betreuungstätigkeit wird stichpunktartig überprüft. Hier ergibt sich die Gelegenheit für den Bewerber, auf spezielle Projekte mit Kindern, Herausforderungen oder Erfolge aufmerksam zu machen, die für eine Gastfamilie besonders interessant sind. Auch Erfahrungen mit pädagogischen Konzepten wie z.B. Montessori oder Waldorf sind von Interesse, sowie bevorzugte Tätigkeiten mit Kindern, Umgang mit Problemen etc.

Weiterhin werden meist Fragen zu Hobbies, Freizeitgestaltung und Sport gestellt, ebenso über Familie, Freunde und evtl. die Kindheit. Gastfamilien haben immer etwas Angst, dass Heimweh und Sehnsucht nach dem Freund oder der Freundin das Au Pair belasten könnten. Möglicher Kulturschock und der Alltag im Heimatland können thematisiert werden und natürlich darf ein Auslandsaufenthalt nie als eine Flucht vor ungelösten Problemen oder Konflikten angestrebt werden!

Details zum Au Pair-Jahr, wie z.B. Erwartungen an das Leben und den Alltag als Au Pair, aber auch Aufgaben, Herausforderungen und Verantwortung gegenüber den Kindern werden abgefragt. Hat sich das zukünftige Au Pair Gedanken über das Autofahren in den USA gemacht, kann es sich in die Position der Gasteltern und der Kinder versetzen und warum möchte er oder sie überhaupt als Au Pair arbeiten?

Normalerweise muss das zukünftige Au Pair im Gesprächsverlauf auch nochmals bestätigen, dass die Angaben in der Bewerbung wahrheitsgemäß sind, dass keine psychologischen Probleme oder unerwähnten Krankheiten vorliegen und dass gegen den Bewerber keine Strafverfolgung bzw. rechtliche Schritte eingeleitet wurden.

Letztlich möchte man, wie bei jeder Bewerbung, noch mehr über die Persönlichkeit, die Stärken und Schwächen eines Menschen erfahren. Warum sollte sich eine Gastfamilie für gerade diesen Bewerber entscheiden, was erhofft sich das Au Pair von der Familie und welche Ängste oder Befürchtungen hat es? Eventuell kann man in diesem Zusammenhang auch Wünsche hinsichtlich Gastfamilienkonstellation und Religion in den USA angeben, dies lässt sich im persönlichen Gespräch meist gut abklären.

Zu beachten ist, dass nicht der gesamte Gesprächsverlauf zwangsläufig in englischer Sprache stattfinden muss. Die meisten Berater sind auch sehr entgegenkommend bezüglich der Englischkenntnisse und legen mehr Wert auf die Inhalte anstatt auf korrekte Grammatik!

Vorbereitung auf das Interviewgespräch

- die eigenen Bewerbungsunterlagen nochmal durchlesen, auch Hinweise der Au Pair-Agentur für das Gespräch
- soweit möglich, die Bewerbungsunterlagen im Original mitbringen, falls noch Verbesserungen oder Ergänzungen gemacht werden müssen
- sein Englisch aktivieren: Welche Vokabeln brauche ich, um mich selbst und meine Arbeit mit Kindern zu beschreiben ...
- Was sage ich, wenn ich eine Frage oder den Gesprächspartner nicht verstanden habe? --> *Can you please repeat what you have said? Excuse me, but can you please rephrase your last question? I assume you asked me about ...?*
- Augenkontakt mit dem Gesprächspartner halten und lächeln nicht vergessen! Auch die Körperhaltung ist wichtig: Kein Bewerber muss vor dem Berater Angst haben oder sich in irgendeiner Weise verstecken
- Fragen aufschreiben, die in Bezug auf Bewerbung oder Programm noch offen sind

Vorbereitung ist alles – damit der Traum vom Au Pair nicht zerplatzt

Einige Punkte sollten die Bewerber kritisch prüfen. Insbesondere wenn der Eindruck entsteht, dass das Interviewgespräch qualitativ nicht den Erwartungen entspricht, sollte unbedingt bei der Organisation nachgehakt werden. Unter Umständen kann man dann auf einen anderen Anbieter ausweichen.

Hier einige Hinweise: Der Berater muss über das Au Pair-Programm Bescheid wissen, das weitere Vorgehen erklären können und für Fragen offen sein. Immerhin ist er das „Gesicht" der Au Pair-Organisation für den Bewerber. Hier können die zukünftigen Au Pairs ruhig einmal nachfragen, welche Aufgaben der Berater hat. Dieser sollte sich während des Gesprächs immer Notizen machen – wie sonst kann ein detaillierter, individueller und wahrheitsgetreuer Bericht darüber verfasst werden? Die Au Pair Bewerber erhalten in den meisten Fällen keinen Einblick in den Bericht. Allerdings sollte die Organisation und deren Mitarbeiter bei der Vorbereitung auf das Gespräch behilflich sein und auch nach dem Interview ein Feedback an den Bewerber geben können!

Ein Bewerbungsgespräch hat in einer angemessenen Umgebung stattzufinden: ein heller, privater Raum mit guter

Sitzgelegenheit. Findet das Gespräch bei einem Berater zu Hause oder in einem Büro statt, dann muss die Umgebung entsprechend aufgeräumt und ordentlich sein. Das zukünftige Au Pair sollte zumindest ein Glas Wasser angeboten bekommen. Auch für Ungestörtheit ist zu sorgen – d.h. nicht dass ein Raum oder eine Wohnung hermetisch abgeriegelt sein müssen, aber sowohl der Bewerber als auch der Berater müssen die Möglichkeit haben, sich zu konzentrieren!

4.7 Psychologisches Auswahlverfahren

Das Interviewgespräch wie auch ein psychometrischer Test sind Vorgaben des State Departments. Was versteht man unter solch einem Test und wofür ist dieser gut?

Ein psychometrischer Test besteht aus einer Reihe von Fragen, Aufgaben oder praktischen Arbeiten. Diese sollen eine Beurteilung des Bewerbers hinsichtlich Persönlichkeit, Wissen, Befähigung oder seiner Erfahrung zulassen. Generell unterscheidet man zwischen Eignungs- und Persönlichkeitstests.

In den meisten Fällen wird man in den Bewerbungsunterlagen nicht allzu viele Informationen über diesen psychologischen Test finden, der in der Regel Teil des „individuellen Bewerbungs- und Auswahlverfahrens“ ist, welches jeder Bewerber bei seinem Programmanbieter zu durchlaufen hat. Dies liegt auch daran, dass das Wort „Test“ bei vielen Bewerbern für Angst und Schrecken sorgt und noch größeres Unbehagen hervorruft als das Bewerbungsgespräch.

Grundsätzlich obliegt die Auswahl des Verfahrens den einzelnen Programmanbietern. Für die zukünftigen Au Pairs sollte dieser Bewerbungspunkt klar erkennbar sein, z.B. sollte ein Berater den Test als Teil des Bewerbungsverfahrens ankündigen und einleiten. Die überwiegende Mehrheit der Programmanbieter konfrontiert die Bewerber mit einer Reihe von Fragen, die beantwortet werden müssen. Vereinzelt beurteilt ein Berater den Bewerber von sich nach ihm wichtig erscheinenden Persönlichkeitsmerkmalen – wenn dies ohne Hinweis an das zukünftige Au Pair geschieht, dann würde ich immer raten, direkt nachzufragen.

Keine Angst vor schwierigen Situationen

Die meisten Organisationen wählen einen Fragebogen in deutscher oder englischer Sprache, welchen die Bewerber online oder auf Papier ausfüllen dürfen. Oft besteht dieser aus Multiple Choice-Aufgaben, bei denen der Bewerber die passendste Antwort auszuwählen hat. Dabei handelt es sich in der Mehrzahl der Fälle nicht um einen Leistungs-, sondern um einen Persönlichkeitstest. Dieser liefert dabei keine absoluten bzw. generalisierten Beschreibungen einer Person, sondern gibt lediglich Hinweise und verdeutlicht das individuelle Erleben des Teilnehmers.

Die Fragen richten sich in der Regel nach den Anforderungen an das Au Pair in Bezug auf persönliche Reife, Verantwortungsbewusstsein, Reflektion der eigenen Handlungen etc. Sie erfordern keine spezielle Vorbereitung des Bewerbers und konfrontieren diesen meist mit alltäglichen Situationen. Es wird kein Detailwissen wie z.B. über die USA oder die Rahmenbedingungen des Au Pair-Programms abgefragt. Wer solchen Tests grundsätzlich kritisch gegenüber steht, sollte sich in die Position der Gasteltern versetzen: Würde

Trotz Spaßes darf man die Verantwortung nicht unterschätzen

man selbst einer fremden Person die Kinder anvertrauen und diese in das Leben der Familie lassen, wenn man nicht wüsste, dass die Person tatsächlich reif und zuverlässig ist? Ich denke, die Antwort ist klar! Also stellt solch ein Test eine Chance dar und unterstützt die Bewerbung. Die genauen Ergebnisse des Tests werden den Bewerbern in der Regel nicht zugänglich gemacht und verbleiben beim Programmsponsor.

Den Bewerbern, die ich im Vorfeld ihres Au Pair-Jahres betreue, erläutere ich diesen Bereich der Bewerbung immer wie folgt: Au Pair zu sein bedeutet trotz allem Spaß und Abenteuer vorrangig, Verantwortung zu tragen, für sich selbst und die Kinder. Alle Entscheidungen und Handlungen, die ein Au Pair unternimmt, ziehen Konsequenzen nach sich – egal ob zu Hause oder in den USA. In den USA gilt es allerdings nicht nur mit einer neuen Kultur zurechtzukommen, sondern auch noch für kleine Menschen mitzudenken. Wenn sich Bewerber dieser Herausforderung bewusst sind und sich ihr gewachsen fühlen, dann brauchen sie vor einem entsprechenden Persönlichkeitstest keine Angst zu haben!

4.8 Referenzchecks

Wie bereits im vorherigen Kapitel erwähnt, sind die Referenzen ein bedeutender Teil der Au Pair-Bewerbung, geben sie doch der jeweiligen Organisation wie auch der Gastfamilie Aufschluss darüber, was ein Bewerber mit Kindern gemacht hat. Zusätzlich beurteilen die jeweiligen Referenzgeber die persönlichen und fachlichen Qualifikationen des zukünftigen Au Pairs und vervollständigen die Einschätzung neben den Ergebnissen aus dem Bewerbungsgespräch und dem Testverfahren.

Es lohnt sich immer, die Referenzgeber bereits bei der Ausstellung der Unterlagen darauf aufmerksam zu machen, dass die Referenzen überprüft werden. In der Regel geschieht dies durch einen Anruf des persönlichen Betreuers oder einem Mitarbeiter der Au Pair-Agentur in deutscher Sprache. In manchen Fällen kontaktieren die Organisationen die Referenzgeber auch per Email.

Für Bewerber gilt es, genau darauf zu achten, dass Referenzgeber die entsprechenden Kontaktdaten auch auf der Referenz vermerken. Stehen Ferienzeiten an oder zieht ein Referenzgeber um, gestaltet sich die Überprüfung der Referenzen meist schwierig, und nicht selten kommt es zu großen zeitlichen Verzögerungen im Bewerbungsverfahren. Hier hilft es oft, z.B. Lehrer um die private Handynummer zu bitten, die von den Organisationen dann auch vertraulich behandelt wird. Ebenso kann man Referenzgebern etwaige Bedenken nehmen, indem man ihnen mitteilt, dass kein Referenzgeber für das

Überprüfung der Referenzen

Laut Vorgabe der Au Pair-Richtlinien müssen mindestens drei Referenzen überprüft werden. Die meisten Programmanbieter dehnen diese Vorgabe dahingehend aus, dass sie versuchen, so viel wie möglich Kinderbetreuungsstunden (meist 150 bis 200 Stunden) zu überprüfen.

Scheitern eines Aufenthaltes oder spätere Probleme des Au Pairs zur Rechenschaft gezogen wird.

Weitergabe an Gastfamilie

Über die Aussagen der Referenzgeber verfassen die Agenturen in der Regel einen kurzen Bericht, der zusammen mit dem Interviewbericht und dem Testergebnis den Gastfamilien zur Verfügung gestellt wird.

Was wird überprüft? Zu allererst dient die Überprüfung der Verifizierung der Authentizität, das heißt: Weiß der Referenzgeber auch, dass in seinem Namen eine Referenz eingereicht wurde? In welcher Beziehung steht der Aussteller zum Au Pair-Bewerber, und findet er oder sie den Bewerber grundsätzlich für die Arbeit mit Kindern geeignet? Hat der Referenzgeber die Fragen auf dem Vordruck verstanden oder hat er oder sie z.B. Hilfe bei den englischen Formulierungen erhalten.

Des Weiteren überprüfen die Au Pair-Agenturen die Referenzen stichpunktartig, in dem sie z.B. nach der Dauer der Betreuung, den Tätigkeiten des Bewerbers und einzelnen anderen Angaben fragen.

Bei Educare sollte der Referenzgeber detaillierte Aussagen zu den Englischkenntnissen machen können und auch Hinweise geben, ob sich ein Educare in einer College-Umgebung zurechtfinden könnte.

Professionelle Au Pairs müssen Referenzen über ihre Ausbildung bzw. über die professionelle Kinderbetreuung einreichen, und diese werden dann auch entsprechend geprüft.

Falsche Angaben in Referenzen oder gar gefälschte Referenzen können natürlich zu einem Abbruch des Bewerbungsverfahrens führen. Auch wird die Prüfung eher länger und detaillierter ausfallen, wenn die Angaben und Aussagen eines Referenzgebers völlig konträr zum Auftreten eines Bewerbers sind. In einem solchen Fall müssten beide Quellen genau geprüft werden.

5 | Gastfamilien

Als Gastfamilie bezeichnet man im allgemeinen eine Familie, die einen ortsfremden jungen Menschen für bestimmte Zeit bei sich aufnimmt. Grund für die Aufnahme ist ein längerfristiger Aufenthalt, wie z.B. ein Schüleraustausch, Auslandsstudium oder eine Großveranstaltung. Gastfamilien tun dies in der Regel unentgeltlich und freiwillig, um Personen aus anderen Kulturen und Sprachräumen kennenzulernen, ihren Kindern den langersehnten Bruder-/Schwesterwunsch (auf Zeit) zu erfüllen oder einfach für einen guten Zweck. Teilweise (z.B. in Ländern mit hohen Lebenshaltungskosten) wird den Gastfamilien als Entschädigung ein Zuschuss bezahlt, der jedoch die Auslagen meist nicht deckt.

Im Rahmen des amerikanischen Au Pair-Programms müsste diese Definition noch dahingehend erweitert werden, dass die Gastfamilie im Gegenzug für freie Kost und Logis sowie Zahlung eines Taschen- und Studiengeldes das Au Pair mit der Betreuung der Kinder beauftragt. Ohne Frage nehmen Familien, die ein Au Pair bei sich in den USA aufnehmen, eine besondere Stellung innerhalb der zahlreichen Kulturaustausch- und Auslandsprogramme ein. Grund genug, sich etwas genauer mit diesen Familien zu beschäftigen.

5.1 Familienstruktur, Zahlen und Fakten

Auch wenn keine genauen Zahlen über die Anzahl ausländischer Au Pairs in den USA vorliegen, so ist doch sicher, dass jedes Jahr über zehntausend junge Frauen und Männer das Abenteuer Au Pair in den USA wagen. 2012 wurde vom *US Census Bureau* (Statistisches Bundesamt der USA) eine Zahl von 14.000 ausländischer Au Pairs bekanntgegeben, die in diesem Jahr legal in die USA einreisten. Dies bedeutet, dass es zumindest die gleiche Anzahl an interessierten Gastfamilien in den USA gibt, und natürlich einige mehr, damit ein Au Pair bei Problemen mit der Gastfamilie die Möglichkeit hat, diese zu wechseln!

2016 feierte das amerikanische Au Pair-Programm bereits sein 30-jähriges Jubiläum, nachdem 1986 die ersten Au Pairs offiziell in die USA kommen durften. Keine Frage, dass sich das Programm etabliert hat und dass es nach wie vor Bedarf an ausländischen Au Pairs innerhalb der amerikanischen Gesellschaft gibt.

Um herauszufinden, was für Familien ein ausländisches Au Pair aufnehmen, wirft man am besten einen Blick auf die Darstellung des Au Pair-Programms in den USA, sowie auf die Kosten, die für Familien entstehen: Die amerikanischen Programmsponsoren vermarkten das Au Pair-Programm vor allem als eine sichere, zuverlässige und flexible Form der Kinderbetreuung. Für die Eltern bedeutet es eine Entlastung im Alltag, wenn die Kinder zu Hause betreut werden und die Betreuungsperson zudem noch dort lebt. Weiterhin kann sich ein Au Pair langfristig besser auf die Bedürfnisse der Kinder einstellen und ist somit in der Lage, eine individuellere Betreuung zu leisten als z.B. ein Babysitter, der nur stundenweise arbeitet. Gegenüber ausländischen *nannies* (Tagesmüttern) haben Au Pairs meist weitaus bessere Sprachkenntnisse und eine höhere Schulbildung. Die Vorgaben hinsichtlich der Kinderbetreuungserfahrung sichert amerikanische Eltern dahingehend ab, dass Au Pairs den Umgang mit Kindern gewohnt sind. Im Vergleich zu vielen europäischen Ländern gibt es in den USA zudem kein einheitliches Ausbildungssystem für professionelle Kinderbetreuung, wie z.B. die Ausbildung von Kindergartenpädagogen oder Erziehern. Folglich sind in den USA viele Mitarbeiter pädagogischer Einrichtungen nicht immer besonders gut qualifiziert. Weiterhin haben amerikanische Eltern keinen staatlich geregelten Anspruch auf einen Kinderbetreuungsplatz bzw. erhalten keinerlei finanzielle Unterstützung – und dies bei enorm hohen Kosten für die Kinderbetreuung! All diese Fakten stärken die Position von Au Pairs. Zu guter Letzt bringt ein Au Pair auch einen internationalen Aspekt in die Familie und ermöglicht einen kulturellen Austausch.

Au Pairs haben geringe Kosten, nicht so die Gastfamilien

Während das Au Pair-Programm in den USA für die Bewerber eine recht günstige Möglichkeit ist, Auslandserfahrungen zu sammeln, werden die Gastfamilien mit höheren Kosten belegt. Vergleicht man die Preise der amerikanischen Programmanbieter, dann liegen die Fixkosten für Familien bei mindestens 17.000 bis 20.000 US Dollar pro Au Pair-Jahr. Entscheidet sich eine Familie für ein professionelles Au Pair, dann steigen diese Kosten durch das höhere Taschengeld sogar noch an. Der Begriff Fixkosten bezieht sich dabei nur auf die Programmgebühr, welche die Gastfamilie entrichten muss, sowie auf das Taschengeld, die Sevis-Gebühr (Visum) und das Studiengeld für das Au Pair. Kosten für Unterkunft und Verpflegung des Au Pairs, PKW-Nutzung und KFZ-Versicherung fallen noch zusätzlich an. Diese Auflistung verdeutlicht, dass diese einst als günstig betrachtete Form der Kinderbetreuung durch Au Pairs für viele Gastfamilien nicht mehr so preiswert ist. Ihnen wurden viele Kosten übertragen, andererseits wurden die Pflichten der Au Pairs beschränkt und ihre Rechte gestärkt.

Fassen wir also zusammen: Amerikanische Gastfamilien benötigen in erster Linie eine gute Betreuung für ihre Kinder und haben dementsprechend auch meist mehr als ein Kind. In der Regel betreuen die Au Pairs zwei bis vier Kinder in ihrer Familie, während die Eltern arbeiten. In manchen Fällen haben Familien auch zwei Au Pairs oder ein Au Pair und eine Nanny oder suchen vielleicht eine intensive Betreuung für ein Kind mit *special needs*, also mit besonderen Bedürfnissen.

Die überwiegende Mehrheit der Gastfamilien in den USA sind klassische Ehepaare. Der Anteil der Patchwork-Familien, Alleinerziehenden (*single parent*) und der Familien ohne Trauschein nimmt jedoch zu. Ebenso wächst die Zahl der *same sex couples*, nachdem im Jahr 2015 die gleichgeschlechtliche Ehe in den USA legalisiert wurde.

Jünger und älter

Im Vergleich zu den eigenen Eltern sind amerikanische Gasteltern oft etwas jünger, was am niedrigeren Heiratsalter liegen mag. Geben sich Paare in Deutschland, Österreich und der Schweiz durchschnittlich erst mit über 30 das Jawort, trauen sich Amerikaner in der Regel schon mit Mitte bis Ende 20. Gleichzeitig bedienen amerikanische Gastfamilien aber auch ein anderes Klischee: Es gibt eine Menge älterer Paare, die, meist überdurchschnittlich gut ausgebildet und finanziell abgesichert, erst später in das Abenteuer Familie starten.

Wegen der hohen Kosten für das Au Pair-Programm und auch wegen der vielen Zusatzleistungen, die eine Gastfamilien einem Au Pair bieten muss, stammt die Mehrheit der Familien aus einer gehobenen sozialen Schicht. Viele Gasteltern arbeiten in hochqualifizierten Jobs, verfolgen eine entsprechende berufliche Karriere und haben einen akademischen Hintergrund. Persönliche Erfahrungen im Ausland und das Bestreben, die eigenen Kinder möglichst individuell, international und von Personen mit gutem Bildungsstand betreuen zu lassen, sprechen zudem für die Aufnahme eines Au Pairs.

Wie heißt es so schön im Englischen: *(Host) Families come in all shapes and sizes*

5.2 Lebenssituation

Betrachtet man die Fotos in Programmbroschüren oder auch von ehemaligen Au Pairs, dann fällt oft das großzügige Haus oder das imposante Auto der Gastfamilie auf, welches das Au Pair fährt. Zugegeben, in Amerika ist vieles etwas größer. Aber es stimmt auch, dass Gastfamilien aufgrund ihrer guten finanziellen Situation meist unter recht komfortablen Bedingungen leben. Fast alle Gastfamilien besitzen ein Haus, das über ausreichend viele Zimmer für Familie und Au Pair verfügt. Dass sich Kinder ein Zimmer teilen, ist in Amerika bei weitem nicht so verbreitet wie in Europa. Neben den Kinderzimmern richten viele Familien ein extra Spielzimmer (*play room*) und einen Fernsehraum ein. Herzstück und Schaltzentrale amerikanischer Haushalte ist in der Regel die Küche samt Fernseher und überdimensionalem Kühlschrank. Des weiteren verfügen die meisten Häuser über mehrere Bäder und oft auch einen Pool. Eine Mehrfachgarage mit breiter Auffahrt, sowie Basketballkorb, Schaukel und großem Grill auf der Veranda gehören häufig ebenfalls dazu. Gärten besitzen

Viktorianische Stadthäuser am Alamo Square in San Francisco

oft keinen Zaun und sind für europäische Standards enorm weitläufig. Die Gelegenheit, dem Nachbarn vom Balkon aus zuzuwinken, bekommt man in den USA eher selten, außer in dicht besiedelten Städten. Dies bedeutet für Au Pairs, dass sie bei ihrer Gastfamilie meist auch ein recht großes Zimmer bewohnen. Obwohl viele der Familien Personen für die Reinigung des Hauses und die Pflege des Gartens engagieren, ist das Au Pair grundsätzlich selbst für das eigene Zimmer und die Wäsche zuständig. Es dauert meist einige Zeit, bis sich europäische Au Pairs an die Dimensionen gewöhnen, und mancher fühlt sich ohne sichtbares Nachbarhaus sogar etwas einsam. Ebenso gibt es sehr oft keine Gehwege vom und zum Haus, da das Auto immer noch das Fortbewegungsmittel Nummer 1 in den USA ist.

Oft bedeutet in den USA ein gutes Einkommen auch die Grundlage für einen sicheren Wohnort. Das heißt jedoch nicht, dass sich Au Pairs nicht an allgemeingültige Regeln halten sollten. Geben Gasteltern und Betreuer vor, manche Gebiete, Straßen oder Plätze zu meiden oder diese in der Dunkelheit besser zu umfahren, dann ist dem Rat der Einheimischen grundsätzlich Folge zu leisten, schon wegen der Sicherheit der Kinder. Fast alle Familien leben in der Nähe einer Stadt oder Metropole, besonders beliebt sind Vororte, die in der Regel gute Schulen, eine vielseitige Infrastruktur und die Nähe zum Arbeitsplatz der Eltern bieten. Hin und wieder hört man von Austauschschülern in den USA, dass sich diese in sehr ländlichen und eher dünn besiedelten Gegenden wiederfanden. Davor brauchen Au Pairs keine Angst zu haben.

Aufgrund der Bevölkerungsstruktur in den USA leben überdurchschnittlich viele Gastfamilien an den Küsten. Aber nicht nur die bekannten Urlaubsregionen der USA entlang der Ost- und Westküste bieten Au Pairs einen guten Platz zum Leben und Lernen. Hier möchte ich an die Offenheit der zukünftigen Au Pairs appellieren, sich nicht abschrecken zu lassen und den Wohnort einer potentiellen Gastfamilie erst einmal über Google Maps zu suchen. Die USA haben viel zu bieten, das es zu erkunden gilt, und es muss nicht immer ein Aufenthalt in einer bekannten Großstadt sein, stattdessen aber vielleicht ein Leben in Reno, „The Biggest Little City in the World“ oder Hialeah, einer fast unbekannten Stadt nur fünf Meilen nördlich von Miami.

5.3 Kindererziehung

In kaum einen anderen Aspekt der amerikanischen Kultur werden Au Pairs so tief eintauchen wie in den Umgang mit Kindern. Natürlich erzieht jede Familie ihre Kinder nach eigenen Vorgaben, und doch gibt es Strukturen, die in fast allen (Gast-)Familien zu finden sind.

Zu allererst wird Kindern in den USA mit sehr viel Respekt und Geduld begegnet. Kinder dürfen bereits von einem sehr frühen Alter an mitbestimmen. So werden sie z. B. gefragt, was sie essen oder anziehen möchten. Mein Junge entschied sich

Amerikanische Kinder bekommen viele Geschenke zu Weihnachten

damals dafür, über mehrere Tage hinweg im Hochsommer mit den neu gekauften Gummistiefeln und Badehose in den Kindergarten zu gehen. Für mich als Au Pair bedeutete dies neben einem Schmunzeln und zahlreichen Schnappschüssen auch, die Blicke und neugierigen Fragen anderer Passanten auszuhalten. Das Recht auf die eigene Entscheidung, den freien Willen und die Meinungsäußerung der Kinder werden viele Au Pairs hautnah erleben. Au Pairs beschreiben oft, dass sie das Gefühl hätten, ihre Gasteltern diskutierten scheinbar endlos mit den Kindern und diese würden teilweise als kleine Erwachsene behandelt. Fakt ist, dass man in den USA Kindern viel komplexer erklärt, warum sie etwas zu tun oder zu lassen haben.

Viele Au Pairs nehmen auch schnell wahr, dass in der Erziehung der amerikanischen Kinder ein gewisser Materialismus von zentraler Bedeutung ist: Nicht nur, dass die Kinderzimmer mit Spielzeugen gut gefüllt sind, auch das häufige Einkaufen und das Bedürfnis, immer die neueste Version eines Spiels für die Playstation zu haben oder aber die Barbiepuppen in mehreren Ausführungen zu besitzen, wird in den USA nicht hinterfragt. *Goodies* oder einen *treat* (Belohnung) zu erhalten, ist für amerikanische Kinder Alltag und wird regelmäßig als Erziehungsmethode eingesetzt. Eltern sehen es zudem als ihre Pflicht an, ihre Kinder glücklich zu machen. Die Gastmutter einer Au Pair-Freundin beschrieb dies einmal folgendermaßen: „My children depend on me and I want to provide them with the best time possible. Laughter, happi-

Häufig geht es direkt nach der Schule zum Sporttraining

ness, and positive experiences is what counts for me. There will be a time when my kids are old enough to lead their own life and they will build it on the positive experiences they have made as a child!"

Amerikanische Kinder haben meist einen sehr vollen und langen Tag mit jeder Menge geplanter Aktivitäten, Sport, Hobbies und *play dates* (Verabredungen zum Spielen). Kinder werden dazu angehalten, aktiv zu sein, viele verschiedene Sachen auszuprobieren und sich mit anderen zu messen. Wettbewerbsdenken spielt vor allem im Sport eine große Rolle, und so verbringen amerikanische Eltern ihre Wochenenden meist bei Fußballturnieren oder z.B. in der Schwimmhalle. Leistung zu erbringen ist wichtig, und das bemerken auch viele Au Pairs, die ihre *host kids* (Gastkinder) sehr oft motivieren müssen, wenn es nach der Schule direkt zum Training geht. Auch kleine Kinder werden von früh an gefördert: So gibt es z.B. Singstunden für bzw. mit Babys. Viele Schulen und auch Universitäten bieten spezielle *kids classes* an, und amerikanische Eltern geben viel Geld für private Lehrer und Zusatzkurse aus. Als ein Beispiel, das außerhalb der USA oft in der Kritik steht, wären hier die vielen Tanz- und Schönheitswettbewerbe für Kinder aller Altersklassen zu nennen.

Amerikanische Eltern formulieren an ihre Au Pairs ganz klar den Anspruch, die Kinder zu *entertainen*, also aktiv zu beschäftigen. Das in Europa gängige Credo, dass Kinder sich auch mal alleine beschäftigen können müssten, findet in den USA nur wenig Akzeptanz. Dementsprechend erwarten Gasteltern ein aktives, motiviertes Au Pair, das sich auf die Ebene der Kinder begibt, mit ihnen spielt und ihnen abwechslungsreiche Betreuung bietet und verschiedene Angebote unterbreitet. So erwarten Amerikaner einerseits, dass ihre Kinder nicht alleine gelassen werden, aber auch ein umsichtiges Disziplinieren der Kinder ist ihnen wichtig. Au Pairs müssen auf ihre Wortwahl achten, denn Kinder sollen bei Ermahnungen nicht zu stark unter Druck gesetzt werden. Stattdessen ist viel positive Motivation und Bestätigung gefragt.

5.4 Haushalt

Amerikanische Gasteltern sind in der überwiegenden Mehrheit voll berufstätig, und das gilt für beide Partner! Kaum eine Gastmutter wird sich damit zufrieden geben, den Haushalt zu führen und die Kinder zu erziehen. Vielmehr geht es ihnen darum, das persönliche Potential auszuschöpfen und sich selbst zu verwirklichen. Folglich muss das Leben und der Haushalt vor allem eines sein: organisiert!

Amerikaner sind *busy* (beschäftigt), egal, ob im Berufs- oder im Privatleben. Zeitverschwendung wird so weit wie möglich eliminiert, stattdessen gilt es Strukturen zu schaffen und sich die Arbeit zu vereinfachen. Dies erkennt man an der generellen Technikaffinität und Zukunftsorientierung der Amerikaner. So finden sich im Alltagsleben und auch im Haushalt in den USA allerlei technischer Geräte, Gimmicks und Arbeitshelfer. Ein Beispiel gefällig? Nun, wie wäre es z.B. mit einer Sprechanlage im Haus, die alle Zimmer vernetzt. Aber auch Autos mit eingebauten Videoscreens kennt in Amerika heutzutage fast jedes Kind, und auch die Wohnungstür, die nur noch per Fingerabdruck geöffnet wird, ist keine Seltenheit mehr. Dies bedeutet natürlich auch für Au Pairs, dass sie sich mit so mancher Neuigkeit arrangieren müssen, die dann meist einige Zeit später in Europa Einzug hält. Kinder werden bereits früh an Technik und elektronische Geräte herangeführt, und dies sollte das Au Pair natürlich aktiv unterstützen.

Das „Innenleben" vieler amerikanischer Wohnungen ist extrem geordnet, gibt es doch viele persönliche Berater, die gegen Honorar Küchen und andere Räume professionell organisieren. Amerikaner lieben Plastikboxen, *Zipper Bags* (wiederverschließbare Plastiktüten) und andere Behälter, die beschriftet werden können, so dass manch privates Zimmer oder auch der Vorratsschrank (*pantry*) eher einem Ausstellungsraum mit sichtbarer Bedienungsanleitung gleicht. Au Pairs erleben Ordnung oft anhand einer standardisierten Einkaufsliste und einer großen Menge an Lebensmittel, die Woche für Woche besorgt werden. Verschiedenste Snacks für Kin-

Nanny-Kameras

In den USA ist der Einsatz von sogenannten Nanny-Kameras (*nanny cams*) erlaubt, solange diese ohne Ton aufzeichnen und nicht in den Privaträumen des Betreuers angebracht sind. Dies bedeutet, dass manche Gasteltern die Kinderzimmer oder auch das Wohn- und Spielzimmer sowie die Küche überwachen lassen, also alle Räume, in denen sich die Kinder häufig aufhalten. Die Kameras gibt es in unterschiedlichsten Ausführungen. Nicht immer sind diese als Kamera erkennbar und können sich auch in Dekorationsstücken verbergen. Findet eine Überwachung des Au Pairs sowie der Kinder statt, dann gehen die meisten Gasteltern heute sehr offen damit um und weisen ihr Au Pair darauf hin. Auch wenn man sich anfangs nicht allzu wohl fühlen dürfte, vergisst man das technische Auge sehr schnell. Eltern rechtfertigen den Einsatz damit, dass immer wieder Kinder von Betreuungspersonen misshandelt und verletzt werden, insbesondere Säuglinge und Kleinkinder.

der, abgepackt in kleinen Einzelportionen, finden sich in vielen Haushalten in rauen Mengen. Mitunter muss ein Au Pair auch schlucken, wenn es um Umweltschutz und nachhaltiges Wirtschaften geht. Mein persönliches „Projekt" als Au Pair bestand z.B. darin, meinen Gastkindern nahezubringen, während des Zähneputzens den Wasserhahn nicht durchgehend laufen zu lassen. «Brushing teeth the German way» wurde so zum geflügelten Wort in unserem Haushalt, und ich würde mir wünschen, dass dieses Ritual bis heute anhält! Mit Energie und Ressourcen wird in den USA meist noch sehr viel großzügiger umgegangen als in den Heimatländern der Au Pairs. Andererseits sind viele Amerikaner engagiert dabei, Müll zu recyceln, und «Bio» sowie Umweltschutz erleben derzeit einen regelrechten Boom.

Ein weiterer wichtiger Aspekt in Bezug auf amerikanische Haushalte ist Reinlichkeit. Es gibt fast kein Putz- oder Waschmittel in den USA, das nicht *germ-killing* (Bakterien abtötend) oder desinfizierend wirkt. Einige Gastfamilien benutzen regelmäßig Plastikgeschirr, da sie dies für sauberer halten, und natürlich kann es nach Gebrauch auch einfach und schnell entsorgt werden. Au Pairs werden unter ihren Aufgaben oft einen Punkt wie *daily hygiene & cleaning* finden: Das bedeutet dann beispielsweise, den Küchen- und Schreibtisch der Kinder regelmäßig zu säubern, den Inhalt des Kühlschranks auf abgelaufene Lebensmittel zu überprüfen, die Wäsche mit Bleiche von Keimen zu befreien und den Kindern sowie sich selbst öfter am Tag die Hände zu desinfizieren. Bakterien und Keime sind Amerikanern schlichtweg ein Graus! Deshalb achten sie besonders auf Körperhygiene und wechseln auch ihre Kleidung oft mehrmals täglich.

Reinlichkeit

Amerikaner achten stets auf ihr gepflegtes äußeres Erscheinungsbild. Die tägliche Dusche, je nach Region sogar mehrmals, ist Standard und dieselbe Kleidung an zwei aufeinander folgenden Tagen zu tragen gilt als ungepflegt. Auch im Haushalt wird sehr viel Wert auf Hygiene gelegt.

Wochenendausflug mit der Gastfamilie zum Epcot Center

5.5 Freizeitgestaltung

Analog zu ihrer persönlichen Umgebung strukturieren Amerikaner auch ihre Freizeit. Es ist in den USA nicht nur wichtig, aktiv und fit zu sein, sondern auch, sich selbst weiterzubilden und zu entwickeln. Deshalb besuchen nicht nur Au Pairs regelmäßig Kurse. Auch Gasteltern haben trotz ihrer beruflichen und familiären Auslastung noch Hobbies, bilden sich weiter oder erlernen neue *skills* (Fertigkeiten). Lebenslanges Lernen wird in den USA großgeschrieben. Au Pairs legen den Gasteltern diesen Drang nach persönlicher Entwicklung nicht selten falsch aus und fühlen sich als eine Art Lückenfüller oder Ersatzmutter. In den USA wird dies jedoch anders beurteilt, und Au Pairs müssen versuchen, sich damit zu arrangieren.

Wochenenden werden in den USA ebenfalls so effektiv wie möglich genutzt und gelten als *quality family time*, also hochwertige Zeit für und mit der Familie. Sehr oft sind die Au Pairs mit von der Partie und genießen es, Tagesausflüge zu begleiten, den Tag im Einkaufszentrum zu verbringen oder in die Hobbies der Familie eingeführt zu werden. Die meisten Gasteltern sind sehr großzügig und finanzieren ihren Au Pairs eine aktive Freizeitgestaltung, die sie auch mit ihren Kindern praktizieren. Viele Familien haben Mitgliedschaften bei lokalen Museen oder Fitness- und Country Clubs. Ich kenne zudem zahlreiche Au Pairs, die auf Initiative ihrer Gastfamilie in den USA den Bootsführerschein gemacht haben, das Golfspielen erlernten oder unzählige Male Broadway Musicals, Disneyland oder andere Attraktionen besucht haben!

Wer als Au Pair eher einen sehr gemäßigten und ruhigen Lebensstil verfolgen möchte, der sollte dies mit Bedacht in die Bewerbung einfließen lassen. Die meisten Au Pairs gewöhnen sich sehr gut und schnell an den „Takt" des amerikanischen Alltags und empfinden das ausgefüllte und aktive Leben, zumindest für die Dauer des Au Pair-Jahres, als bereichernd!

5.6 Religion

Auch wenn Amerikaner die Trennung von Kirche und Staat in ihrer Verfassung verankert haben und inbrünstig verteidigen, so spielt Religion doch eine große und bedeutende Rolle im Leben vieler. Dies trifft natürlich auch auf Gastfamilien zu und wirkt sich somit auch auf Au Pairs aus.

In den USA herrscht eine große Glaubensvielfalt – meist ein bedeutender Unterschied zu den Heimatländern der Au Pairs. Fast 60 % aller Amerikaner besuchen regelmäßig einen Gottesdienst. Über Dreiviertel aller Amerikaner bezeichnen sich als Christen, diese unterteilen sich dann nochmals in zahlreiche Glaubensrichtungen und Kirchen, wie z.B. Katholiken, Protestanten, Täufer, Newborn Christians etc. Des Weiteren finden sich unter den Gastfamilien viele Juden und Mormonen, aber auch Familien buddhistischen Glaubens oder ohne jegliche Religionszugehörigkeit. Man kann generell davon ausgehen, dass sich Familien gemäßigter Glaubensrichtungen für ein Au Pair interessieren, da fundamentalistische Gruppen immer versuchen, sich von der Gesellschaft abzusondern. Auch haben fanatisch-religiöse Familien in der

Regel kein Interesse an einer Überprüfung der Lebensverhältnisse durch die Programmsponsoren und scheiden somit aus.

Der Umgang mit Religion ist in den USA meist völlig anders, als es die Au Pairs von zu Hause gewohnt sind. Religionsgemeinschaften werben im Fernsehen und anderen Medien, es gibt Familien, die in Kirchen oder Tempel gehen, wieder andere folgen Predigern oder loggen sich sonntags in einen Onlinegottesdienst ein. Recht häufig gehen die Kinder auf eine konfessionelle Schule oder besuchen neben der High School die *sunday school* (Bibelschule). Rund 40 % aller Amerikaner legen die Bibel wörtlich aus und lehnen demnach die darwinsche Evolutionstheorie ab. Dies werden sie dann auch ihren Kindern entsprechend vermitteln.

Die meisten Amerikaner folgen einer religiösen Grundhaltung, glauben also an Gott und tun dies auch offen kund. Von daher ist es nicht unüblich, dass in der Gastfamilie vor dem Essen gebetet und dankgesagt wird, auch wenn die Familie sonst keine religiösen Praktiken lebt. Wer in einer jüdischen Familie Au Pair wird, muss sich eventuell mit zwei getrennten Küchen, sowie koscheren und nicht-koscheren Lebensmitteln auseinandersetzen. Meine eigene Gastfamilie war ebenfalls jüdischen Glaubens, allerdings aßen wir lediglich kein rotes Fleisch. Bei mormonischen Familien denken viele sofort an die Vielehe. Dies bedeutet aber nicht, dass diese immer praktiziert wird und dass sich Au Pairs mit einem Gastvater und mehreren Gastmüttern konfrontiert sehen. Toleranz gegenüber religiösen Gruppen wird in den USA weitestgehend gelebt. Deshalb gibt es dort auch keine hitzigen Diskussionen in Bezug auf Glaubensrichtungen wie Scientology oder die Zeugen Jehovas, die z.B. in Deutschland als Sekten gelten.

Toleranz und Respekt gegenüber dem Glauben der Familie muss auch das Au Pair zeigen. In fast allen Bewerbungsunterlagen wird die Religionszugehörigkeit des Au Pairs abgefragt, und die Bewerber können angeben, was ihnen in Bezug auf

Die Bibel wird in den USA oft wörtlich ausgelegt und an Schulen entsprechend gelehrt

Religion wichtig ist. Dies bedeutet, dass Gastfamilien bereits bei der Auswahl des Au Pairs die Ansichten abgleichen können. Die meisten Familien respektieren den Wunsch eines Au Pairs, den Gottesdienst zu besuchen oder sich in der Kirche zu engagieren. Allerdings darf ein Au Pair gegenüber den Kindern niemals die Überzeugung der Eltern in Frage stellen.

In diesem Zusammenhang möchte ich auch erwähnen, dass Glaube nicht mit Bildung verwechselt werden sollte. Immer wieder kontaktieren mich Au Pairs, die sich wundern, dass eine sonst so aufgeklärte und rational auftretende Gastfamilie strikte religiöse Ansichten hat und diese sich auf andere Lebensbereiche auswirken, z.B. einen gemäßigten Kleidungsstil oder den Umgang mit Sexualität. Gastfamilien erläutern ihren Au Pairs in der Regel sehr deutlich, was sie von ihnen in Bezug auf ihren Glauben erwarten und was nicht. Sollte sich ein Bewerber bereits im Vorfeld mit diesen Vorgaben nicht einverstanden oder sich in seiner Persönlichkeit eingeschränkt fühlen, dann wäre es falsch, in solch einer Familie das Au Pair-Jahr zu verbringen!

6 | Gastfamiliensuche

Geschafft! Die Bewerbung für das Au Pair-Programm in den USA wurde angenommen, und nun geht es auf die Suche nach der passenden Gastfamilie. Es beginnt die spannendste Zeit der Au Pair-Bewerbung, aber auch gleichzeitig die nervenaufreibendste! Wer wird sich melden, wie läuft der Kontakt mit potentiellen Gastfamilien ab und finde ich jemanden, der wirklich zu mir passt? Wie soll man sich entscheiden, wie einer unpassenden Gastfamilie absagen und wonach suchen die Gasteltern überhaupt? Eine ganze Reihe wichtiger Fragen, die in den folgenden Abschnitten erklärt werden.

Der Prozess der Gastfamiliensuche, bzw. die Suche einer Gastfamilie nach einem geeigneten Au Pair, fällt unter die Aufgaben der amerikanischen Programmsponsoren. Dabei ist es in den Statuten des State Departments festgeschrieben, dass sowohl Au Pair wie auch Gastfamilie der Platzierung, also der gemeinsamen Programmteilnahme, zustimmen müssen. Dies bedeutet, dass keinem Au Pair vorgeschrieben werden kann, mit welcher amerikanischen Gastfamilie er oder sie zusammenleben wird. Im Deutschen spricht man vom „Mitspracherecht bei der Gastfamiliensuche“ oder man erklärt, dass sich „Au Pair und Gastfamilie füreinander entscheiden.“

Der Ablauf der Gastfamilien- bzw. Au Pair-Suche kann von Programm zu Programm unterschiedlich sein. Dieser Prozess wird im Englischen oft *placement* oder *matching* genannt. Es gibt Programme, die ihren Au Pairs und auch den Gastfamilien eine limitierte Anzahl an Bewerbungen zur Verfügung stellen. Dies geschieht in der Regel in den USA, das heißt, die Gastfamilie bekommt verschiedene, vorab ausgewählte Au Pair-Bewerbungen zur Ansicht und entscheidet dann, welche Bewerber sie kontaktieren möchte. Viele Organisationen arbeiten auch mit Onlinesystemen: Gastfamilien,

Amerikaner präsentieren den Sternenbanner sehr stolz – in jeglicher Form

die von Seiten des US-Sponsors bereits in das Programm aufgenommen wurden, können über eine geschützte Webseite des Programmanbieters auf Au Pair-Bewerbungen zugreifen und diese nach speziellen Kriterien durchsuchen. Dementsprechend kann sich eine Gastfamilie mit beliebig vielen Au Pairs austauschen und die Au Pairs können wiederum mit allen an ihnen interessierten Gastfamilien in Kontakt treten. In manchen Fällen haben auch Au Pairs von sich aus die Möglichkeit, die Profile von Gastfamilien über das Internet einzusehen und dann entsprechendes Interesse an einer oder mehreren Familien zu bekunden.

Generell gilt, je mehr Mitspracherecht ein Au Pair im Platzierungsprozess hat, desto besser. Um den Datenschutz gewährleisten und den ganzen Ablauf überhaupt organisieren zu können, geht die Initiative für eine Kontaktaufnahme meist von Seiten der Gastfamilie aus. Au Pair-Bewerber sollten immer Informationen über das Platzierungsverfahren ihrer jeweiligen Au Pair-Organisation erhalten, um diesen Prozess auch optimal mitgestalten zu können!

6.1 Au Pair-Stereotype in der amerikanischen Gesellschaft

Wie im vorherigen Kapitel angesprochen, ähneln sich Gastfamilien hinsichtlich Lebenssituation, Bildung und Einkommen. Aber auch in der amerikanischen Gesellschaft gibt es stereotype Bilder über Au Pairs. Diese Ansichten, Meinungen und Generalisierungen verfestigten sich über Jahre hinweg und verändern sich nur sehr langsam. Die Medien tragen einen großen Teil dazu bei und prägen diese unbewussten Bilder in den Köpfen der Menschen entscheidend mit!

Um es gleich vorweg zu nehmen, keiner – keine Einzelperson und auch keine Gesellschaft – kann sich Vorurteilen und Stereotypen entziehen. Schließlich steckt in jedem Vorurteil immer auch ein mehr oder weniger kleines Stück Wahrheit. Wie ist es z.B. mit der weit verbreiteten Meinung hierzulande, dass es in den USA kein gutes, vollwertiges Brot gibt, für das wir Deutsche uns so sehr rühmen? Oder arbeiten die Amerikaner nicht doch weniger hart als pflichtbewusste, fleißige Schweizer? Kann man überhaupt heimatverbundener sein als die Österreicher? Für all diese Aussagen werden sich in den USA sichtbare „Beweise“ finden lassen, wie z.B. das Weißbrot, das in seiner Konsistenz durchaus an Pappmache erinnert. Oder Arbeitnehmer, die es sich leisten, eine mehrstündige Mittagpause zu nehmen, um schwimmen oder ins Fitnessstudio zu gehen. Aber bedeutet dies wirklich, dass die Amerikaner weniger hart oder intensiv arbeiten?

Als Au Pair wird man viele der gängigen Stereotype über Amerika verwerfen und dafür andere dazugewinnen. Besonders wichtig ist es aber, dass man verstehen lernt, was und warum Amerikaner einiges anders machen. Doch wie sieht es mit den Bildern und Meinungen aus, die in Amerika bezüglich Au Pairs vorherrschen?

In der Einleitung zu diesem Buch habe ich mich bereits

kurz eines gängigen Stereotyps bedient, wird doch in den amerikanischen Medien ein Au Pair oft wie folgt portraitiert: blond, hübsch und etwas offenherzig gekleidet, seltsame Essgewohnheiten, starker Akzent, liebt Kinder, aber Partys noch viel mehr und eventuell auch den Gastvater! Meistens denkt man übrigens an eine junge Frau, wenn man von „dem Au Pair" spricht.

Keine Frage, die Angst, dass sich ein Gastvater oder eine Gastmutter zu ihrem Au Pair mehr als nur platonisch hingezogen fühlt, mag es geben, aber dies beschränkt sich keinesfalls nur auf die USA. Allerdings tragen Au Pairs weder überdurchschnittlich zur Scheidungsrate in den USA bei, noch hat es jeder Gastvater auf das neue Familienmitglied abgesehen oder entwickelt sich eine Gastmutter zu einer eifersüchtigen Dramaqueen.

Auch die Zeiten, in der Au Pairs aus Europa den Aufenthalt als Gelegenheit nutzen, um in die USA einzuwandern, sind längst vorbei. Die wirtschaftlichen Verhältnisse haben sich in vielen Ländern entspannt und Einreisebestimmungen wurden allgemein gelockert. Zudem sehen sich viele junge Frauen heute nicht mehr genötigt, den Mann fürs Leben zu finden. Stattdessen verfolgen sie ihre eigenen Karrieren und führen ein selbstbestimmtes Leben. Auch stehen die USA als Gesellschaft und Nation zunehmend in der Kritik und gelten nicht mehr als das „Goldene Land", das in vielerlei Hinsicht als Vorbild dient.

Soviel also zu den generalisierten Meinungen über Au Pairs in den USA. Womit Gastfamilien allerdings sehr wohl umgehen, sind Stereotype, die sich auf einzelne Nationalitäten beziehen. Dies hängt u.a. damit zusammen, dass Gastfamilien in der Regel eine Vorauswahl aus einer großen Bewerberzahl treffen müssen und deshalb von den Programmsponsoren angehalten werden, Kriterien festzulegen, die für sie besonders wichtig sind (mehr dazu in Abschnitt 6.4).

Deutschsprachige Bewerber werden von amerikanischen Gastfamilien meist mit folgenden Eigenschaften belegt:

- versierte Englischkenntnisse
- gute Autofahrer
- organisiert
- reif
- verantwortungsbewusst
- pflichtbewusst
- sichere Kinderbetreuung
- Reiseerfahrung
- gute Schulbildung
- ähnliche Wertevorstellungen

- helfen im Haushalt
- strikt
- stark im Disziplinieren
- nicht warmherzig (*not affectionate*)
- zu eigenständig
- rigide
- „Dienst nach Vorschrift"
- Raucher
- beschweren sich schnell und häufig (meckern)

In dem einen oder anderen Punkt wird sich ein Leser hier wohlwollend wiederfinden, andere Aspekte eventuell vehement bestreiten. Mir geht es nicht darum, die Auflistung zu kommentieren oder zu bewerten. Diese Vorstellungen sind unter amerikanischen Gastfamilien vorhanden. Allerdings bedeutet dies nicht, dass die Gastfamilien nicht fähig oder bereit wären, ihre Ansichten individuell anzupassen. Au Pair-Bewerbern kann das Wissen um diese zugesprochenen Eigenschaften helfen zu verstehen, warum manche Bereiche in Au Pair-Bewerbungen so bedeutend sind, warum der ein oder andere Punkt im persönlichen Gespräch verstärkt nachgefragt wird und warum Gastfamilien so interessiert an bestimmten persönlichen Informationen sind. Des weiteren gilt: Wann immer man sich durch die eine oder andere Eigenschaft gestört fühlt, dann liegt es an einem selbst, diese im Rahmen der eigenen Möglichkeiten zu verändern und entsprechend zu handeln!

Das aktive Leben in der Familie wird mit einem Arbeitsplan organisiert

6.2 Erwartungen, Aufgaben und Arbeitspläne

Um das Zusammenleben in den USA für Au Pairs und Gastfamilien möglichst stressfrei und nachvollziehbar zu gestalten, halten alle amerikanischen Au Pair-Organisationen ihre Gastfamilien an, für das Au Pair einen Ablauf- bzw. Arbeitsplan (*schedule*) zu erstellen. Diesen benötigen die Gastfamilien bereits für ihre eigene Bewerbung, damit der Programmsponsor feststellen kann, ob sich die Aufgaben an den Au Pair-Richtlinien orientieren.

Pläne und *ToDo*-Listen sind in den USA generell sehr beliebt. Auch wenn für viele Gastfamilien die Flexibilität eines Au Pairs einer der größten Pluspunkte ist, so müssen sie doch die täglichen Arbeitsstunden planen und diese mit ihren eigenen Arbeitszeiten und den Aktivitäten der Kinder abgleichen.

Ein *schedule* ist also grundsätzlich nichts Negatives für ein Au Pair. Ganz im Gegenteil! Gerade in den ersten Wochen hilft ein Arbeitsplan enorm dabei, sich in der neuen Rolle zurechtzufinden und sich mit den Aufgaben, aber auch den Tagesabläufen der einzelnen Familienmitglieder vertraut zu machen. Dabei kann so ein Einsatzplan ganz unterschiedliche Formen annehmen: Während manche Gasteltern ihren Au Pairs die wichtigsten Daten, Telefonnummern und Termine auf einem handgeschriebenen Zettel an die Kühlschranktür heften, gibt es Gastfamilien, die extra Vordrucke am Computer entwerfen, einen kompletten Übersichtsplan für alle Familienmitglieder erstellen oder dem Au Pair einen Tablet-PC mit vorgefertigten Informationen in die Hand drücken. Es kann auch passieren, dass man ein umfangreiches Handbuch überreicht bekommt. Diese Methode wählen nicht selten Gastfamilien, die bereits über mehrere Jahre hinweg Au Pairs haben.

Aus dem Arbeitsplan für ein Au Pair sollte grundsätzlich immer Folgendes hervorgehen:

- Anfangs- und Endzeit bzw. Unterbrechungen der Arbeitszeit (*on duty/off duty*)
- Besonderheiten, wie z.B. Arzttermine oder *play dates* der Kinder, für die das Au Pair verantwortlich ist
- Aktivitäten der Eltern oder der kompletten Familie, die vom gängigen Arbeitsplan des Au Pairs abweichen, wie z.B. Geschäftsreisen eines Elternteils, Ferien etc.
- Gerade zu Beginn der Au Pair-Tätigkeit ist es auch wichtig, alle notwendigen Adressen sowie Informationen für den Notfall zur Verfügung zu haben:
- allgemeine Notfallnummer in den USA („*Call 911“!*), aber auch Sondernummern wie z.B. Giftnotruf etc.
- Telefonnummer des behandelnden Arztes, Rufnummer der Sicherheitsfirma (die meisten Häuser in den USA werden von Sicherheitsfirmen überwacht und viele Au Pairs machen die Erfahrung von zahlreichen Fehlalarmen der Alarmanlage!)
- Adresse, Telefonnummer bzw. Emailadresse der Arbeitsstellen der Eltern sowie von Schulen, Kindergärten und Sportclubs etc. der Kinder
- Kontaktdaten von Nachbarn und evtl. Familienangehörigen in der näheren Umgebung, welche das Au Pair in Sonderfällen benachrichtigen kann

Was die Erwartungen der Gastfamilien an Tätigkeiten eines Au Pairs angeht, so hat sich im Laufe der Jahre innerhalb der verschiedenen Programmanbieter folgendes Aufgabenfeld etabliert:

- aktive Betreuung der Kinder, wobei die Verantwortung für das Wohlbefinden und die körperliche Unversehrtheit der Kinder bei den Eltern verbleibt
- Pflege der Kinder (Körperpflege, zu Bett bringen, aufwecken etc.)
- Fahren der Kinder, Betreuung vor und nach Aktivitäten
- Betreuung der Kinder während Ferienzeiten oder bei Erkrankungen
- Mithilfe im Haushalt, wobei das Au Pair nicht den Haushalt alleine führen darf und die Tätigkeiten auf die Kinder bezogen sein sollen (z.B. Aufräumen des Zimmers, Betten machen etc.)
- Zubereitung der Mahlzeiten, vor allem für die Kinder, aber auch für die Familie (z.B. gemeinsames Abendessen) ist in Ordnung
- Waschen der Wäsche für die Kinder
- Betreuung von Haustieren (z.B. Spazieren gehen mit einem Hund, Säubern von Kleintierkäfigen zusammen mit den Kindern etc.)

Das Au Pair ist in der Regel auch für die Sauberkeit des eigenen Zimmers sowie die eigene Wäsche zuständig.

6.3 Private Gastfamiliensuche und *Prematch*

Bei der Suche nach einer Gastfamilie auf eigene Faust greifen die meisten Au Pairs auf die Empfehlungen von Freunden und Bekannten zurück oder suchen auf privaten Internetplattformen.

Mount Rushmore National Memorial in South Dakota

Grundsätzlich darf kein Au Pair bei einer verwandten Familie in den USA einziehen. Diese Konstellation wird durch das State Department verhindert. Findet man eine passende Familie über eine persönliche Empfehlung oder ein Onlineportal, dann müssen sich Gastfamilie und Au Pair bei einem registrierten Programmanbieter bewerben. Beide Seiten durchlaufen daraufhin den kompletten Bewerbungsprozess, das heißt, dass alle Vorgaben und Dokumente eingereicht werden und das Au Pair zudem das Interviewgespräch absolvieren muss. Lediglich der Vermittlungsprozess entfällt und dementsprechend bezeichnet man solche Konstellationen oft als *Prematch*. Sowohl das zukünftige Au Pair wie auch die Gastfamilie erhalten in solchen Fällen üblicherweise einen Rabatt auf die Programmgebühren. Bewerbungskriterien, wie z.B. der Führerschein, lassen sich von Seiten des Au Pair-Bewerbers bei privater Gastfamiliensuche kaum umgehen. Dies beruht unter anderem auf dem Recht des Au Pairs nach gleicher Betreuung in den USA. Zudem muss auch bei einem privat initiiertem Au Pair-Jahr die Option auf Wechsel der Gastfamilie unbedingt bestehen bleiben!

Im Hinblick auf die Suche nach Gastfamilien in gewerblichen Onlineportalen soll an dieser Stelle nochmal eindringlich vor falschen Versprechungen in Bezug auf Taschengeldzahlungen, Arbeitszeiten etc. gewarnt werden. Es finden sich immer wieder Profile von angeblichen Gastfamilien, die nur für Betrugszwecke erstellt worden sind. Auch die ein oder andere tatsächlich existierende Gastfamilie stellt sich auf diesen Seiten besser dar als es der Realität entspricht. Ist man mit einer Familie ernsthaft in Kontakt – der in der Regel auf die Nachrichtenfunktion der Website beschränkt ist –, dann lohnt es sich immer für das zukünftige Au Pair, direkt nachzufragen, mit welchem designierten Programmsponsor die Familie das Programm abwickeln möchte. Des Weiteren sollten vorab niemals Gebühren anfallen und sobald dem Au Pair-Bewerber Zahlungsaufforderungen per Email oder Auslandsüberweisungen erreichen, heißt es: „Finger weg!"

Ein Hinweis noch zu privaten Empfehlungen, sei es durch ein ehemaliges Au Pair der Gastfamilie oder durch Freunde oder Verwandte. Grundsätzlich ist ein persönlicher Kontakt immer von Vorteil, hat man doch ein erstes Bild von der Familie, mit der man plant in den USA zu leben. Nicht selten bringen persönliche Empfehlungen aber auch noch besondere Verpflichtungen mit sich: Was ist, wenn ich mich nicht wohl fühle bei der Familie, die das Vorgänger-Au Pair so toll fand? Wie reagieren Freunde der Familie, wenn man sich gegen die empfohlene Gastfamilie wendet oder das Zusammenleben sogar scheitert? Hier ist es wichtig für das Au Pair, von vornherein eine klare Position zu beziehen und auch die eigenen Gefühle zu hinterfragen. Dieser Prozess sollte auch von Eltern und dem persönlichen Umfeld des Au Pair-Bewerbers unterstützt werden. Denn obwohl gerade für Eltern eine private Empfehlung viel Sicherheit bedeutet, gibt es doch keine Erfolgsgarantie. Und auch wenn Au Pairs aus der gleichen Kultur oder Region kommen und ähnliche Lebens-

Dein Au Pair-Abenteuer soll unvergesslich werden

läufe haben, ist jeder Mensch anders! Das Gefühl zu haben, bei einem *Prematch* bereits zu wissen, „wie eine Gastfamilie tickt", täuscht oft und reduziert die nötige Spannung und Sensibilität in Bezug auf das gegenseitige Kennenlernen und Zusammenleben von Au Pair und Familie.

6.4 Auswahlkriterien von Gastfamilien

Wenn sich Gastfamilien für ein Au Pair interessieren, dann haben sie bereits konkrete Vorstellungen, die an den Au Pair-Aufenthalt geknüpft sind. Dazu gehört unter anderem der Starttermin des Au Pairs, da dieser z.B. an den Schulbeginn oder aber an die Geburt des Kindes und der Rückkehr der Mutter in den Beruf geknüpft ist. Die Programmsponsoren bieten den Gasteltern eine ganze Reihe vorgefertigter Kriterien an, nach denen passende Au Pair-Kandidaten aus der Vielzahl an Bewerbungen ausgewählt werden können. An diesen Kriterien orientiert sich u.a. auch die schriftliche Au Pair-Bewerbung.

Gängige Auswahlkriterien für amerikanische Gastfamilien auf der Suche nach einem geeigneten Au Pair

- **Alter des Au Pairs:** meist unterteilt in 18 bis 20 Jahre, sowie 21+ Jahre
- **Start des Au Pair-Programms:** in der Au Pair-Bewerbung wird dies als möglicher Ausreisezeitraum abgefragt, der in der Regel mindestens 4 bis 12 Wochen betragen muss. Hier gilt – je länger ein Au Pair für die Ausreise in die USA zur Verfügung steht, desto größer ist die Anzahl an potentiellen Gastfamilien
- **Nationalität**
- **Englischkenntnisse:** meist unterteilt in *native speaker*, *non-native speaker + years of English language teaching/English classes*
- **Anzahl der Kinderbetreuungsstunden:** z.B. *200 - 500 hours*, *500+ hours* etc.
- **Alter der zu betreuenden Kinder:** meist unterteilt in *0 - 12 months*, *1 year - 2 years*, *2 - 5 years*, *6 - 12 years*, *12+ years*
- **Erfahrung mit behinderten Kindern bzw. Kindern mit Einschränkungen** (*special needs experience*)
- **Geschwister**
- **Fahrerfahrung:** sehr oft gelten Bewerber mit weniger als 6 Monaten Fahrerfahrung zum Zeitpunkt des Programmstarts in den USA als *non-frequent drivers* oder *novice drivers*
- **Reiseerfahrung**
- **Haustiere:** d.h. kann ein Au Pair mit Haustieren – am häufigsten Hunden oder Katzen – in den USA zusammenleben oder liegen Allergien o.ä. vor
- **Hobbies, Sportaktivitäten und Musikinstrumente:** besonders wichtig sind Familien oft gute Schwimmkenntnisse
- **Zusatzqualifikationen:** dazu gehören u.a. Erste-Hilfe-Kurse für Kleinkinder, Babysitter-Zertifikate, Fahrsicherheitstrainings, Sprachzertifikate, weitere Fremdsprachen etc.

Neben den Kriterien, die für Gastfamilien vor allem bei der Onlineauswahl von Au Pair-Bewerbungen zum Tragen kommen, fällt auch dem lokalen Betreuer eine zentrale Rolle bei der Auswahl des Au Pairs zu. Der Betreuer kennt die Familie bereits aus der Bewerbungsphase oder betreut die Familie eventuell schon seit mehreren Jahren. Zudem bieten viele der amerikanischen Organisationen den Familien einen weiteren

Betreuer oder persönlichen Ansprechpartner in der Zentrale an, der bei der Abwicklung des Programms unterstützend behilflich ist. Manchmal meldet sich ein Mitarbeiter der amerikanischen Organisation direkt bei einem Au Pair-Bewerber, bevor es zu einem persönlichen Kontakt zwischen Au Pair und Gastfamilie kommt. Auch werden die deutschen Agenturen von den USA aus oft nochmal beauftragt, weitere Informationen zu einem speziellen Thema einzuholen und diese an eine interessierte Gastfamilie weiterzuleiten. Vor solch einer Situation brauchen Au Pair-Bewerber keine Bedenken zu haben, es bedeutet vielmehr, dass in den USA intensiv an der Bewerbung gearbeitet wird!

Weiß man über den Auswahlprozess der Gastfamilien Bescheid, ist es auch nicht mehr allzu verwunderlich, dass eine Vielzahl von Gastfamilien in den USA über Jahre hinweg Au Pairs der gleichen Nationalität aufnehmen oder auch ihre ehemaligen Au Pairs aktiv in die Suche einbeziehen. Dies liegt insbesondere daran, dass die Familien mit den oben aufgeführten Auswahlkriterien gute Erfahrungen gemacht haben.

Wer sich als Au Pair-Bewerber Gedanken oder gar Sorgen darüber macht, dass aktuelle politische oder geschichtliche Ereignisse eventuell die Wahl der Gasteltern beeinflussen, dem kann ich diese Angst nicht vollkommen nehmen. Allerdings habe ich in meiner langjährigen Arbeit mit Au Pairs immer wieder die Erfahrung gemacht, dass Gasteltern sich nicht so sehr von der allgemeinen Stimmung beeinflussen lassen und stattdessen genau auf die Bedürfnisse ihrer Familie und die persönlichen Eigenschaften des Bewerbers achten. Ich selbst lebte als erstes deutsches Au Pair mit meiner jüdischen Gastfamilie in Boston zusammen. Ein Au Pair-Aufenthalt ist eine fantastische Möglichkeit, zur aktiven Völkerverständigung beizutragen und sichtbare wie auch unsichtbare Grenzen zu überwinden! So folgten auf mein Au Pair-Jahr noch weitere deutsche wie auch internationale Au Pairs in meiner Gastfamilie.

6.5 Rolle des Au Pair-Kandidaten

„Wann höre ich endlich was von einer Gastfamilie und wann b, die meisten Familien ein Au Pair?“ Diese Fragen stellen sich Au Pairs täglich, checken ihre Email, das Handy oder die Onlinebewerbung. Zugegeben, die Gastfamiliensuche erfordert Geduld und Zeit, allerdings bedeutet dies nicht, dass Au Pairs nur tatenlos abwarten müssen!

Zu allererst ist es wichtig zu wissen, wann Gastfamilien am häufigsten nach Au Pairs suchen. In den USA beginnt das neue Schuljahr zwischen Juli und September, so dass viele Gasteltern bevorzugt ein neues Au Pair von Mai bis Oktober in die Familie integrieren möchten. Glücklicherweise werden Kinder aber das ganze Jahr über geboren, und so suchen Gasteltern auch zu anderen Zeitpunkten eine zuverlässige Kinderbetreuung. Das Programm kann bei den meisten Anbietern ganzjährig begonnen werden, also muss nicht jedes Au Pair nach Beendigung der Schule zeitnah ausreisen können.

Wichtig ist auch zu wissen, dass Gastfamilien Interesse an aktuellen, detaillierten und sauber ausgefüllten Bewerbungen haben. Die schriftliche Bewerbung ist und bleibt die Visitenkarte des Au Pairs. Folglich ist es nicht hilfreich, eine Bewerbung möglichst schnell auszufüllen und Details zu vernachlässigen. Auch sollten die Referenzen so aktuell wie möglich sein – welches Elternteil möchte schon eine Kinderbetreuungsreferenz lesen, die vor fast einem Jahr ausgestellt wurde? Der Plan mancher Au Pair-Bewerber, die Unterlagen möglichst früh auszufüllen und sich dann in den nächsten Monaten ausschließlich auf die Schule oder Ausbildung zu konzentrieren, bevor man das Interviewgespräch absolviert, ist also nicht unbedingt hilfreich. Hier ist Multitasking gefragt!

Da viele Gastfamilien über mehrere Jahre hinweg Au Pairs beschäftigen, beginnt die überwiegende Mehrheit der Familien auch erst sechs bis zwei Monate vor Programmstart mit

Das richtige Kennenlernen von Au Pair und Gastfamilie findet immer erst vor Ort statt

der Suche nach einem neuen Au Pair. Der Umgang mit Zeit ist in den USA kulturell bedingt anders, und so ist es nicht immer möglich, ein Au Pair-Jahr bis ins Detail bereits Monate im Voraus zu planen. Dabei soll ausdrücklich erwähnt werden, dass ein frühzeitig geschlossenes *Match* zwischen Au Pair und Gastfamilie nicht zwangsläufig erfolgreicher ist. Auch wenn beide Seiten über Wochen hinweg in Kontakt stehen, Bilder und Informationen austauschen – das richtige Kennenlernen findet immer erst statt, wenn das Au Pair mit der Gastfamilie lebt!

Um als Au Pair für Gastfamilien interessant zu sein, sollte ein Bewerber also nicht nur viel Erfahrung im Umgang mit Kindern haben und die Unterlagen ordentlich ausfüllen, sondern auch flexibel und offen sein. Flexibilität bezieht sich dabei u.a. auf den Wohnort der Familien in den USA. Nicht immer muss es New York, Florida oder Kalifornien sein. Das Leben in den USA wird sich so oder so anders gestalten als die Eindrücke, die man während eines Urlaubsaufenthaltes gewonnen hat oder meint, aus dem Fernsehen zu kennen. Wie bereits erwähnt leben, die meisten amerikanischen Gastfami-

Möglichst keine kleinen Kinder und am liebsten nur eins?

lien im Au Pair-Programm in der Nähe einer größeren Stadt. Und es befinden sich immer auch andere Au Pairs sowie der Betreuer in der Umgebung – also braucht kein Au Pair Angst davor zu haben, ohne Anschluss in Amerika zu sein.

Flexibilität bezieht sich bei Au Pairs aber auch auf die Familienkonstellation und das Alter sowie die Anzahl der Kinder! Müssen es immer zwei Gasteltern sein? Gibt es in Texas tatsächlich nur Cowboys, die Fastfood lieben und extrem konservativ sind? Warum liest man in Au Pair-Foren so viel darüber, dass es besser sei, ältere Kinder zu betreuen? Haustiere bedeuten nicht automatisch mehr Arbeit, vielleicht aber einen Kumpel zum Kuscheln oder eine Joggingbegleitung. Oft haben Au Pair-Bewerber eine Art amerikanische „Bilderbuchfamilie“ im Kopf, die es in der Realität nicht immer gibt. Jede Familie wird ihre Vorzüge, ihre Herausforderungen und Überraschungen parat haben – ganz genau wie das Au Pair auch! Von daher ist es immer wichtig, möglichst unvoreingenommen an die Gastfamiliensuche heranzugehen und sich seines eigenen „Schubladen-Denkens“ bewusst zu sein!

Von besonderer Bedeutung ist auch die Einstellung des Au Pair-Kandidaten vor dem ersten Telefonat oder einer Videokonferenz (z.B. via Skype) mit einer Gastfamilie. In der Regel erhalten Au Pairs über ihre Onlinebewerbung oder durch eine Nachricht der Agentur erste Informationen über die interessierte Gastfamilie. Dazu gehören meist Name, Wohnort und Email-Adresse der Familie. Des Weiteren erhalten die Bewerber Kurzinformationen über die Anzahl, das Alter und das Geschlecht der Kinder, Hinweise zu besonderen Betreuungsaufgaben und meist auch Fotos sowie einen allgemeinen Brief der Gastfamilie (also das Gegenstück zum Brief des Au Pairs in der Bewerbung).

Es passiert recht häufig, dass besonders die Bilder der Familie oder die Anzahl der Kinder nicht so recht zu den Vorstellungen des Au Pairs passen. Viele Bewerber erwarten so etwas wie die „Liebe auf den ersten Blick", nur abgewandelt auf die Gastfamilie. Auch wenn die besagten Schmetterlinge im Bauch nicht zu fühlen sind, sollte das Au Pair doch unbedingt positiv reagieren. Dies bedeutet zuallererst, Eigeninitiative zu zeigen und der Gastfamilie einen kurze Nachricht zu senden, die den Wunsch ausdrückt, ins Gespräch zu kommen. Hier ein Beispiel, bei dem das Au Pair auch gleich einen Termin vorschlägt:

Dear family Miller,
Thank you for your interest in my application! I would love to learn more about you and your children. It would be great if we can chat via Skype – I have a test tomorrow, so a call on Friday or on the weekend would be perfect for me.
I look very much forward to your reply!
Greetings from Hamburg to Chicago,
Lena

Viele Bewerber verhalten sich zu passiv und warten ab, bis die Gastfamilie den nächsten Schritt tut. Sehr oft bemessen aber amerikanische Familien die Motivation eines Au Pairs danach, wie aktiv sich der Bewerber zeigt! Also gilt es für das zukünftige Au Pair, Emotionen und Begeisterung zu zeigen und Initiative zu ergreifen.

Man sollte grundsätzlich mit jeder interessierten Gastfamilie sprechen, auch wenn die ersten Informationen nicht überzeugend sind. Nicht alle sind fotogen, manche tun sich mit Gesprächen leichter als mit geschriebenen Worten, und der erste Eindruck kann auch täuschen. Des Weiteren können sich hinter mancher Erstinformation auch ganz andere Tatsachen verbergen. Hier ein Beispiel: Ein Au Pair erfährt über die Gastfamilie zunächst nur, das diese vier Kinder im Alter von zwei bis 15 Jahren hat. Was für eine Herausforderung, denkt sich da wohl jeder! Was dieser Information allerdings nicht zu entnehmen ist, ist folgende Konstellation: Es handelt sich um eine Patchworkfamilie, bei der beide Elternteile Kinder mit in die Beziehung gebracht haben, die eventuell auch gar nicht durchgehend zu Hause leben. Hauptaufgabe des Au Pairs wäre die Betreuung der beiden jüngsten, gemeinsamen Kinder. Wäre es nicht schade, den Kontakt mit so einer Familie von vorne herein auszuschlagen?

Übung macht den Meister

Dies gilt auch für das Gespräch mit Gastfamilien. Entscheidet man sich dann gegen eine Familie, fühlt man sich beim nächsten Gespräch sicherer und auch das Englisch geht bestimmt leichter über die Lippen!

6.6 Kontaktaufnahme mit Gastfamilien

Hat sich ein Au Pair erst einmal mit einer Gastfamilie auf einen Gesprächstermin geeinigt, ist es wichtig, diesen vorzubereiten.

Egal, wann der Termin stattfinden wird – ob passend für die eigene Zeitzone oder an die der USA angepasst –, das Adrenalin wird jedem Bewerber helfen, fit und aufmerksam

Auch die Kinder sind beim ersten Gespräch oft mit von der Partie

zu sein! Diese Spannung und Nervosität vor dem Gespräch ist ganz normal und auch wichtig, denn nur so gelingt es dem Au Pair, mit allen Sinnen dabei zu sein. Übrigens sind keineswegs nur die Au Pair-Bewerber unsicher und angespannt, auch Gastfamilien kribbelt der Magen vor solchen Situationen. Und: Keine Angst vor dem Englisch haben, wichtige Vokabeln notieren und einfach höflich argumentieren. Ein *please* und *thank you* zuviel schadet nicht, freut aber den Gesprächspartner!

Als Vorbereitung sollten Handy oder Laptop vollständig geladen und das Ladekabel als Absicherung griffbereit sein. Da es sich um ein Bewerbungsgespräch handelt, muss bei einem Videoanruf das Erscheinungsbild wie auch die Umgebung passend sein. Es wird kein förmliches Outfit erwartet, allerdings sollte man sich auch nicht im Jogginganzug präsentieren. Ein privater, ruhiger Raum ist angemessen, ein öffentliches Cafe hingegen nicht. Es lohnt sich immer, vorab den Bildschirmausschnitt zu kontrollieren, den die Gastfamilie zu sehen bekommen wird. Gibt es etwas, das nicht ins Bild passt? Während des Gesprächs sollte man aufrecht sitzen und gera-

Das neue/zukünftige Au Pair fest im Blick

de auf den Bildschirm schauen können, denn die Körperhaltung sagt viel über die Verfassung eines Menschen aus!

Ich rate Bewerbern zudem immer, beim ersten Kontakt mit einer Gastfamilie alleine zu sein und Familie sowie Freunde aus dem Raum zu verbannen. Dies hat vor allem zwei Gründe: Das Au Pair muss sich voll und ganz auf das Gespräch konzentrieren können. Andere Personen im Raum – auch wenn es nur die Mutter oder ein Freund zur seelischen Unterstützung sind – lenken ab. Zum zweiten wird das Au Pair in den USA der Gastfamilie auch alleine gegenübertreten müssen. Wie fühlen sich wohl Gasteltern, die ihre Kinder einer jungen Frau oder einem jungen Mann anvertrauen, die oder der beim Bewerbungsgespräch vom gesamten Familienclan unterstützt wird? Ist diese Person wirklich reif und erwachsen genug, um das Projekt Au Pair zu bestehen? Auf wen sollen sich die Gasteltern beim Gespräch konzentrieren? Die Betonung liegt hierbei auf dem ersten Kontakt zwischen Au Pair und Gastfamilie. Bei darauffolgenden Konversationen und je näher dann Au Pair und Gastfamilie einer Übereinkunft kommen, macht es durchaus Sinn, die eigene Familie und evtl. auch einen engen Freund oder eine Freundin in die Gespräche mit einzubeziehen!

Wenn die Umgebung stimmt, sollte sich das Au Pair eine Kopie der eigenen Bewerbung zurechtlegen, die Informationen über die Gastfamilie nochmals durchlesen sowie ein Glas

Wasser bereitstellen. Zuletzt braucht jedes Au Pair Papier und Stift, um sich während des Gesprächs Notizen machen zu können! Und dann – egal ob am Telefon oder mit Bildübertragung – Lächeln nicht vergessen! Schultern nach hinten, Kopf hoch, durchatmen und los geht es: Endlich wird die Gastfamilie lebendig und bekommt eine Stimme!

6.6.1 Fragenkatalog und Beispielsituationen

Die Gastfamilie leitet in der Regel das Gespräch ein und stellt sich vor. Manchmal ist die gesamte Familie anwesend, manchmal auch nur ein Elternteil oder beide. Da es im Englischen keine Sie-Form gibt, ist es völlig in Ordnung, die Gasteltern direkt beim Vornamen zu nennen.

Wie in der amerikanischen Kultur üblich, wird es zu Beginn Smalltalk geben, bei dem man sich z.B. nach dem Wetter erkundigt oder fragt, wie es dem Gesprächspartner so geht. ACHTUNG: Die Floskel „*How are you?*“ sollte in der Regel mit „*I am fine, thank you! … and how are you?*“ beantwortet werden und nicht in einer ausführlichen Darstellung der eigenen Gefühlswelt enden! Natürlich ist es für das Au Pair völlig in Ordnung anzumerken, wie nervös und aufgeregt man ist und dass man hofft, die richtigen Worte auf Englisch zu finden: „*Let me tell you, I am very nervous and so excited speaking to you! Please excuse me, if I have to look for the right word in English or need a translation pause!*” Die Gastfamilie wird dies immer verstehen, es lockert die Situation auf und man fühlt sich gleich ein Stückchen näher.

Als nächstes gibt die Gastfamilie meist einen Überblick über die einzelnen Mitglieder, das Familienleben, Aufgaben des Au Pairs, Hobbies und Besonderheiten. Dabei ist es wichtig, dass das Au Pair so viel wie möglich versteht und selbst am Gespräch teilnimmt. Dies bedeutet neben aktivem Zuhören (also Blickkontakt halten, nicken, lächeln) auch, dass ein Au Pair den Gesprächspartner unterbrechen darf oder nachhakt bzw. Informationen zusammenfasst:

- *I am sorry, I missed part of your last information …*
- *Can you please repeat your last sentence?*
- *Did I understand correctly that …?*
- *Please, provide me with more information on …*

Des Weiteren soll die Gastfamilie ruhig sehen, dass sich das Au Pair Notizen macht, dies spricht für das Interesse und die Aufmerksamkeit des Bewerbers:

- *Just a second please, I want to write this down so that I have all the important information at hand!*
- *May I write this down, please …*

Die folgenden Aspekte sollten immer besprochen werden. Da das Gespräch in der Regel ausschließlich auf Englisch stattfindet, werden die folgenden Fragen auch in englischer Sprache aufgelistet:

Family

- *Family members, ages, and names?*
- *Where does the family live? How do they live?*
- *Do both parents work or does one parent stay at home or works from home?*
- *Full-time or part-time?*
- *What do/es the host parent/s work? Does this include business travel or working shifts?*

Children and childcare

- *Do the kids visit a kindergarten, school, stay at home, etc.?*
- *What hobbies, activities, and sports?*
- *Any special needs, for example allergies, learning disabilities, etc.?*

- *Personality and characteristic of each child? Special toys, skills, etc.*
- *The Au Pair´s responsibilities for each child?*
- *What do the host parents focus on raising their children? How do they want them to learn? Long-term goals? Disciplining? Any responsibilities the kids have?*

Erfrage frühzeitig, welche Besonderheiten du über deine Gastfamilie wissen musst

Family life

- *My schedule? What does a typical day or week look like? On and off-duty hours? Do I work on weekends or evenings?*
- *What needs does the family have? What do they expect of their Au Pair?*
- *Specifics, like religious beliefs, medical issues, etc.*
- *Family activities and hobbies? What does a typical weekend look like? Friends, relatives and social life?*
- *Family rules, curfews, dos and don'ts?*
- *What about the community/neighborhood the family lives in? Public transportation available?*

Driving

- *Is driving the kid/s part of my duties?*
- *Where do I have to drive to, how often, which roads?*
- *What car am I expected to drive? Manual gear or automatic?*
- *May I use the car in my free time? If not, how do I get around, to classes/school/friends, etc?*

Education

- *What possibilities to study do I have? University, college, adult education center, etc.?*
- *Where/how can I inform myself?*

Household

- *What household duties do I have?*
- *What food does the family like? Do I cook? Only for the kid/s and me or for the whole family? Dietary restrictions?*
- *My room?*
- *Any pets? Am I responsible for the pets?*

Special issues

- *Why are you interested in an Au Pair with a special training in childcare? Why did you choose the Educare program?*
- *What was it you liked about my application? Why did you decide to contact me?*
- *Do you currently have an Au Pair/family companion? Are you happy with him/her? May I speak to him/her?*

Next steps

- *When do you need me?*
- *How do we proceed? What about additional questions that might arise? Time for consideration?*
- *When will we speak again?*
- *Skype name, telephone number, Email, etc?*

Natürlich wird auch die Familie noch wichtige Fragen stellen, mehr Informationen zu manchen Punkten einholen oder auch das Au Pair mit einer Beispielsituation oder typischen Aufgaben konfrontieren:

Tara, our three year old daughter, is usually very moody and teary when she wakes up from her nap around 2pm. You will have to leave soon after to pick up our older son Patrick from kindergarten. Any idea how you might deal with that situation? Did you experience something similar when interning in the day nursery or while babysitting for the Huber family?

Überrascht einen Bewerber die eine oder andere Frage, dann gilt es Ruhe zu bewahren und sich Zeit zum Nachdenken zu nehmen. Damit kein peinliches Schweigen entsteht, sollte das Au Pair die Gesprächspartner immer wissen lassen, was es im Moment macht. Dies kann z.B. wie folgt erklärt werden:

- *Good question! Allow me time to consider, please!*
- *I am looking for the right words. Just a moment, please ….*
- *Let me think …*

6.6.2 Zwischen den Zeilen

Eine Nachricht hat generell immer mehrere Bedeutungen und wird auf verschiedenen Ebenen an den Zuhörer weitergeleitet. Es gibt zunächst die reine Information, die vermittelt wird, z.B. die Aussage, dass ein Au Pair in der Gastfamilie zwei Kinder zu betreuen hat. Eine weitere Bedeutung ergibt sich aus der Art und Weise, wie etwas gesagt wird, also in welcher Stimmlage, Lautstärke oder mit welchem Tempo die Informationen gegeben werden. Wird ein Elternteil dem Au Pair beim Erstgespräch z.B. zuflüstern, dass die Aufgabe die Kinderbetreuung ist, dann aber in lautem Ton von der Fußballleidenschaft der beiden Kinder erzählen, dann wird genau dieser lauter gesprochene Teil dem Au Pair verstärkt in Erinnerung bleiben.

Mit die wichtigste Ebene der Kommunikation ist die Information, die übermittelt wird, ohne dass man sie wirklich ausspricht. Es geht also darum, zwischen den Zeilen zu lesen, das Unausgesprochene zu erfassen und dessen Bedeutung zu interpretieren. Dies gilt besonders für eine Extremsituation, wie sie das Gastfamiliengespräch darstellt! Denn wer kom-

Ganz genau hinhören: Was für Kinder erwarten das Au Pair in der Gastfamilie?

muniziert sonst schon mit unbekannten Personen, mit denen man zusammenzuleben möchte und deren Kinder man betreuen will? Das Ganze dann auch noch in einer anderen Kultur und fremden Sprache!

Wem die Einleitung zu diesem Abschnitt zu theoretisch erschien, den kann ich beruhigen: Jeder von uns kommuniziert und interpretiert ganz automatisch auf mehreren Ebenen – egal ob in seiner Mutter- oder in einer Fremdsprache. Beim Erstgespräch mit einer Gastfamilie geht es vor allem darum, in seinem Kopf Bilder entstehen zu lassen. Wie wird das Zusammenleben mit der Familie sein? Wie sind die Kinder: ruhig oder energiegeladen, aktiv oder eher künstlerisch interessiert? Wie geben sich die Gasteltern: offen, herzlich oder wirken sie abgeklärt und kühl? Kann ich mir eine Vorstellung vom Alltag der Familie machen? Sehe ich mich im Leben der Familie? Funktioniert die Kommunikation zwischen zwei Personen, dann entstehen diese Bilder ganz automatisch, da man sich in die Position des jeweils anderen hineinversetzt. Umgangssprachlich bezeichnet „auf der selben Wellenlänge“

sein eben das: Man versteht sich, und genau dies sollte auch bei Au Pair und Gastfamilie so sein!

Als nächstes sollte ein Au Pair genau beachten, worauf die Gasteltern bei ihren Erläuterungen und Informationen den Fokus legen. Welche Fragen stellen sie dem Au Pair und welche Erfahrungen des Bewerbers sind für die Familie besonders wichtig? Wiederholen Gasteltern z.B. mehrmals, dass die Kinder sich gesund ernähren und jeden Schultag mit einem vollwertigen Lunchpaket versorgt werden müssen sowie frisches Obst und Nüsse als Snack erhalten, dann kann das Au Pair davon ausgehen, dass die Zubereitung der Mahlzeiten eine große Bedeutung für die Familie hat und auch den Alltag des Au Pairs beeinflussen wird. Welche Ängste oder Erfahrungen werden wohl Gasteltern gemacht haben, die erklären, dass ihr neues Au Pair erst nach mehreren Fahrstunden und begleiteten Probefahrten alleine hinter das Steuer darf? Oder wohnt die Familie in einer Stadt mit großem Verkehrsaufkommen und das Au Pair fährt täglich lange Strecken zur Schule der Kinder? Hier gilt es immer nachzufragen und sich von der Gastfamilie Erklärungen einzuholen. Diese zusätzlichen Informationen müssen nicht immer sofort im ersten Gespräch beschafft werden. Anhand der Notizen des Au Pairs lässt sich ein Gespräch besser Revue passieren und man sollte der Familie und Freunden durchaus davon berichten!

Generell wird sich natürlich keine Familie negativ darstellen, und man spricht ja auch nur ungern über die eigenen Schwächen.

Deutliche Worte

Viele Gastfamilien kommunizieren ihre Anforderungen recht deutlich, wozu ihnen auch die amerikanischen Organisationen raten. Ein klar umrissenes Aufgabenfeld sowie die Erwartungen der Familie an das Au Pair sind für den Bewerber sehr hilfreich und wichtig. Argumentiert eine Gastfamilie unentschlossen, weicht Fragen aus oder vertröstet den Bewerber darauf, dies vor Ort in den USA zu klären, dann sollten Bewerber eher vorsichtig werden.

6.7 Vergleich von Gastfamilienangeboten

Jeder Bewerber wünscht sich Angebote von mehreren Gastfamilien und die Möglichkeit, auswählen zu können. Doch wie entscheidet man sich richtig? Was ist höher zu bewerten, eine Familie mit großem Haus und Pool oder ein Ferienhaus am Meer? Wie kann man Familien vergleichen? Was sich theoretisch so einfach anhört, stellt sich in der Praxis für viele Au Pairs als recht schwierig dar.

Eine Entscheidung sollte das Au Pair einerseits recht strategisch und geplant angehen, andererseits muss der Bewerber auch auf das eigene Bauchgefühl vertrauen. Zuerst zu den Fakten: Anhand der Gesprächsnotizen und Informationen aus möglichst mehreren Gesprächen mit einer Familie sollte das Au Pair wissen, wer zur Gastfamilie gehört, was die Aufgaben und Verantwortungsbereiche sind und wie die Gastfamilie lebt. Im Austausch mit Eltern sowie anderen einem nahestehenden Personen sollten sich eventuelle Unklarheiten herauskristallisieren.

Perfekte Gastfamilie?

Es gibt weder das perfekte Match noch die perfekte Gastfamilie oder das perfekte Au Pair. Aber es gibt die Möglichkeit, der eigenen Vorstellung von „perfekt" im Hinblick auf die Gastfamilie ziemlich nahe zu kommen.

Welche Aufgaben bringt das Alter der Kinder mit sich? Bei kleineren Kindern, die überwiegend zu Hause betreut werden, kann das Au Pair wahrscheinlich relativ frei über den Tag entscheiden. Ältere Kinder sind hingegen an Schulzeiten, Hobbies und Sportstunden gebunden. Zudem kann es sein, dass ein Au Pair viel Zeit im Auto verbringt, um die Kinder zu fahren. Wollen kleinere Kinder eher intensiv spielen und „bespaßt" werden, muss man sich bei älteren Kindern auf Aufgaben als Motivator, Hausaufgabenhilfe und Problemlöser gefasst machen.

Au Pair in Hollywood oder doch lieber woanders?

Freizeit als Au Pair: Dieser Aspekt hängt vom Wohnort der Familie, der täglichen Routine mit den Kindern sowie den Arbeitszeiten der Eltern ab. Gleiches gilt für den Besuch eines Colleges oder von Weiterbildungskursen. Hat ein Au Pair eher vormittags Freizeit oder ist es auf Abend- und Wochenendkurse angewiesen? Steht ein Auto zur Verfügung oder gibt es öffentliche Verkehrsmittel?

Wie viele Au Pairs hatte eine Familie bereits? Wenn man das erste Au Pair ist, wird man eher selten mit anderen verglichen werden. Was erzählt die Familie über das ehemalige Au Pair? Wie viel Mühe hat sich eine Gastfamilie im Verlauf der Gespräche gegeben und wie viel Energie in die Erstellung der Bewerbung gesteckt? Wurden alle Fragen des Au Pairs beantwortet oder bestehen noch Unklarheiten?

Jedes Au Pair sollte sich pro Gastfamilie eine Liste erstellen, die alle Bedingungen für das Leben mit dieser Familie aufzeigt. Diese Liste kann jeder Bewerber für sich selbst bewerten und dann abschließend entscheiden, welchen Punkten er oder sie mehr oder weniger Bedeutung zumisst.

Bist du für den kleinen Wonneproppen bereit?

Soviel zu den greifbaren Fakten. Nun aber kommt der Bauch ins Spiel. Wie schon im vorangegangenen Abschnitt erwähnt, werden durch den Kontakt mit einer Gastfamilie Bilder im Kopf des Au Pairs entstehen. Zu diesen Bildern gesellt sich auch ein Bauchgefühl, also dieses nicht immer greifbare Gefühl, das uns eine eher positive oder negative Tendenz vorgibt. Egal ob beim Au Pair Begeisterung oder Unsicherheit bezüglich einer Familie auftreten, man sollte so weit wie möglich versuchen, das Gefühl mit Informationen zu untermauern. Dazu gehört auch in manchen Fällen die Ehrlichkeit, eine Gastfamilie mit dem Gefühl zu konfrontieren und eine Antwort abzuwarten. Ein Beispiel:

You know, Bethany; I really like everything I heard about your kids, but I am afraid that I will spend most of my time driving them to all their activities. Will I have time to play and have fun with them? How can we establish a relationship?

Es geht darum, mit Gastfamilien offen und ehrlich zu kommunizieren, schließlich wird man zusammen leben. Nicht immer wird man das letzte bisschen Unsicherheit ausschalten können – dies gilt sowohl für die Gastfamilien wie auch für die Au Pairs. Wichtig ist es aber, mit einem positiven Gefühl und mit Vorfreude in die USA zu reisen! Angst blockiert, wogegen Unsicherheit und Anspannung die Sinne und das Bewusstsein für die eigene Person schärfen und so die Kennenlernphase in Amerika unterstützen!

6.8 Zusage oder Absage

Ist die Entscheidung endlich gefallen, muss dies der Familie nur noch mitgeteilt werden. Ganz einfach bei einer Zusage, wie aber handeln, wenn die Entscheidung gegen eine Gastfamilie gefallen ist?

Eine Absage zu übermitteln, kostet meist Überwindung, aber nicht selten reagiert auch die Gastfamilie erleichtert, da die Chemie tatsächlich nicht gestimmt hat. Egal ob in Schriftform oder mündlich, man sollte immer höflich und respektvoll bleiben. Beleidigungen oder Verletzungen sind unangebracht. Wer möchte schon hören, dass einen die Bilder der Gastfamilie abgeschreckt haben, die Kinder zu wild und ungestüm erscheinen oder das Au Pair sich schlichtweg nicht mit den Arbeitszeiten der Gasteltern anfreunden kann? Auch wenn die Familie nicht zu einem passt, vielleicht entscheidet ein anderes Au Pair genau umgekehrt! Hier ein Vorschlag, wie man Familien die Nachricht übermitteln kann:

- *Thank you for your offer to become your Au Pair! Unfortunately, I believe that I am not the right person for your family, so I would like you to keep looking for another candidate …*
- *I appreciate all the information you provided me with and your open communication. But I have to tell you that I think another person will be a better fit for you! I wish you all the best, looking for an Au Pair that fits your needs and expectations better than I do!*

Zu- und Absagen

Die Entscheidung muss mitgeteilt werden, egal, wie sie ausgefallen ist. Melden sich Au Pair oder Gastfamilie nicht mehr zurück oder halten sich nicht an Abmachungen, dann wird immer einer verletzt, verärgert oder enttäuscht sein! Für Au Pairs bedeutet dies, dass sie es ihrer Au Pair-Agentur unbedingt weiterleiten sollten, wenn eine Gastfamilie sich nicht fair gegenüber dem Bewerber verhält.

Im Falle einer Absage sollte die Bewerbung automatisch weiter zirkulieren und für andere Gastfamilien zur Ansicht freigegeben sein. Wer auf Nummer sicher gehen möchte, kann seiner Au Pair-Organisation aber auch die Absage mitteilen und nachfragen, wie sich die weitere Gastfamiliensuche nun gestaltet.

Hat ein Au Pair das Gefühl, im Platzierungsverfahren nicht wirklich voranzukommen, dann ist es extrem wichtig, sich mit der Au Pair-Agentur in Verbindung zu setzen. Welche Möglichkeiten haben die Mitarbeiter, eine Bewerbung zu unterstützen? Müssen eventuell Fotos ausgetauscht oder Informationen aktualisiert werden, kann das Au Pair noch zusätzliche Betreuungsstunden sammeln, um die Chancen zu verbessern?

Bewerbung pushen

Es gibt eine ganze Reihe von Möglichkeiten, die aktiv von den Mitarbeitern des Au Pair-Programms unterstützt werden sollten! Passiert dies nicht, oder verliert man das Vertrauen in ein Programm, dann lohnt sich auch die Überlegung, den Programmanbieter zu wechseln und eine neue Bewerbung aufzusetzen.

Was aber, wenn man die passende Familie gefunden hat? Dann heißt es, raus mit den Emotionen und der Gastfamilie die positive Nachricht verkünden! Hier sollte man die deutsche Bescheidenheit ignorieren und auch der Erleichterung und Freude Platz machen. Warum der Familie immer nur die Antwort über Telefon oder Skype verkünden? Manche Au Pairs malen Plakate, die sie in die Kamera halten, drehen ein kurzes Handyvideo oder schicken der Familie eine animierte Nachricht! *Show your feelings*, sei kreativ und glücklich, dass der Traum vom Au Pair-Jahr nur noch ganz wenige Schritte entfernt ist!

7 | Reisevorbereitungen

Haben sich Au Pair und Gastfamilie gefunden, werden in der Regel die Kosten für das Programm fällig. Kein Au Pair sollte einer Agentur vorab Zahlungen leisten, die im Falle einer erfolglosen Gastfamiliensuche nicht zurückerstattet werden! Weiterhin sollte sich die Au Pair-Agentur nun um die nächsten Schritte kümmern, zu denen u.a. die Flugbuchung, die Vorbereitung des Au Pairs, aber auch die Anmeldung für die Einführungsveranstaltung in den USA sowie die Visumsbeantragung gehören.

7.1 Visumsbeantragung

Den Visumsprozess initiieren die amerikanischen Programmsponsoren, indem sie das DS 2019-Formular in den USA beantragen. Ohne dieses Formular kann kein J1-Visum ausgestellt werden. Wichtig ist dabei, dass die amerikanische Organisation für das Au Pair bürgt, und so steht auf dem Formular immer die Adresse des Programmsponsors und nie die der Gastfamilie. Dies bedeutet, dass das Visum zwar an die Teilnahme am Au Pair-Programm gebunden ist, nicht aber an eine bestimmte Gastfamilie, da sonst ein Wechsel der Familie nicht möglich wäre.

Des Weiteren ist das DS 2019-Formular fälschungssicher, durch einen Barcode geschützt und kann nicht auf andere Personen übertragen werden. Jedes Formular muss außerdem im „Student and Exchange Visitor Information System" (SEVIS) des U.S. Department of State registriert werden. Die Gebühr für die Registrierung übernehmen meist die Programmanbieter.

Sobald das DS 2019-Formular und die SEVIS-Quittung im Original aus den USA an das Au Pair zugestellt wurden, kann die eigentliche Visabeantragung beginnen. Dieser Prozess nimmt etwas Zeit in Anspruch, stellt aber kein Problem dar, solange man bereit ist, die Hinweise und Vorgaben genau durchzulesen und zu beachten. Grundsätzlich sollte die Au Pair-Agentur immer mit Rat und Tat zur Seite stehen und nach Möglichkeit auch eine Bearbeitungsanleitung oder Kurzinformation zur Verfügung stellen. Visaunterlagen sollten zudem immer zeitnah bearbeitet werden und nicht Wochen in dunklen Schreibtischschubladen herumliegen.

Visum beantragen

- DS 2019-Formular auf Richtigkeit überprüfen! Achtung: Es dürfen keine Veränderungen vorgenommen werden. Bei Fehlern sofort die Au Pair-Agentur kontaktieren! Dann das Formular ergänzen (Adresse und Ausreisedatum eintragen) sowie unterschreiben.
- Informationen über die nächstgelegene US Botschaft einholen, z.B. via *https://de.usembassy.gov/de* bzw. *https://at.usembassy.gov* für Österreich oder *https://bern.usembassy.gov* für die Schweiz. Die Visainformationen genau lesen und beachten!
- Antragsverfahren online starten und die Vorlage DS 160, also den Antrag für ein Nichteinwanderungsvisa, ausfüllen. ACHTUNG: Das Formular ist recht umfangreich und die Bearbeitung dauert relativ lange! Alle Angaben müssen in Englisch gemacht werden, und es dürfen keine Umlaute und Sonderzeichen verwendet werden.
- Foto hochladen, dieses muss den genauen Vorgaben der Botschaft entsprechen!
- Bestätigung ausdrucken
- Überweisung der Botschaftsgebühr: Diese Kosten übernimmt das Au Pair selbst. Die Botschaftsgebühr ist meist nur online oder über eine Kreditkarte zu überweisen. Die Kosten sind pro Land unterschiedlich und betragen in Deutschland aktuell ca. 120 bis 160 Euro.
- Botschaftstermin zur persönlichen Vorsprache online vereinbaren. Grundsätzlich müssen alle Antragssteller persönlich beim amerikanischen Konsulat vorsprechen, um das Visum ausgestellt zu bekommen!

Zum persönlichen Termin in der Botschaft sollte das Au Pair immer pünktlich erscheinen. Vor Einlass müssen sich alle Antragssteller einem Sicherheitscheck unterziehen, deshalb dürfen keine elektronischen Geräte wie Mobiltelefone, Laptops und Ähnliches mit in das Gebäude genommen werden. Ebenso verboten sind große Taschen, flüssige Kosmetika, Regenschirme etc. Diese Gegenstände werden während des Termins von der Botschaft nicht aufbewahrt, sondern konfisziert! Es lohnt sich, ein gutes Buch oder den Au Pair-Ratgeber als sinnvollen Zeitvertreib mitzunehmen!

In der Botschaft prüft ein Mitarbeiter alle Unterlagen, stellt die eine oder andere Frage zum geplanten Aufenthalt in den USA (z.B. wo die Gastfamilie lebt, welche Aufgaben man als Au Pair hat) und erfasst biometrisch alle zehn Fingerabdrücke.

Folgende Unterlagen sollten zum Gespräch in der Botschaft mitgenommen werden:

- gültiger Reisepass
- DS 2019-Formular
- DS 160-Bestätigung
- Terminbestätigung
- Zahlungsbestätigung über die Botschaftsgebühr
- ein weiteres Passfoto (farbig, Papierausdruck, nicht in elektronischer Form)
- Bestätigung der Au Pair-Platzierung (wird von der Agentur ausgestellt) sowie Münzgeld für neues Foto, falls nötig!

Nach dem Interview verschickt die Botschaft den Reisepass inklusive eingeklebtem Visum per Post. Das Visum enthält persönliche Angaben über das Au Pair, wie z.B. Name, Geburtsdatum und Reisepassnummer. Ebenso ist ein Ausstellungsdatum (*issue date*) und Ablaufdatum (*expiry date*) aufgedruckt.

ACHTUNG: Das Ablaufdatum verweist auf den letztmöglichen Termin, an dem ein Au Pair erstmalig mit dem Visum in die USA einreisen darf. Dieses Datum sagt nichts darüber aus, wie lange sich das Au Pair insgesamt in den USA aufhalten darf.

7.2 Gepäck und Einfuhrbestimmungen

Bei dem Gedanken, ein ganzes Jahr im Ausland zu leben, sehen sich viele Au Pairs schon dabei, alle in der Familie verfügbaren Koffer und Reisetaschen zu packen. Doch weit gefehlt! Nur weil Au Pairs mehrere Monate in den USA verbringen, stehen ihnen leider keine besonderen Rechte hinsichtlich der Gepäckmitnahme zu!

Da alle Au Pair-Anbieter mit regulären Linienflügen in die USA reisen, beschränkt sich die kostenfreie Gepäckmenge auf ein Gepäckstück mit maximal 20 bis 23 kg und ein Handgepäckstück von maximal 10 kg, wie z.B. ein kleiner Rucksack, eine Handtasche oder Laptoptasche. Spätestens jetzt ergreift vor allem weibliche Au Pairs die Panik! So wenig Stauraum? Schlichtweg unmöglich!

Es kommt sogar noch schlimmer: Die oben gemachten Angaben beziehen sich auf die internationalen Bestimmungen für die Gepäckmitnahme. Bei Weiterreise zur Gastfamilie und entsprechenden Flügen innerhalb der USA kann die Freigepäckgrenze sogar noch darunter liegen. Deshalb sollte jedes Au Pair versuchen, nicht das Maximalgewicht von 23 kg zu erreichen. Ebenso sind die Außenmaße der Gepäckstücke reguliert, dies gilt insbesondere für das Handgepäck!

Gepäck

Aufgegebene Gepäckstücke dürfen bei Reisen in die USA nicht abgeschlossen werden! Im Falle einer Überprüfung durch den Zoll bzw. die *Transportation Security Administration* (TSA) darf das Gepäckstück aufgebrochen werden, ohne dass ein Anspruch auf Schadensersatz entsteht. Es lohnt sich daher, in ein abschließbares Kofferband oder ein Gepäckstück mit TSA-zertifiziertem Schloss zu investieren, welches über einen Generalschlüssel geöffnet werden kann und für die Reise in die USA zugelassen ist.

Alle Informationen über die Beförderungs- und Gepäckbestimmungen findet jedes Au Pair auf der Webseite der Fluggesellschaft, mit der er oder sie in die USA reist. Natürlich ist es möglich, ein weiteres Gepäckstück mit in die USA

Erster Stopp Flughafen:
Das Au Pair-Abenteuer beginnt

zu nehmen. Um Kosten zu sparen, sollte man dieses rechtzeitig vor dem Flug bei der Airline anmelden. Diese Kosten muss immer das Au Pair übernehmen, gleiches gilt für die Mitnahme von Sperr- oder Sondergepäck (wie z.B. eine Golfausrüstung oder große Musikinstrumente). Was in einen Au Pair-Koffer gehört und was eher nicht, wird im nächsten Abschnitt erläutert. Allerdings sei hier schon erwähnt, dass zusätzliches und vorher angemeldetes Gepäck immer noch günstiger ist als die Kosten für Übergepäck!

Gewisse Güter und Gegenstände sind von der Mitnahme in die USA ausgenommen. Diese Bestimmungen kann man aktuell auf den Seiten der amerikanischen Zoll-und Grenzbehörde (*US Customs and Border Protection*) einsehen: www.cbp.gov.

Nicht in die USA eingeführt werden dürfen:

- frische Lebensmittel: Obst, Gemüse, Brot, Fleisch- und Wurstwaren, Fisch und Meeresfrüchte, Milch sowie Milchprodukte, Eier
- Pflanzen, darunter auch Schnittblumen und Samen bzw. Blumenzwiebel
- Überraschungseier und andere Süßigkeiten in Verbindung mit Spielzeug

Andere Waren unterliegen bestimmten Einfuhrmengen, darunter z.B.

- Alkohol
- Flüssigkeiten (sowohl im Handgepäck als auch im Koffer)
- Waffen und andere gefährliche Gegenstände
- Geldbeträge von über 10.000 US Dollar (egal ob in bar oder als Scheck)

Zollformulare für die Einreise in die USA, die bis dato an alle Passagiere im Flugzeug kurz vor der Landung ausgeteilt wurden, müssen ab Ende 2016 nicht mehr ausgefüllt werden!

7.3 Packliste und wichtige Unterlagen

Am besten nähert sich ein Au Pair dem Thema „packen", in dem es sich überlegt, was es alles nicht brauchen wird: Das Au Pair-Jahr wird kein Urlaubsaufenthalt, bei dem man sicherheitshalber das ein oder andere Kleidungsstück mehr oder gar eine große Reiseapotheke mitnimmt. Außerdem wird jedes Au Pair mit seiner Gastfamilie leben. Das heißt, dass die Familie dem Au Pair Bettwäsche und Handtücher zur Verfügung stellt – und nicht selten besitzen Familien bereits eine ganze Armee an Fönen, Glätteisen, Lockenstäben und Weckern. Und nicht vergessen: Die USA sind ein Einkaufsparadies! Ich kenne kein Au Pair, egal ob männlich oder weiblich, das nicht dem „Einkaufsfieber" verfallen wäre. Frei nach dem Motto „*there is always a sale somewhere*" kann und wird jedes Au Pair benötigte Sachen vor Ort kaufen. Das bedeutet also auch, keine komplett neue Garderobe mit in die USA zu bringen und Dinge eher wieder aus- anstatt einzupacken.

Was gehört ins Handgepäck?

- Reisedokumente: Reisepass (inklusive Visum und eingelegtem DS 2019-Formular), Flugticket, Adressdaten und Kontaktdetails der Gastfamilie, des US Programmsponsors sowie des Ortes, in dem der Einführungsworkshop stattfindet
- Versicherungsunterlagen, Internationaler Führerschein und EU-Führerschein, Personalausweis, Impfpass, evtl. Medikamente für den Eigenbedarf (z.B. Pille, Allergie- und Kopfschmerztabletten etc.)
- wichtige Dokumente wie z.B. Zeugnis (beglaubigte Kopie),Toefl-Test Zertifikat
- Bargeld für die ersten Tage in kleiner Stückelung (insbesondere 1,10 und 20 Dollar-Noten, ca. 150-200 US Dollar insgesamt)
- Kreditkarte, evtl. Reiseschecks
- Smartphone (Simlock vorher entfernen), Fotoapparat, Laptop, Tablet-PC etc. (alle Geräte vollständig geladen, Ladekabel)
- echter Schmuck und andere Wertgegenstände (z.B. Querflöte)
- (Sonnen-)Brille, Kontaktlinsen
- Ein Notfallpaket für die ersten Tage, falls der Koffer verloren gehen sollte: Darin sollten Zahnbürste und Zahnpasta, Kosmetik und Pflegeprodukte in kleinen Reisegrößen sowie Ersatz-T-Shirt, Unterwäsche, Socken, langärmelige Jacke oder Pullover, Halstuch oder Schal (aufgrund stark klimatisierter Räume in den USA!) enthalten sein

Im Flugzeug sollte man immer auf bequeme Kleidung achten. Sollte der Koffer auf der Reise verloren gehen, verspätet ankommen und/oder beschädigt werden, so entschädigt die Fluggesellschaft den Kunden finanziell. Trotzdem lohnt es sich, ein Notfallpaket für die ersten Tage ins Handgepäck zu packen!

Außerdem sollte jedes Au Pair alle wichtigen Dokumente und Reiseunterlagen vorher scannen und sich selbst sowie einer Vertrauensperson per Email zusenden. So geht man auf Nummer sicher, falls z.B. der Reisepass samt Visum in den USA abhandenkommen. Dann ist eine Kopie des Dokuments sehr hilfreich!

Was gehört in den Koffer?

- Alltagskleidung, angepasst an alle Jahreszeiten, bestehend aus Kleidungsstücken, die man gerne anzieht. Evtl. lohnt es sich, die dicke Winterjacke samt Stiefel in den USA zu kaufen oder per Paket nachsenden zu lassen!
- ein schickes Outfit
- einige ältere T-Shirts, die man am Ende des Jahres wegwerfen kann, schließlich arbeitet ein Au Pair mit Kindern!
- Badebekleidung, Regenschutz
- eher wenige Schuhe
- verschreibungspflichtige Medikamente in der Originalverpackung für die Dauer des Aufenthaltes. Bitte vom Arzt ein Attest auf Englisch ausstellen lassen und dieses mit Gummiband um die Arzneimittel befestigen.
- Gastgeschenke
- kleines Andenken an die Lieben zu Hause
- evtl. Adapter

Bei der Wahl des Gepäckstücks ist nicht nur darauf zu achten, dass dieses funktional ist, sondern auch zu bedenken, dass jedes Au Pair nach Ankunft in den USA und bei der Weiterreise selbst für sein Gepäck verantwortlich ist. Das bedeutet auch, dass ein Au Pair fähig sein muss, alle seine Gepäckstücke alleine zu tragen bzw. fortzubewegen. Auch dies spricht für ein gezieltes Aus- anstatt Einpacken!

Gummibärchen kommen als Gastgeschenk immer gut an

7.4 Gastgeschenke

Mitbringsel von zu Hause erfüllen für ein Au Pair im Wesentlichen zwei Funktionen: Erstens ist es höflich und aufmerksam, als Gast ein kleines Präsent zu überreichen. Viel wichtiger ist aber der zweite Punkt: Gastgeschenke dienen als „Eisbrecher“ für die Anfangskonversation mit der Gastfamilie. Sie geben dem Au Pair etwas, um sich quasi daran festzuhalten, z.B. wenn man das erste Mal im Haus der Gastfamilie aus seinem Zimmer kommt und einen mehrere Augenpaare gespannt beobachten!

Es ist gar nicht so leicht, etwas Passendes für eine einem noch recht fremde Familie zu finden. Und man sollte jedem Familienmitglied ein kleines Geschenk mitbringen, auch wenn der Platz im Gepäck limitiert ist!

Bei der Entscheidung für Gastgeschenke sollte immer die Idee im Mittelpunkt stehen und nicht etwa der Wert oder die Größe. Viele Au Pairs lassen sich dann zu einem späteren Zeitpunkt, wie z.B. zu Weihnachten, Geschenke für die Familie aus der Heimat nachsenden. Dies fällt dann oft leichter,

Zeige deiner Gastfamilie die tradionelle Küche deiner Heimat

da man ja schon einige Zeit in der Familie gelebt hat und diese mittlerweile kennt!

Es ist sinnvoll, nach Geschenken zu suchen, die typisch für die eigene Kultur und den Heimatort sind. Hier kann ich allen Au Pairs nur raten, sich über den eigenen Geschmack hinwegzusetzen und zu erfragen, welche Art Souvenirs amerikanische Touristen gerne kaufen. Dies führt dann oft dazu, dass man zum Einkaufen in genau die Läden geht, die man als Einheimischer eher meidet. Für mich als Münchnerin bedeutete dies ein Einkaufserlebnis mit jodelnden Plüschmurmeltieren, kitschigen Kühlschrankmagneten und Plastikbierkrügen, die Volksmusik spielen. Kitsch kommt durchaus an!

Hoch im Kurs stehen bei Au Pairs auch englischsprachige Bildbände oder Kochbücher mit regionalem Bezug. Hierzu sei Folgendes erwähnt: Wer ein Kochbuch mitbringt, muss sich darauf gefasst machen, dass die Familie oder man selbst das Buch in den USA testen muss. Dies kann durchaus überraschende Ergebnisse mit sich bringen, die nicht immer schmackhaft sind. Des Weiteren gibt es Familien, die in ihrem Bücherregal bereits mehrere Bildbände haben, die da heißen könnten: „Wunderschönes Wien“, „Traumstadt Prag“, „Die Schweizer Berge“ und „Barcelona bei Nacht“! Gerade Au Pairs, die schon einige Vorgänger haben, sollten sich gut überlegen, ob ein weiteres Buch Sinn macht. Nicht immer nutzen Gasteltern ihre Geschenke auch. Es passiert sogar recht häufig, dass diese nach dem Auspacken im Schrank verstauben, was das Au Pair nicht als persönliche Beleidigung oder Geringschätzung betrachten sollte!

Was immer gut ankommt, sind Süßigkeiten. Dabei sollte man auf gut verpackte Produkte wie Schokolade, Gummibärchen oder Plätzchen achten. Regionales Kunsthandwerk, ein Trikot der Fußballnationalmannschaft oder des lokalen Vereins (es muss nicht aus der aktuellen Saison sein!), T-Shirts, Kappen sowie Stofftiere oder aufblasbare Badetiere können eine gute Idee sein.

Selbstgemachte Mitbringsel wie Fotobücher, eine kleine Schultüte (in den USA unbekannt) oder ein Adventskalender finden ebenfalls großen Anklang. Nicht mit auf die Reise kommen Alkohol (Vorsicht bei Pralinen!), freizügige Fotos, offene Lebensmittel sowie Zigaretten oder sehr schwere oder sperrige Geschenke! Im Internet findet man bereits einige Webseiten für Gastgeschenke und oft gibt auch das ehemalige Au Pair nützliche Tipps!

Um bei Einreise in die USA keine Probleme mit dem Zoll zu bekommen, sollte der Gesamtwert der Gastgeschenke 100 US Dollar nicht übersteigen!

Checkliste für Gastgeschenke

- Idee geht über Wert
- muss in den Koffer passen!
- bevorzugt Dinge, die man als Gastfamilie herzeigen kann
- für jedes Kind ein kleines Geschenk, evtl. für die Gasteltern eines zusammen
- Bezug zum Heimatland des Au Pairs, Kitsch, typische Souvenirs
- Süßigkeiten
- kein Alkohol, keine freizügige/anstößige Bilder
- Gesamtwert aller Gastgeschenke max. 100 US Dollar

8 | Willkommen in Amerika

Die Koffer gepackt, den Lieben zu Hause auf Wiedersehen gesagt, und es kann losgehen: *America, here I come!*

Viele Au Pairs werden in Kleingruppen zuerst nach New York City reisen, wo die meisten amerikanischen Programmsponsoren einen Vorbereitungsworkshop (*orientation*) abhalten. Dieses Einführungsseminar deckt sich mit den Schulungsvorgaben des State Departments und wird durch die Programmgebühren der Au Pairs sowie der Gastfamilien abgedeckt. Nur vereinzelt verzichtet ein Programmanbieter auf dieses gemeinsame Erlebnis für Au Pairs und lässt diese stattdessen in mehrstündigen Onlinekursen schulen. Aus meiner Sicht sehr schade, denn New York ist immer eine Reise wert, und oft schließt man auf dem Workshop bereits erste Freundschaften.

8.1 Einreise und Vorbereitungsworkshop

Auf dem Anflug nach New York City begrüßt einen nicht nur die Freiheitsstatue, gefolgt von unzählige Flaggen am Flughafen, sondern auch die Schlange der Wartenden vor den Kabinen der Einreisebehörde (*immigration agency*).

Trotz ihres Visums müssen sich Au Pairs mit den Touristen und anderen Ausländern (*aliens*) anstellen, bevor sie einzeln bei einem *Immigration Officer* vorsprechen. Nicht immer entlockt man den Mitarbeitern in Uniform ein Lächeln, davon sollte man sich aber nicht abschrecken lassen. Ebenso wenig sind Faxen angebracht oder der Versuch, ein erstes Selfie zu knipsen! Üblicherweise wird man nochmals nach dem Grund der Reise gefragt, dann wird ein Foto gemacht und erneut die Fingerabdrücke genommen. Als nächstes scannt der Beamte das Visum ein und drückt einen Stempel mit dem Einreisedatum in den Pass. Von diesem Zeitpunkt an beginnt die 12-monatige Gültigkeit des Visums zu zählen, plus dem optionalen Reisemonat (*grace period*). Hält das Au Pair den Reisepass wieder in den Händen, sind es nur noch wenige Schritte über die gestrichelte Linie am Boden, und es ist geschafft – man hat offiziell amerikanischen Boden unter den Füßen!

Ladies unter sich: Miss Liberty und eine Neu-Amerikanerin auf Zeit

Im nächsten Schritt gilt es, den Koffer von dem Laufband an der Gepäckausgabe zu hieven. Man sollte sich nicht wundern, wenn ein Hund an dem Koffer vorbeigeführt wird. Dieser wird vom Landwirtschaftsministerium (*United States Department of Agriculture*) eingesetzt, um unerlaubte Lebensmittel, wie Güter tierischen Ursprungs und Agrarprodukte zu erschnüffeln.

Es ist immer ratsam, einen genauen Blick auf das Gepäck zu werfen: Wurde ein Koffer beschädigt oder stark verschmutzt? Dann sollte man dies vor Verlassen der Gepäckausgabehalle am entsprechenden Schalter (*lost baggage*) melden. Gleiches gilt für den Verlust von Reisegepäck.

Den Transport zum Workshop übernimmt und organisiert meistens die amerikanische Au Pair-Agentur. Nur wenige Anbieter verlangen von ihren Au Pairs, dass sie sich ein Taxi nehmen. Die meisten werden mit privaten Bussen abgeholt. Da am Flughafen immer reger Betrieb herrscht, heißt es, Ruhe zu bewahren, sollte man nicht sofort einen Mitarbeiter oder den ausgemachten Treffpunkt finden. Mitarbeiter

Blick auf Manhattan und die Brooklyn Bridge in New York

und auch Angestellte am Flughafen sind generell freundlich und hilfsbereit. Im Fall der Fälle hilft die Telefonnummer des Programmsponsors weiter, die man im Handgepäck haben sollte.

Egal ob der Workshop in einem Hotel, Kongresszentrum oder College stattfindet, dieser wird immer auf Englisch abgehalten werden. Zudem nehmen Au Pairs aus verschiedenen Ländern teil, und in der Regel findet die Unterbringung in Mehrbettzimmern entsprechend des späteren Wohnortes in den USA statt. Neben der Unterkunft werden den Au Pairs meist auch das Schulungsmaterial sowie die Verpflegung gestellt.

Der Workshop ist üblicherweise in einzelne Themengebiete gegliedert und behandelt die Betreuung der Kinder und deren Sicherheit, aber auch das Leben in der Gastfamilie, das Schulsystem sowie die kulturellen Unterschiede in den USA. Weitere Themen können das Autofahren, die Rechte und Pflichten von Au Pairs sowie praktische Tipps für den Au Pair-Alltag sein. Viele Au Pair-Anbieter führen auch einen Ersten-Hilfe-Kurs speziell für Kinder durch. Grundsätzlich besteht bei dem Workshop Anwesenheitspflicht für alle Teilnehmer (auch für professionelle Au Pairs!), denn nur so können die Programmsponsoren die verpflichtende Vorbereitung garantieren.

Die ersten Tage in den USA empfinden viele Au Pairs als sehr anstrengend. Dies ist nicht nur auf die Reise und die große psychische Belastung zurückzuführen. Auch die Zeitverschiebung, die Vielzahl neuer Eindrücke, unbekannte Mitbewohner und fremdes Essen tun ein Übriges. Die vielen Informationen auf Englisch und die stark klimatisierten Räume sind für manche Au Pairs ebenfalls eine Herausforderung. Um dem Jetlag sowie ersten Erkältungserscheinungen und Halsschmerzen vorzubeugen, helfen viel Flüssigkeit, ein Schal oder Tuch sowie ein langärmliges Kleidungsstück.

Natürlich wird auch der Spaß auf dem Workshop nicht zu kurz kommen, schließlich sitzen alle Au Pairs „im gleichen Boot", teilen Aufregung, Nervosität und Vorfreude. Fast alle Programmsponsoren bieten den Au Pairs Sightseeing-Touren in New York City an oder räumen Zeitfenster ein, in denen man die Stadt auf eigene Faust erkunden kann. Bereits hier erfüllt sich für viele Au Pairs ein Traum: endlich im *Big Apple* zu sein!

Nach zwei bis fünf Tagen heißt es dann für viele, Abschied zu nehmen von New York. Die Weiterreise zur Gastfamilie steht an. Jedes Au Pair sollte spätestens auf dem Einführungsworkshop erfahren, wie es zu seiner Gastfamilie reisen wird. Die Weiterreise kann entweder vom Au Pair-Programm oder von der Familie organisiert sein. Die Kosten für die Anreise zur Gastfamilie sollten ebenfalls für das Au Pair übernommen werden. In den meisten Fällen kümmert sich die Au Pair-Agentur erneut um den Transport zum Flughafen, Bahn- oder Busbahnhof, aber manchmal schicken Familien auch Limousinen oder Rikschas oder holen ihr neues Au Pair selbst ab!

8.2 Gastfamilie live!

Erinnere ich mich heute an die Ankunft in meiner Gastfamilie zurück, dann nahm ich die Zugfahrt nach Boston wie in eine Art Traumzustand wahr. Tausend Gedanken schossen mir durch den Kopf, und ich wurde von Haltestelle zu Haltestelle nervöser. Schließlich stand ich dann in strömendem Regen samt Koffer und Blumenstrauß (diesen hatte ich von meiner neuen Familie in den Workshop zugeschickt bekommen) auf dem Bahnsteig. Und da war sie: Nur wenige Schritte entfernt stand meine Gastfamilie! Unglaublich! Mein Gastvater umarmte mich und plapperte während der gesamten Autofahrt. Meine Gastmutter gab mir etwas förmlicher die Hand, und das Baby schlief tief und fest, während mich der zweijährige Sohn schüchtern beäugte!

Begrüßung

Eines muss jedem Au Pair klar sein: Egal, wie oft oder wie lange und ausführlich man vorab mit seiner Gastfamilie in Kontakt stand, das Gefühl, das man hat, wenn man die Menschen das erste Mal live erlebt, brennt sich definitiv ins Gedächtnis ein! Wichtig ist es, sich nicht zu sehr an die eigenen Erwartungen zu klammern, wie man denn wohl von der Gastfamilie empfangen werden wird! Wie auch bei den Au Pairs gibt es ruhigere und aktivere Zeitgenossen unter den Gastfamilien. Manche gehen unbeschwert auf neue Personen zu, während andere Menschen bekanntlich eine Art „Aufwärmphase“ benötigen.

So gut wie alle Familien machen sich Gedanken darüber, wie sie ihr Au Pair empfangen: von selbstgemalten Plakaten über Luftballons bis hin zu frischen Blumen oder Süßigkeiten im Zimmer des Au Pairs, einem Begrüßungsgeschenk oder einem reich gedecktem Tisch – es gibt vielerlei Möglichkeiten, „*you are welcome!*“ zu sagen.

Auch das Angebot an das Au Pair, sich erst einmal zurückzuziehen, oder ein eher spartanisch eingerichtetes Zimmer können ihren Grund haben. Da ich als erstes Au Pair in meiner Familie war, hatte sich meine Gastmutter für keine passende Einrichtung entscheiden können, und so lernten wir uns die nächsten Tage beim Einkaufen und Dekorieren meines Zimmers besser kennen!

Es ist also wichtig, dass sich sowohl Au Pair wie auch Gastfamilie in den ersten Stunden und Tagen Zeit geben. Man muss sich kennenlernen und sich gegenseitig annähern. Manche Au Pairs erleben dies in kürzester Zeit und nehmen es kaum bewusst wahr, während andere länger brauchen, um sich bei der Gastfamilie zu Hause zu fühlen. Hier muss jedes Au Pair seine eigene Geschichte schreiben und sollte sich nicht von den Erfahrungen anderer aus der Ruhe bringen lassen.

Willkommen im neuen Zuhause auf Zeit!

Au Pairs dürfen nach Vorgabe der Regularien die ersten drei Tage weder arbeiten noch die Kinder in vollem Umfang betreuen. Stattdessen muss ihnen ein erwachsenes Familienmitglied oder das Vorgänger-Au Pair zur Seite stehen. Diese Zeit sollte genutzt werden, um anzukommen, die Familie und insbesondere die Kinder besser kennenzulernen sowie sich mit der Umgebung, dem Auto und den Aufgaben vertraut zu machen!

Innerhalb der ersten Tage stellt sich normalerweise auch der persönliche Betreuer bei Au Pair und Gastfamilie vor, meist bei einem Treffen im Haus der Gasteltern. Es werden allgemeine Fragen geklärt, und Au Pair und Betreuer haben auch die Möglichkeit, unter vier Augen zu sprechen. Gerade in den Sommermonaten reisen sehr viele Au Pairs in die USA, und so gelingt es den Betreuern nicht immer, rechtzeitig alle Gastfamilien zu besuchen. In diesem Fall liegt es in der Verantwortung des Au Pairs, bei Fragen oder Problemen

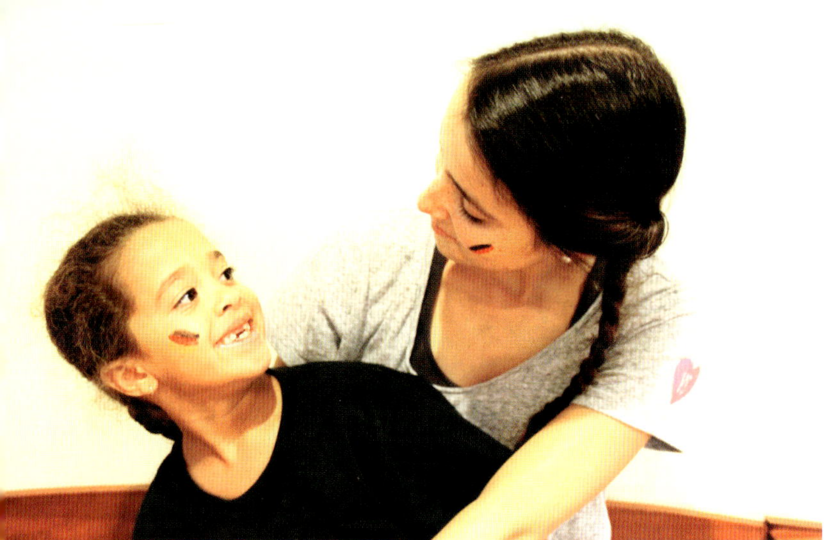

Hi there! Zeit sich richtig kennenzulernen

von sich aus Kontakt mit dem Betreuer oder der Au Pair-Agentur aufzunehmen!

Eine tolle Erfahrung ist auch der erste Anruf, die erste Email oder ein Besuch von anderen Au Pairs aus der Umgebung. Über die Webseite oder per Gruppennachricht wissen andere Au Pairs bereits über die Ankunft von dem oder der Neuen Bescheid. Erfahrene Au Pairs nehmen die Neuankömmlinge unter ihre Fittiche, geben allerlei Tipps und Insiderwissen weiter und fühlen es, wenn ein frisch angekommenes Au Pair Unterstützung und Aufmunterung braucht!

8.3 Alleine mit Kind/ern

Dem ersten Tag in den USA, an dem man alleine mit, oder vielleicht besser gesagt: unter Kindern ist, sehen viele Au Pairs mit gemischten Gefühlen entgegen.

Während ich in den vorangegangenen Kapiteln immer wieder darauf hingewiesen habe, dass es sinnvoll ist, sich in die Gasteltern hineinzuversetzen, ist es nun an der Zeit, sich die Situation der Kinder zu verdeutlichen. Was bedeutet es eigentlich für Kinder, ein Au Pair in der Familie zu haben?

In der Vorbereitung zu diesem Buch und während meiner Arbeit bei einem amerikanischen Programmsponsor hatte ich Gelegenheit, mit vielen *host kids* zu sprechen. Egal welchen Alters, die meisten fanden es toll, eine Betreuungsperson aus einem anderen Land zu haben. Aussagen wie *the Au Pair does things different* oder Geschichten über Lieblingsgerichte, die nur ein Au Pair so gut zubereiten kann, bis hin zu speziellen Aktivitäten oder regelmäßigen Chats auch nach dem Au Pair-Jahr kamen mir zu Ohren. Deutlich wurde aber auch der Verlust und Neuanfang, den jedes Au Pair für die Kinder bedeutet. Verlust, da ein neues Au Pair das alte ersetzt. Die Person, die weiß, wie man am Morgen geweckt werden will, welches Pausenbrot schmeckt und mit der man Erfolge, Herausforderungen und das ein oder andere Geheimnis geteilt hat, ist weg. Ein neues Au Pair zieht ein, verdrängt die liebgewonnene Vertrauensperson und hat anfangs schlichtweg keine Ahnung, wie alles abläuft! Für Kinder ist diese Situation also mindestens genauso schwer und abenteuerlich wie für das Au Pair.

Da ist es dann auch nicht verwunderlich, wenn das ein oder andere Kind dem neuen Au Pair erst mal abweisend gegenübertritt. Natürlich, über ein Geschenk freut sich meist jedes Kind, aber wenn das neue Au Pair dann bleibt und auch noch über einen bestimmt? Schaffen es Erwachsene in der Regel, ihre Gefühle zu überspielen und ihr Verhalten der Situation anzupassen, reagieren Kinder schonungslos ehrlich! Worte der Zurückweisung, Schmollen oder Verweigerung tun jedem Au Pair weh, dies musste ich selbst erfahren. Ich erinnere mich auch genau, dass meine Geduld in den ersten Tagen stark strapaziert wurde und ich wirklich verärgert war, dass diese kleinen Menschen meinen Au Pair-Plan zu boykottieren schienen!

In derartigem Fall hilft nur eines: nicht aufgeben und die Gasteltern involvieren. Dabei geht es nicht darum, sich bei den Eltern darüber zu beschweren, dass die Kinder so undankbar und schwierig sind! Stattdessen sollte man mit den Gasteltern einen Plan aufstellen, wie sich Au Pair und der Nachwuchs besser aneinander gewöhnen können. Manchmal bessert sich das Verhältnis schon, wenn das Vorgänger-Au Pair abgereist ist, wenn man einen Ausflug macht oder zusammen mit anderen Au Pairs und deren Gastkindern Spaß hat. Gemeinsame Erlebnisse schweißen zusammen und lassen Vertrauen wachsen.

Alle Kinder werden ihre Betreuungsperson testen, dies ist generell so, unabhängig von der Nationalität und davon, ob es sich bei der Person um ein Au Pair, Elternteil etc. handelt. Kinder sind auf andere Personen angewiesen und müssen herausfinden, inwieweit sie den Personen trauen können und diese ihre Zuneigung verdienen. Mit einem solchen Perspektivenwechsel im Hinterkopf muss kein Au Pair Angst vor den ersten Tagen mit den Gastkindern haben! Gastgeschenke und das gemeinsame Spiel bringen so manches Eis zum Schmelzen, und letztendlich müssen auch Kinder lernen, dass ein Au Pair nicht Superwoman bzw. Superman ist: Jeder Mensch hat Grenzen und muss dazulernen! Warum also nicht zu einem Team werden, mit den Kindern zusammen? Das neue Au Pair wird zu Beginn z.B. nicht wissen, wo sich alle Zutaten für das Lieblingsessen in der Küche finden lassen. Wie aber wird sich ein Kind fühlen, wenn das Au Pair es bittet, ihm zu helfen? Kinder wollen gebraucht und akzeptiert werden! Das Au Pair hat die Chance, zu beobachten und zu lernen. Es versucht, die Situation aktiv zu gestalten und verdient sich so auch den Respekt der Kinder!

Die Position des Au Pairs in der Familienhierarchie ist meist die zwischen Eltern und Kindern. Das Au Pair übernimmt zwar viel Verantwortung und verbringt extrem viel

Kleine Menschen mit großen Ansprüchen

Zeit mit den Kindern, muss aber nicht alle Konflikte mit den Kindern austragen und Regeln vorgeben wie die Eltern. Diese spezielle Rolle ermöglicht es dem Au Pair, Vorbild, Vertrauensperson und Freund zu werden! Die Option, mit den Kindern zusammenzuarbeiten (Teamarbeit), anstatt gegen sie zu arbeiten, und gleichzeitig die eigene Machtposition zu verdeutlichen, ist oft das Erfolgsrezept!

8.4 Autofahren in den USA

Für viele Au Pairs symbolisiert der Schlüssel zum „eigenen“ Auto in den USA Freiheit und Unabhängigkeit – auch gegenüber der Gastfamilie. Zugleich stellen andere Verkehrsregeln und die Verantwortung für die Kinder eine große Herausforderung dar!

Für Gasteltern steht die Sicherheit ihrer Kinder an oberster Stelle, und so scheuen die meisten weder Zeit noch Mühe, um das neue Au Pair mit dem Auto vertraut zu machen. Egal ob mit einem Fahrlehrer, einem Elternteil oder dem Vorgänger-Au Pair als anfänglicher Beifahrer – die Straßen und die Umgebung des Wohnortes in den USA wollen erobert werden!

Gasteltern zeigen sich in der Regel sehr geduldig mit ihrem neuen Au Pair, und lieber plant man anfangs mehr Fahrtzeit ein, anstatt die Kinder und sich selbst leichtfertig in Gefahr zu bringen! Ungehalten werden Gasteltern, wenn es ein Au Pair versäumt, sich auf den amerikanischen Führerschein vorzubereiten. Wie bereits in Kapitel 2 erwähnt, bieten alle Staaten Übungs- und Informationsmaterial an, falls ein Test absolviert werden muss!

US-Führerschein

Der Betreuer und auch die Gasteltern unterstützen das Au Pair bei der Ausstellung des US-Führerscheins und tragen auch meist die Kosten dafür. Die Bestimmungen und Auflagen für den Führerschein sind von Bundesstaat zu Bundesstaat verschieden und werden meist vom *Department of Motor Vehicles* (ähnliche dem Kraftfahrtbundesamt) ausgestellt. Wichtig ist es, den EU-Führerschein niemals abzugeben, auch wenn ein unerfahrener Mitarbeiter der Führerscheinstelle dies fordern sollte! Der amerikanische Führerschein gilt in den meisten Bundesstaaten als anerkanntes Identifizierungsdokument und „ersetzt" sozusagen den europäischen Personalausweis oder die Kennkarte (nicht zu verwechseln mit dem Reisepass!).

Ansonsten fühlt sich die überwiegende Mehrheit der Au Pairs sehr schnell sehr wohl auf den Straßen Amerikas, bieten diese doch meist mehr Platz und ein entspannteres Fahren, als es viele aus Europa gewohnt sind. Natürlich liegt es immer in der (unausgesprochenen) Verantwortung eines Au Pairs, sorgsam mit dem PKW der Familie umzugehen. Manche Au Pairs argumentieren leichtfertig, dass ein Auto mehr oder

Country Roads in den USA

weniger die Familie finanziell nicht belasten würde. Mit solchen Aussagen sollte jedes Au Pair sehr vorsichtig sein! Strafen aufgrund überhöhter Geschwindigkeit (*speeding ticket*) sowie die Verantwortung und Kosten für einen Unfall werden nicht automatisch von der Gastfamilie übernommen. Auch die KFZ-Versicherung und der US-Programmsponsor zeichnen sich dafür nicht verantwortlich! Dies ist auch unabhängig davon, ob ein Au Pair während der von der Gastfamilie vorgegebenen Arbeitszeit oder bei privaten Fahrten und in der Freizeit einen Unfall hat.

Grundsätzlich ist die Gastfamilie nicht verpflichtet, dem Au Pair ein Auto zur privaten Nutzung zur Verfügung zu stellen. Wenn dem so ist, kann die Gastfamilie vom Au Pair verlangen, sich in angemessenem Umfang an den Versicherungs- und Benzinkosten zu beteiligen und auch den Wagen das ein oder andere Mal selbst zu reinigen. Einige Versicherungsgesellschaften schreiben den Gastfamilien und ihren Au Pairs auch einen gewissen Radius um den Wohnort vor, in dem das Au Pair sowohl privat als auch im Auftrag der Eltern den vollen Versicherungsschutz genießt. Dies kann je

In den USA tankt man günstiger und oft noch mit Tankwart-Service

nach Versicherung ein Gebiet von 25 oder auch 150 bis zu 500 Meilen sein.

Jedes Au Pair sollte sich spätestens in den ersten Tagen bei der Gastfamilie mit den Eltern zusammensetzen und die Nutzung des PKWs detailliert besprechen und auch schriftlich festhalten. Wie in anderen Bereichen auch, wächst mit der Zeit das Vertrauen in die Fahrkünste des Au Pairs. Vielleicht weiten Gasteltern dann die private Nutzung des PKWs aus, erlauben es, Freunde und andere Au Pairs zu transportieren oder das Auto sogar für Urlaubsreisen innerhalb der USA zu nutzen. Wer sich als Au Pair Gedanken um die Kosten für Benzin macht, der kann sich im Vergleich zu Europa über weitaus günstigere Preise für die Gallone (ca. 3,8 Liter) Benzin freuen, die kein allzu großes Loch in das Budget reißen werden!

Bekommt ein Au Pair in den USA kein Auto zur Verfügung gestellt, dann muss bereits während der Bewerbungsphase mit der Gastfamilien abgeklärt werden, wie das Au Pair Weiterbildungskurse besuchen und Kontakt zu anderen halten kann. In den letzten Jahren wurde besonders in Großstädten und dazugehörigen Vororten der USA stark an der Verbesserung des Netzes für öffentliche Verkehrsmittel gearbeitet. Da Au Pairs meist den Status eines Studenten erhalten, fahren sie zudem verbilligt oder sogar kostenfrei, wenn Gastfamilien z.B. das Jahresticket übernehmen. Viele Au Pairs teilen sich auch das Auto mit einem Elternteil. Unter den Au Pairs herrscht zudem große Loyalität und die weit verbreitete Bereitschaft, andere Programmteilnehmer mitzunehmen, so dass sich für alle Au Pairs eine akzeptable Lösung hinsichtlich Transport und persönlicher Bewegungsfreiheit finden lässt!

8.5 Taschengeld und Konto

Jedes Au Pair hat Anspruch auf eine vertraglich festgelegte Vergütung, auch Taschengeld (*pocket money*) genannt. Das Taschengeld orientiert sich dabei an den aktuellen Mindestlohnvorgaben der USA und ist somit über die Jahre angestiegen. Die Höhe des Taschengeldes muss jedem Au Pair schon mit der Programmbewerbung mitgeteilt werden, ebenso verpflichtet sich die Gastfamilie zur regelmäßigen Zahlung des Geldes.

Üblicherweise wird das Taschengeld im wöchentlichen Rhythmus ausgezahlt, meist am Wochenende, damit das Au Pair gerüstet ist für Ausflüge, Einkaufstouren etc. Dabei erhalten Au Pairs nicht selten einen Scheck oder bekommen von den Gasteltern eine Überweisung auf das Konto. Eher selten wird das Geld bar ausbezahlt.

Um die Taschengeldzahlung für beide Seiten nachvollziehbar und transparent zu halten, spricht nichts gegen eine Auflistung, die vom Au Pair und den Gasteltern verwaltet wird. Kommt es in vereinzelten Fällen nicht zur rechtzeitigen Zahlung des vereinbarten Taschengeldes, sollte sich das Au Pair mit der Betreuungsperson oder dem Büro des Programmsponsors in Verbindung setzen.

Neben der Taschengeldzahlung stehen jedem Au Pair vertraglich zwei Wochen Urlaub zu. Dieser Urlaub muss in Absprache mit der Gastfamilie stattfinden und kann nicht immer an einem Stück oder zu den Wunschzeiten des Au Pairs angetreten werden. Das Taschengeld wird während dieser beiden Wochen weitergezahlt, gleiches gilt auch für einen Urlaub, den das Au Pair gemeinsam mit der Gastfamilie unternimmt und dabei die Kinder betreut.

Je nach Wohnort, Reiselust und Einkaufsverhalten kommen die meisten Au Pairs recht gut mit ihrem Taschengeld zurecht. Schließlich fallen keinerlei Kosten für Unterkunft und Verpflegung in der Gastfamilie an, und die Gasteltern bezahlen auch meistens spezielle Lebensmittel für das Au Pair. Sollte das Au Pair in Ausnahmefällen Überstunden für die Gastfamilie leisten, dann muss diese Arbeitszeit extra vergütet werden. Oft ist dies in besonderen Situationen der Fall, z.B. wenn Gasteltern den Hochzeitstag feiern möchten, sich einen freien Abend pro Monat gönnen oder aufgrund einer Konferenz oder Geschäftsreise zusätzliche Betreuungsstunden brauchen. Über den Betreuer und auch den Programmsponsor sollte sich das Au Pair nach Vorgaben oder Regelungen erkundigen, wie mit extra Arbeitsstunden zu verfahren und wie hoch die Vergütung ist.

In den USA eröffnen die meisten Gasteltern für ihr Au Pair ein Konto bei der Bank, bei der sie selbst Kunde sind. Dies ist in der Regel eine Art Girokonto, das vom Au Pair mit einer Geldkarte oder Schecks bedient werden kann. Das Konto wird meist nur für Taschengeldzahlungen benutzt und wird am Ende des Au Pair-Aufenthaltes wieder geschlossen. Jedes Au Pair sollte zudem über ein privates Konto verfügen, mit dem er oder sie in den USA auf Geld zugreifen kann. Besonders beliebt sind sogenannte Auslands- oder Taschengeldkonten, die inzwischen schon zahlreiche europäische Banken anbieten. Das Auslandskonto wird bei einer Bank im Heimatland eröffnet und bietet die Möglichkeit, im Ausland, also in diesem Fall den USA, kostenfrei oder gegen eine monatliche Fixgebühr Geld an verschiedenen Bankautomaten abzuheben. Zusätzlich kann man über das Auslandskonto eine Kreditkarte beantragen, mit der man ohne Probleme so

In den USA werden Dollars umgangssprachlich „Bucks“ genannt

gut wie überall in den USA bezahlen kann. Da Au Pairs über keine Festanstellung in den USA und kein ausreichendes Einkommen verfügen, können Eltern für die Kreditkarte bürgen. Natürlich gibt es auch noch die guten alten Reiseschecks, die, wenn überhaupt, nur über sehr kleine Beträge ausgestellt werden sollten, da es sonst in den USA Probleme mit der Einlösung geben könnte. Generell sind Kredit- oder Bankkarten für die USA unkomplizierter und können bei Verlust oder Diebstahl meist innerhalb von wenigen Tagen ersetzt werden.

Ein weiterer Vorteil eines Auslandskonto liegt in der Möglichkeit, dem Au Pair jederzeit eine „Finanzspritze“ oder ein Geldgeschenk zukommen zu lassen. Ebenso kann das Au Pair Erspartes direkt auf das Konto überweisen. Von Auslandsüberweisungen oder Geldzuteilungen auf das amerikanische Konto sollte man absehen, da diese Form des Geldtransfers unsicher ist und auch mit hohen Gebühren belastet wird sowie von eventuellen Kursschwankungen betroffen ist. Informationen über geeignete Zahlungsmethoden im Ausland bieten Banken und Sparkassen, aber auch Reiseportale oder die Webseite des US-Konsulats.

8.6 Sozialversicherungsnummer und Steuerpflicht

Innerhalb der ersten Tage in den USA wird für die meisten Au Pairs zusammen mit dem Betreuer oder den Gasteltern ein Sozialversicherungsausweis (*social security card*) beantragt. Diese kleine Scheckkarte ist mit einer Nummer (*social security number*) versehen, über die sich die besagte Person beim Finanzamt und anderen Behörden identifizieren lässt. Bis heute nutzen zahlreiche Organisationen und Schulen die *social security card* als ID-Nummer für Studenten oder Mitglieder. Wie auch der amerikanische Führerschein behalten die Sozialversicherung- und die US-Steuernummer über den Au Pair-Aufenthalt hinaus ihre Gültigkeit!

Informationen und Hilfe
Allgemeine Informationen und Hinweise finden Au Pairs auf der Webseite des *Internal Revenue Service - IRS* (Bundessteuerbehörde) unter folgendem Link: *www.irs.gov/individuals/international-taxpayers/au-pairs.*

Au Pairs sind in den USA generell steuerpflichtig und müssen eine Steuererklärung erstellen. Wer sich vor der Abgabe der Steuererklärung drückt, riskiert bei späteren Einreisen in die USA Probleme!

Die Höhe des anfallenden Steuerbetrages richtet sich nach dem Einreise- und Ausreisemonat des jeweiligen Kalenderjahres. Dies bedeutet auch, dass manche Au Pairs zwei Steuererklärungen machen müssen. Allerdings ist die Steuererklärung in den USA weniger umfangreich als in den meisten europäischen Ländern.

Natürlich gibt der persönliche Betreuer auch hier Hilfestellung. Viele Programmsponsoren behandeln das Thema während des Einführungsworkshops und stellen spezielle Anleitungen und Informationen zur Verfügung. Es lohnt sich immer, andere Au Pairs aus der Nachbarschaft nach deren Erfahrungen zu fragen, und auch so manche Gastfamilie ist in dieser Hinsicht schon sehr bewandert. Sollte für das Jahr, in dem das Au Pair wieder aus den USA ausgereist ist, eine Steuererklärung fällig werden, kann diese auch vom Heimatland aus eingereicht werden. Viele Programmsponsoren raten ihren Au Pairs, vorsorglich 5 bis 10 % des wöchentlichen Taschengeldes beiseite zu legen.

Abschließend noch einmal der deutliche Hinweis, dass jedes Au Pair für die fristgerechte Einreichung der Steuererklärung selbst verantwortlich ist. Dieses Datum, umgangssprachlich als *Tax Day* bezeichnet, liegt üblicherweise um den 15. April des darauffolgenden Kalenderjahres. Viele Programmsponsoren stellen die aktuellen Steuerformulare des IRS zur Verfügung und erinnern ihre Au Pairs an die Deadline. Allerdings übernehmen sie keine Verantwortung für die korrekte Abgabe der Steuererklärung, ebenso wenig wie lokale Betreuer, Gastfamilien oder die Mitarbeiter der deutschen Au Pair-Agenturen.

8.7 Weiterbildungskurse

Die Verknüpfung von Weiterbildung und Au Pair-Tätigkeit ist nur im amerikanischen Au Pair-Programm zu finden. In den meisten anderen Ländern wird Gasteltern zwar empfohlen, ihrem Au Pair die Chance auf Weiterbildung einzuräumen, aber es handelt sich dabei weder um eine verpflichtende Vorgabe noch wird sie in der Regel finanziell unterstützt. An die Vorgaben des Visums geknüpft und in den Au Pair-Richtlinien verankert, ist der Besuch von weiterführenden Bildungseinrichtungen für alle Au Pairs in den USA verbindlich vorgesehen. Dies gilt insbesondere auch für *family companions* (Educares) sowie für Teilnehmer des professionellen Au Pair Programms, die meist schon eine Ausbildung oder ein Studium abgeschlossen haben.

Neben der Chance, sich gezielt oder allgemein weiterbilden zu können und somit auch an die Zeit nach dem Au Pair-Jahr zu denken, dient der Kursbesuch auch dem Zweck des interkulturellen Austausches, bietet Abwechslung und ermöglicht soziale Kontakte für das Au Pair.

Welche Bildungseinrichtungen man besuchen und was für Kursangebote man als Au Pair nutzen kann, ergibt sich letztendlich durch den Wohnort der Gastfamilie. Besonders beim Educare-Programm stellen die amerikanischen Programmanbieter sicher, dass eine entsprechende Bildungseinrichtung bzw. ein College oder eine Universität in der Nähe des Wohnortes zu besuchen ist. Für andere Programmteilnehmer bietet sich meist auch die Möglichkeit, an Onlinekursen teilzunehmen, die aber in Hinsicht auf Sprachgebrauch und kulturellem Austausch weniger förderlich sind!

Die Au Pair-Richtlinien schreiben den Besuch einer akkreditierten US *post-secondary institution* vor, also einer zugelassenen Bildungseinrichtung, die nach dem Abschluss der High School zu besuchen ist! Dazu gehören z.B. Junior oder Community Colleges, aber auch Junior-Programme an Universitäten sowie technische und berufsbezogene Schulen.

i

Kurzer Exkurs über das US-Bildungssystem

Die schulische und akademische Ausbildung in den USA ist in drei Abschnitte unterteilt: Beginnend mit der *elementary* oder *primary school* (meistens die Schuljahre 1 bis 6), wechselt man dann in die *secondary school* (*High School*, bis maximal 12. Schuljahr), bevor man – mit dem High School-Abschluss in der Tasche – eine *post-secondary education* beginnen kann. Der Begriff *College* bezieht sich meist auf die ersten ein bis vier Jahre eines Hochschulstudiums (*undergraduate period*, *post-secondary education*), das nur in den seltensten Fällen direkt an einer Hochschule/Universität im europäischen Sinne absolviert wird. Die Bezeichnung *University* wird in den USA vor allem den Hochschulen zugewiesen, die verstärkt auf Forschung ausgerichtet sind.
Wer sich genauer mit den Eigenheiten des amerikanischen Bildungssystems beschäftigen will, findet im Internet (z.B. bei Wikipedia) oder auch über die Amerikahäuser eine Fülle an Informationen!

Graduation Cap, das Zeichen für einen erfolgreichen Abschluss

Weiterhin besteht für Au Pairs die Möglichkeit, Sprach- oder Volkshochschulen zu besuchen oder Kurse an anderen lizensierten Schulen und Ausbildungseinrichtungen zu belegen.

Während den Au Pairs für den 12-monatigen Aufenthalt ein Studiengeld (*study/educational allowance*) von der Gastfamilie in Höhe von 500 US Dollar zusteht und sie dafür 6 *academic credits* (in etwa gleichzusetzen mit 80 Stunden) erreichen müssen, verdoppelt sich die Summe und Stundenanzahl im Educare-Programm auf 1.000 US Dollar Studiengeld und 12 *academic credits*, also ca. 160 Stunden Weiterbildung pro Aufenthaltsjahr.

Die Gebühren für Kurse schwanken in den USA recht stark und sind abhängig vom Namen und Bekanntheitsgrad der Bildungseinrichtung, aber auch von der geografischen Lage. Nicht immer reicht das Studiengeld für die benötigte Stundenzahl aus und so finanzieren viele Au Pairs den einen oder anderen Kurs von ihrem Taschengeld. Da Bildung in den USA fast immer kostenpflichtig ist, fallen oft zusätzliche Ausgaben für Bücher, Kursmaterialien oder (Einstufungs-)Tests

Willkommen in Harvard, eine der besten Universitäten der Welt

an. Hier ein Beispiel: Für meinen Kurs an der Harvard University Extension School in Cambridge (Boston) betrug die reine Kursgebühr bereits weit über 500 US Dollar. Allerdings wollte ich mir den Besuch, und das Gefühl, einen offiziellen Harvard-Studentenausweis zu besitzen, nicht entgehen lassen!

Um Kosten zu sparen, gibt es die Möglichkeit, manche Kurse als Gasthörer (*guest student* bzw. *audit a class*) zu besuchen. Zudem sind *Community Colleges* meist günstiger als *universities*. Für Educares ist es ratsam, neben Zeugnissen und anderen schulischen Dokumenten auch Bescheinigungen über Sprachkurse sowie fachbezogene Praktika etc. mit in die USA zu nehmen. Diese erleichtern den Zugang zu manchen Kursen. Als *non-degree students* (also Studenten, die keinen offiziellen Abschluss über die Bildungseinrichtung erwerben wollen) lässt sich für Au Pairs und Educares die Gebühr meist nochmal reduzieren.

Grundsätzlich gilt, dass die Feinabstimmung bezüglich der Kurswahl wie auch die Anmeldung vom Au Pair erst in den USA vorgenommen werden sollte. Gegen eine vorzeitige Information via Internet oder mit Hilfe der Gastfamilie ist nichts einzuwenden, aber ohne amerikanische Adresse oder Sozialversicherungsnummer müssen Au Pairs immer höhere Gebühren (*international fee* oder *external tuition*) bezahlen! Der persönliche Betreuer, andere Au Pairs und nicht zuletzt die Gasteltern (die eventuell selbst an der Bildungseinrichtung studiert haben) sollten immer als zusätzliche Informationsquelle hinzugezogen werden!

Soweit möglich sollten Au Pairs frei über die Wahl der Kurse entscheiden können. Manche Programmanbieter schreiben jedoch Sprachkurse vor oder kooperieren mit bestimmten Schulen. Professionelle Au Pairs haben die Möglichkeit, Zusatzqualifikationen zu erwerben, z.B. in Gebärdensprache oder ein Instrument zu erlernen.

Neben den Weiterbildungskursen steht allen Au Pairs die Möglichkeit offen, sich in *Volunteer*-Projekten (Freiwilligenarbeit) zu engagieren oder ein Schnupperpraktikum zu absolvieren, soweit sich dies mit der Au Pair-Tätigkeit vereinbaren lässt. Entsprechende Aktivitäten müssen immer mit dem lokalen Betreuer und den Gasteltern besprochen und abgestimmt werden. Sehr oft bieten die Programmsponsoren eigene Projekte an, in denen sich Au Pairs lokal engagieren können. Eine interessante Erfahrung kann auch sein, die Gastkinder in der Schule oder ein Elternteil an seinem Arbeitsplatz zu besuchen. Auf diese Weise erhalten Au Pairs einen konkreten Einblick in die Arbeitswelt der Gasteltern oder sie können vielleicht den Schulunterricht aktiv mitgestalten. Mit etwas Eigeninitiative bietet sich Au Pairs während ihres Aufenthaltes in den USA also eine Vielzahl an Möglichkeiten, wertvolle Erfahrungen außerhalb der Arbeit mit Kindern zu sammeln, frei nach dem amerikanischen Motto: *Just get up and do something!*

9 | Au Pair-Alltag

Zählen viele Au Pairs zu Beginn noch die Stunden und Tage, die sie schon in den USA sind, so dreht sich das sehr schnell ins Gegenteil: Plötzlich zählt man die Monate und Wochen, die einem noch in Amerika bleiben. Dies bedeutet im besten Fall, dass das Au Pair angekommen ist und sich in seine Rolle und in den Alltag integriert hat.

Dabei wird ein Au Pair-Jahr nicht nur aus neuen, positiven und bedeutenden Erfahrungen bestehen. Die Zeit in den USA hat auch viel mit Routine, unterschiedlichen Phasen und wechselnden Gefühlswelten zu tun.

9.1 Phasen eines Auslandsaufenthaltes

Der sogenannte *cross cultural adjustment cycle* (CCAC) versucht, die Phasen eines Aufenthaltes in einer fremden Kultur darzustellen. Dabei ist es unerheblich, ob es sich um ein Studium, einen beruflichen Einsatz oder eben um ein Au Pair-Jahr handelt. Die Kurve symbolisiert die unterschiedlichen Gefühlswelten, in der sich die Person im Ausland befindet. Der CCAC wird gerne auch als „emotionale Achterbahn" im Ausland bezeichnet.

> **CCAC**
> Jeder durchlebt seine eigene, individuelle Kurve, empfindet die einzelnen Phasen als kürzer oder länger und unterschiedlich stark ausgeprägt.

Es ist zu beachten, dass es sich bei dem CCAC nicht um ein wissenschaftliches Konzept handelt, anhand dessen sich ein Auslandsaufenthalt besser oder einfacher bewältigen lässt. Die Darstellung kann aber hilfreich sein, um verschiedene Phasen der Anpassung zu verstehen. Teilweise recht verwirrende Gefühle werden nachvollziehbar und auch das Phänomen des „Kulturschocks" lässt sich so gut erklären.

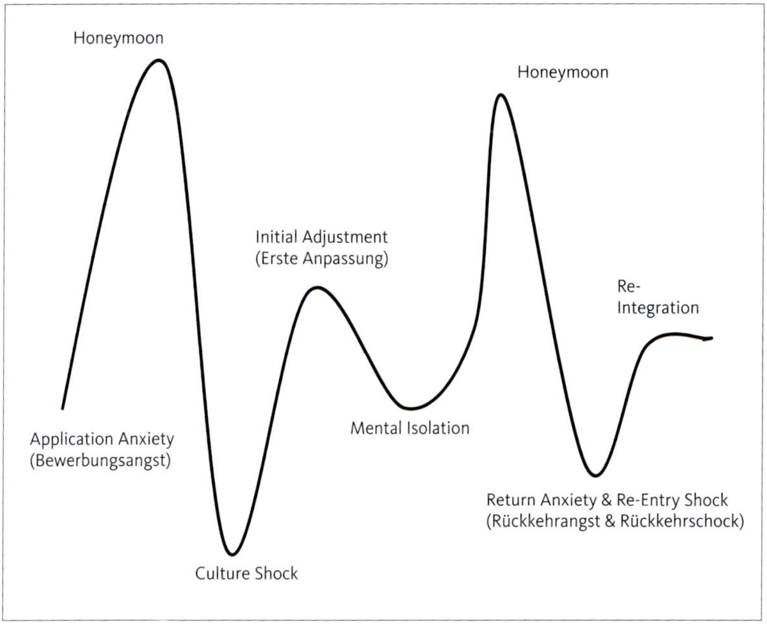

Application Anxiety

Das Projekt Auslandsaufenthalt beginnt. Man muss sich mit Bewerbungsunterlagen befassen, viele Gedanken und Informationen verarbeiten. Wird man von der Au Pair-Organisation angenommen und findet man eine Gastfamilie? Ein Großteil der Bewerber sind angespannt, fühlen sich aber in ihrer bekannten Umgebung sicher und integriert. Nach erfolgreicher Bewerbung und Platzierung in eine amerikanische Gastfamilie steigen Aufregung und Vorfreude auf das Au Pair-Jahr!

Honeymoon

Angekommen als Au Pair in Amerika! Zu Beginn des Aufenthaltes erlebt man die neue Umgebung meist als sehr spannend und faszinierend. Wie bei einer (Hochzeits-)Reise ist man extrem positiv gestimmt, energiegeladen und neugierig. Oft steht diese Hochphase aber auch nicht direkt am Anfang des Auslandsaufenthaltes und entfällt manchmal sogar ganz.

Culture Shock

Diese Phase ist gekennzeichnet durch negative Gefühle. Man erkennt im Ausland hauptsächlich das Ungewohnte und Negative. Wie in einem Schockzustand ist die Wahrnehmung sehr eingeschränkt, positive Aspekte werden ausgefiltert und nicht wirklich erkannt. Die Kommunikation in der Fremdsprache ist anstrengend und mühsam. Man fühlt sich unverstanden, erschöpft, alleine und unsicher. Sehr häufig tritt Heimweh auf, und man möchte die Situation nur noch verlassen und hinter sich bringen. Oft empfindet man die Entscheidung für den Auslandsaufenthalt als dumm. Gleichzeitig hegt man gegen das neue Umfeld und die Mitmenschen einen Groll und auch Ablehnung, ist alles doch so ganz anders, als man es sich erhofft hatte!

Abbruch?

In diesem Gemütszustand kommt es vermehrt zu einem Abbruch des Auslandsaufenthaltes. Man sieht sprichwörtlich das „Licht am Ende des Tunnels“ nicht.

In dieser Phase braucht jeder Hilfe und die Unterstützung von Dritten. Für Au Pairs bedeutet dies in erster Linie, den Kontakt zum Betreuer und zur Organisation zu suchen. Nicht immer können Gastfamilie oder andere Au Pairs die Gefühlslage verstehen. Es ist wichtig, sich die eigenen negativen Empfindungen bewusst zu machen und Unterschiede zwischen der bekannten und der neuen Umgebung und Kultur zu erkennen. Meist hilft es, eine Liste von den Problemen zu erstellen und diese dann z.B. mit dem Betreuer zu besprechen. Die meisten Au Pair-Organisationen arbeiten in den USA intensiv mit psychologischer Betreuung der Au Pairs und schulen auch ihre Mitarbeiter entsprechend. Wichtig ist, dass sich niemand für diese negativen Gefühle schämen muss, denn einem Kulturschock kann man nicht

Wie auch Gastkinder brauchen Au Pairs manchmal eine helfende Hand

wirklich vorbeugen. Allerdings kann man gegen diesen anarbeiten und sich überlegen, welche Unterschiede auf der Liste man bereit ist hinzunehmen und welche nicht. Manches, was zuerst sehr prägnant und schwierig erscheint, verliert mit der Zeit an Bedeutung und verblasst. Zur Überwindung eines Kulturschocks gehört auch, sich vorzunehmen, einen kleinen Schritt nach dem andern zu machen. Man sollte sich selbst etwas Gutes tun und sich nicht nur im Zimmer verkriechen, sondern sich bewusst unter Leute begeben: andere Au Pairs treffen, einkaufen gehen, mit den Gastkindern basteln und versuchen, ganz im Hier und Jetzt zu sein.

Initial Adjustment

Mit der Zeit beginnt man, sich an das einen umgebende Neue zu gewöhnen. Man denkt weniger oft an zu Hause, und Anrufe aus der Heimat sind nicht mehr so schwierig zu bewältigen. Der Alltag gelingt besser und besser. Langsam beginnt man sich mit der neuen Kultur zu identifizieren, Unterschiede nimmt man mehr und mehr hin!

Mental Isolation

Auf jedes Hoch folgt ein Tief und umgekehrt. So wird die Eingewöhnungsphase oft von einer Zeit der mentalen Isolation abgelöst. Man zieht sich dabei auf eine Art Beobachtungsposten zurück, analysiert verstärkt die Denk- und Handlungsweisen der Amerikaner und registriert alles ganz genau. Es wird einem bewusst, dass man sich mit manchen Andersartigkeiten wohl nie wird arrangieren können.

Hier sollte sich jedes Au Pair daran erinnern, dass der Aufenthalt kein Forschungsprojekt ist. Es geht darum, in den USA und mit den Amerikanern zu leben. Mittendrin statt nur dabei! Also weniger Zeit am Telefon oder im Internet verbringen und stattdessen viel unternehmen und Neues ausprobieren!

Acceptance & Integration

„Das Leben ist gut" – mit dieser Floskel könnte die nächste Phase beschrieben werden. Man ist angekommen in Amerika, kennt sich mit den neuen „Spielregeln" aus und kann Unterschiede einordnen. In dieser Zeit wird die Beziehung zur Gastfamilie – allen voran zu den Kindern, aber auch zu den neuen Freunden in Amerika – oft sehr eng und intensiv. Man gehört dazu, ist ein Team und denkt nur selten an früher und an zu Hause.

Return Anxiety & Re-Entry Shock

Schneller als gedacht ist für viele Au Pairs die Zeit in den USA vorbei. Genauso wie der Einstieg in die amerikanische Kultur muss auch das Ende des Aufenthaltes psychologisch verarbeitet werden. Man beginnt sich langsam abzunabeln und wieder etwas mehr Distanz aufzubauen. Die Gedanken an zu Hause werden stärker, gleichzeitig beginnt man das Leben in den USA, die Gastfamilie und die Freunde zu vermissen. Ein Großteil der Au Pairs durchlebt bei der Rückkehr nach Hause ein ähnliches Gefühlschaos wie zu Beginn der Au Pair-Zeit.

Re-Integration

Zurück im Heimatland fühlen sich viele wie „zwischen zwei Stühlen". Wo gehöre ich hin und wo fühle ich mich wirklich wohl? Oft reagieren Freunde und Familie begeistert über die Rückkehr, stattdessen plagt einen selbst das Heimweh in die USA. Mit der Zeit überwiegen die positiven Gefühle gegenüber dem Zuhause, und man schwelgt gerne in Erinnerungen. Viele Au Pairs beginnen zu diesem Zeitpunkt, die nächste Reise in die USA oder ihren Besuch bei der Gastfamilie zu planen. Hier kommen auch die Au Pair-Programme nochmal ins Spiel, die häufig Treffen für Ehemalige organisieren oder Möglichkeiten zur Mitarbeit bieten.

9.2 Typisch Amerika!

Dieser kleine Satz wird jedem Au Pair unzählige Male durch den Kopf gehen, während der Bewerbungsphase, in den USA oder später, wenn man sich an diese Zeit erinnert. Fast jedes Au Pair hätte gerne eine Liste mit all den Dingen, die zu beachten sind, damit es in den USA „klappt". Leider gibt es keinen solchen Masterplan, oder: zum Glück! – Wie langweilig und eintönig wäre es, wenn man alles, was ein Land und seine Menschen ausmacht, einfach auswendig lernen könnte. Noch dazu bestünde kaum die Möglichkeit, sich auf eine einheitliche Liste zu einigen. Nicht einmal die Erfahrungen von zwei Au Pairs, die in der gleichen Gastfamilie leben, werden sich gleichen: Jeder schreibt seine eigene Geschichte im Ausland!

Als Richtlinie für die Zeit im Ausland macht es aber sehr wohl Sinn, sich mit Eigenheiten, Denk- und Handlungsweisen sowie Werten zu beschäftigen, die vielen Menschen einer Kultur eigen sind. Der Psychologe Alexander Thomas nannte diese Übereinstimmungen „Kulturstandards". Er bezeichnet sie als Kennzeichen, die als Orientierungssystem des Wahr-

Rot, weiß und blau – die Nationalfarben werden gerne getragen

nehmens, Denkens und Handelns innerhalb einer Kultur dienen: Die Mehrheit der Mitglieder einer Kultur sieht diese Kennzeichen als normal, typisch und verbindlich an. Eigenes und fremdes Verhalten wird anhand dieser Kennzeichen gesteuert, reguliert und auch beurteilt.

Hier eine Auflistung gängiger Kulturstandards der amerikanischen Gesellschaft. Ganz bewusst werden diese nur stichpunktartig erläutert, da jedes Au Pair im Laufe des Aufenthaltes eigene Erkenntnisse sammeln wird.

Gleichheitsdenken

- begründet in der Einwanderungsgeschichte der USA, in der viele verschiedene Menschen „von Null anfangen" und etwas Neues beginnen
- Rangunterschiede sind zwar in der Gesellschaft vorhanden, werden aber weniger deutlich gezeigt
- freundlicher und höflicher Umgangston verleitet manchmal dazu, die Bedeutung einer Situation zu unterschätzen

Handlungsorientierung

- *Time is money*: effizientes Handeln, optimierte Arbeitsabläufe und rasche Ergebnisse zu erzielen sind von Bedeutung
- langes Vorausplanen und genaues Abwägen von Pro und Contra sind weniger wichtig
- Ein Scheitern ist in Ordnung, solange man Dinge aktiv anpackt!

Gelassenheit

- Dinge ausprobieren, aus Fehlern lernen und weitermachen! Diese Prinzip findet bereits in der Kindererziehung Anwendung
- Veränderungen hinnehmen, flexibel auf neue Situationen reagieren, ohne sich dabei aufzuregen und zu nörgeln
- Entscheidungen werden häufiger auch wieder rückgängig gemacht, wenn sie nicht „funktionieren". Dann wird die nächste Idee verfolgt!

Leistungsorientierung

- Wettkampf soll dem Ansporn dienen und nicht herabsetzen (z.B. werden die besten Schüler auf *honor rolls* veröffentlicht). Den Verlierern ist Respekt zu zollen.
- Konkurrenz wird als angenehme Herausforderung angesehen und dient als Ansporn, das eigene Potential so gut wie möglich auszuschöpfen und besser zu werden
- Ziele zu erreichen verschafft Respekt

Individualismus

- Jeder darf seine eigene Meinung haben und soll sich selbst verwirklichen
- Die Privatsphäre, der persönliche Raum jedes Menschen, wird gewahrt. Kritik und Zurechtweisungen erfolgen meist nicht öffentlich
- Der Einzelne soll in Entscheidungen mit einbezogen werden

Bedürfnis nach sozialer Anerkennung

- Eine angenehme Atmosphäre ist wichtig, man will von seinem Umfeld gemocht werden, ausgeprägte Freundlichkeit
- Kritik wird so weit wie möglich positiv formuliert und ist vor allem sachbezogen
- viel Lob und positive Anerkennung

Interpersonale Distanz

- Es herrscht allgemein ein informeller Umgangston, und ein extrovertierter Kommunikationsstil wird gepflegt
- schnelles und offenes Zugehen auf Fremde
- viel Small Talk und oberflächliche Kommunikation, aber auch sog. Tabuthemen wie z.B. soziale Unterschiede, politische Auseinandersetzungen, Krankheiten etc.

Es ist wichtig zu wissen, dass Kulturstandards dynamisch sind und sich – wenn auch nur sehr langsam – verändern können. Da es weder den typischen Amerikaner noch den typischen Deutschen gibt, besitzen die Kulturstandards auch nur eingeschränkte Gültigkeit für jede einzelne Person. Sie helfen nicht automatisch, Fettnäpfchen zu vermeiden, bieten aber einen Orientierungsrahmen und sensibilisieren für kulturelle Unterschiede.

Erfolgreiche Integration

Die Sensibilität für all das, was in den USA anders ist und anders gemacht wird, ist für das Au Pair der erste Schritt zum interkulturellen Lernen und der erste Schritt zur erfolgreichen Integration!

9.3 Feiertage und Feste

In den USA gibt es im Laufe eines Jahres kaum mehrwöchige Schulferien: Eine Ausnahme bilden die 8- bis 12-wöchige Sommerferien sowie die mehrtägigen Weihnachts- und Frühlingsferien (*spring break*, März-April). Umso mehr freuen sich alle über Feiertage, die meist mit einem verlängerten Wochenende verbunden werden!

Die meisten Feiertage sind in der Geschichte der USA begründet. Hier ein Überblick über die wichtigsten Feier-und Festtage:

Amerikanische Feiertage und Feste		
Januar	1. Januar	*New Year's Day* (Neujahr), gesetzlicher Feiertag
	3. Montag im Januar	*Birthday of Martin Luther King Jr.*, gesetzlicher Feiertag. Der Feiertag wird zu Ehren des Bürgerrechtlers Martin Luther King Jr. begangen, der sich in den 1950er und 1960er Jahren gegen die Rassentrennung in den USA einsetzte. King wurde 1968 in Memphis erschossen. Von ihm stammt die bekannte Rede mit dem Titel „I have a dream ...", die er 1963 beim March on Washington for Jobs and Freedom hielt.
Februar	14. Februar	*Valentine's Day* (Valentinstag, der Tag der Liebenden)
	3. Montag im Februar	*Washington's Birthday* (George Washingtons Geburtstag), gesetzlicher Feiertag. Früher wurde dem ersten US-Präsidenten gedacht, der am 22. Februar 1732 geboren wurde. Heute feiert man alle Präsidenten, deshalb heißt der Feiertag auch vielerorts *Presidents Day*. Den Kindern werden an diesem Tag in Schule und Kindergarten die amerikanischen Präsidenten nähergebracht, sie führen kleine Theaterstücke auf oder verkleiden sich z.B. als Abraham Lincoln.
Mai	Letzter Montag im Mai	*Memorial Day* (Gedenktag), gesetzlicher Feiertag. Man gedenkt der gefallenen US-Soldaten, ursprünglich ehrte man damit die Toten des Amerikanischen Bürgerkriegs (Sezessionskrieg) von 1861-1865. Gräber auf Nationalfriedhöfen und von ehemaligen Soldaten werden mit Flaggen geschmückt, viele Familien besuchen ihre Angehörigen auf den Friedhöfen.
Juli	4. Juli	*Independence Day* (Unabhängigkeitstag), gesetzlicher Feiertag. Der Nationalfeiertag in den USA, man erinnert sich an die Unterzeichnung der Unabhängigkeitserklärung vom 4. Juli 1776. Amerika versinkt in einem Fahnenmeer, man kleidet sich in den Nationalfarben, trifft sich zu Paraden, Konzerten und Picknicks; am Abend finden vielerorts Feuerwerke statt. Alle Bundesbehörden haben geschlossen und auch die meisten Geschäfte und Firmen schließen früher oder geben ihren Angestellten frei.
September	1. Montag im September	*Labor Day* (Tag der Arbeit), gesetzlicher Feiertag. Es finden zahlreiche Paraden zu Ehren der amerikanischen Bevölkerung statt. Für viele Schüler enden damit die Sommerferien und das neue Schuljahr beginnt.
Oktober	2. Montag im Oktober	*Columbus Day* (Kolumbus-Tag), gesetzlicher Feiertag. Es wird an die Ankunft von Christoph Kolumbus am 12. Oktober 1492 in Amerika erinnert.

November	11. November	*Veterans Day* (Tag der Veteranen), gesetzlicher Feiertag. Ursprünglich gedachte man den amerikanischen Soldaten des Ersten Weltkrieges (ehemals *Armistice Day* genannt); heutzutage ehrt man alle Kriegsveteranen der USA. Nicht alle Schüler haben schulfrei, aber alle Bundesbehörden haben geschlossen, es werden vielerorts Paraden abgehalten.
	4. Donnerstag im November	*Thanksgiving Day* (Erntedank), gesetzlicher Feiertag. Erinnerung an die Pilgerväter, die 1620 in Plymouth, Massachusetts, landeten und angeblich das erste Erntedankfest mit amerikanischen Ureinwohnern feierten. Der Tag wird im Kreise der Familie gefeiert – üblicherweise mit einem Festessen mit Truthahn, traditioneller Cranberry-Soße sowie vielen Beilagen und Kuchen.
Dezember	25. Dezember	*Christmas Day* (Weihnachten), gesetzlicher Feiertag

Besonders groß und aufwendig werden die großen christlichen Feste Ostern und Weihnachten gefeiert. Die Weihnachtszeit genießen die meisten Au Pairs in vollen Zügen, und sie werden in die zahlreichen großen und kleinen Familienrituale eingebunden (z.B. *Cookies & Milk for Santa Claus*). Zudem gibt es viele Feste, die inzwischen von den USA aus nach Europa „geschwappt" sind. Dazu gehört Halloween (31. Oktober) oder der St. Patrick´s Day (17. März). Trotzdem sollte sich jedes Au Pair davon überraschen lassen, mit wieviel Aufwand und Begeisterung die Häuser geschmückt und vorbereitet werden. Mit den Gastkindern auf *trick or treat*-Tour durch die Nachbarschaft zu gehen, ist ein Highlight in jedem Au Pair-Jahr!

Doch auch wer als Au Pair in einer Gastfamilie lebt, die einer religiösen Minderheit angehört oder anderen Traditionen folgt, wird in den USA auf seine Kosten kommen: Zu nennen sind hier das jüdische Rosch ha-Schana (Neujahrsfest) oder Chanukka (Lichterfest), sowie das afro-amerikanische Kwanzaa-Fest, welches auf verschiedenen afrikanischen Erntezeremonien beruht!

Wann immer möglich, sollten Au Pairs die Feiertage im Kreise der Gastfamilie und Freunde verbringen. Sehr oft kommen Familienangehörige und Bekannte zu Besuch; eine tolle Gelegenheit, um neue Kontakte zu knüpfen. Oft laden die Gäste das Au Pair im Anschluss an die Feierlichkeiten auf einen Besuch ein – ein Angebot, das von vielen Au Pairs im Rahmen von Wochenendreisen oder am Ende des Jahres gerne angenommen wird.

Nicht nur an Halloween wird Haus und Hof pompös dekoriert

Feiertage und Feste sind für Au Pairs nicht immer eindeutig als Arbeitstage zu identifizieren. Dies liegt nicht selten an zahlreichen Gästen oder gestressten Gasteltern. Hier lohnt es sich etwas Nachsicht walten zu lassen und sich auf die Situation einzulassen. Ich verbrachte meinen Weihnachtsabend (meine Gastfamilie feierte sowohl jüdische als auch christliche Feste) mit einem völlig aufgeregten Dreijährigen in einer Kissenburg, da er es nicht verpassen wollte, Santa Claus bei der Geschenkübergabe zu ertappen!

9.4 Neues Zuhause auf Zeit

In dem neuen amerikanischen Zuhause werden vielen Au Pairs recht schnell Unterschiede zu dem bisher Gewohnten auffallen. Dazu gehören unter anderem Kinderzimmer, die kaum genutzt werden, denn in vielen Familien finden Hausaufgaben, Bastel- und Spielaktionen eher im Wohnzimmer oder in der Küche statt. Obwohl das Au Pair-Zimmer für die meisten Gastkinder tabu ist, werden sie geradezu magisch da-

My home is my castle – das gilt auch für das Au Pair-Zimmer

von angezogen. Auch Gasteltern klopfen gerne das ein oder andere Mal an und werfen einen Blick in den Raum. Es lohnt sich also, einigermaßen Ordnung walten zu lassen.

Generell ist es wichtig, die Privatsphäre der Gastfamilie zu beachten. Dies gilt nicht nur für allgemeine Rückzugszeiten, sondern auch für das Schlaf- und Arbeitszimmer der Eltern. Sehr oft haben Kinder und Eltern auch getrennte Bäder. Es kommt durchaus vor, dass sich das Au Pair mit den Kindern ein Bad teilt. Dabei ist zu beachten, dass selbst jüngere Kinder in den USA nicht immer gerne beim Duschen oder Baden beobachtet werden. Dies gilt natürlich nicht bei Kindern, die noch Hilfe benötigen. Dennoch erklärt schon so manches vierjährige Kind, dass es nicht *decent* (sittsam/anständig) gekleidet ist und das Au Pair evtl. vor der Badezimmertüre warten soll, bis der Knirps aus der Dusche geklettert ist.

Diese Form des Privaten steht sehr oft im starken Gegensatz zum Prinzip der Offenen Türen: In vielen Familien werden die Türen zum Schlafzimmer nicht geschlossen, außer eine Person zieht sich gerade um. Dies gilt auch für Bürotüren sowie für manche Eingangstür, die nicht immer abgeschlossen wird. Eine geschlossene Tür symbolisiert in den USA in vielerlei Hinsicht etwas Negatives, so wird damit beispielsweise assoziiert, dahinter könne ein unangenehmes Gespräch stattfinden. Gerade Au Pairs ziehen sich aber gerne in ihre Zimmer zurück und lassen sowohl die Gastfamilie als auch den Rest der Welt vor ihrer Tür. Hier ist es sinnvoll, die Gasteltern darauf aufmerksam zu machen, dass man sich nun auf sein Zimmer zurückzieht und etwas Zeit für sich (*private time*) braucht, aber auch betont, dass alles okay ist. Meine Gasteltern ließen es sich z.B. nicht nehmen, mir jeden Abend ein *Good Night – sleep tight!* zuzurufen, auch wenn sie dazu nur vor meiner Zimmertüre standen!

Das Thema Haushalt wurde in Kapitel 5 bereits angesprochen. Allerdings soll hier nochmals erwähnt werden, dass es sich schon aus Respekt gegenüber der Gastfamilie gebührt, das Heim sauber zu halten. Dabei geht es nicht um zusätzliche Putz- oder Reinigungsarbeiten, sondern darum, zumindest den Zustand zu erhalten, in dem die Gastfamilie die Räume verlässt. Manche Au Pairs steigern sich auch in eine Art Wettstreit hinein, wer das Haus besser in Schuss hält. Gerade wenn Haustiere in der Familie leben, werden diese nicht immer so regelmäßig ausgeführt oder die Käfige so oft gereinigt, wie es viele Au Pairs gewohnt sind. Von daher gilt es, sich immer wieder klarzumachen dass man nur ein Gast auf Zeit ist. Jedes Au Pair kann später den eigenen Haushalt so führen, wie er oder sie sich es wünscht, in den USA gibt die Gastfamilie die Richtung vor!

Ein Aspekt, der mich in den USA am meisten fasziniert, aber auch verwundert hat, war der Umgang mit Geld! In vielen Fällen steht in den Häusern der Gastfamilien reichlich Bargeld zur Verfügung, haben die Amerikaner doch immer einige Dollarnoten in der Tasche. Einige Au Pairs bekommen eine Kreditkarte oder einen Zugriff auf das Familienkonto und können so einkaufen, das Auto betanken oder den Kindern das Kino bezahlen. Scheckbücher mit unterschriebenen Blanko-Schecks oder ein dreistelliges Wochenbudget für Aktivitäten mit den Kindern sind ebenfalls keine Seltenheit. Hier ist Zurückhaltung gefragt, auch wenn das Geld und die damit verbundenen Möglichkeiten verlockend sind. Ich würde jedem Au Pair raten, den Gasteltern in regelmäßigen Abständen eine Abrechnung vorzulegen, auch wenn dies nicht erwartet wird. Transparenz schafft Vertrauen!

Abschließend noch ein Hinweis in Bezug auf Körperpflege und Hygiene. Amerikanern sind das äußere Erscheinungsbild und ein gepflegtes Äußeres sehr wichtig. Mehrmaliges Duschen am Tag ist keine Seltenheit, ebenso wie häufiger Kleiderwechsel. Haare werden täglich gewaschen, die Rasur gehört für Frauen und Männer zum Alltag, und in der Regel gibt es zahlreiche Pflegeprodukte für jedes einzelne Familienmitglied. Au Pairs sollten aufpassen, nicht zwei Tage in Folge dasselbe Outfit zu tragen, auch wenn es sich um das Bastel-T-Shirt für die Kinder handelt. Neue Au Pairs bemerken diesen Unterschied am ehesten anhand der Wäscheberge, die viele amerikanische Familien bzw. die Kinder produzieren. Glücklicherweise hat jede Gastfamilie zur Waschmaschine auch den passenden Trockner, und Bügeln ist nur im Ausnahmefall von Nöten. Wer von zu Hause empfindliche und feine Kleidungsstücke mit in die USA nimmt, dem sei geraten, mit den robusten amerikanischen Waschmaschinen sehr vorsichtig umzugehen!

9.5 Shopping und Ernährung

Shop till you drop! Viele Au Pairs leben dieses Motto in den USA. Sie schicken zum Ende des Jahres mehrere Pakete nach Hause oder nutzen jede freie Lücke im Gepäck von Freunden und Familie, die zu Besuch kommen. Neben Bekleidungsläden, Drogerien und riesigen Kaufhäusern suchen auch Supermärkte und die allgemeine Produktauswahl in den USA ihres Gleichen. Für Au Pairs ist es ein großer Spaß, sich durch zig verschiedene Frühstücksflocken, Chips oder Eissorten zu probieren. Generell sind Au Pairs angehalten, die Lebensmittel zu essen, die auch die Familie verzehrt. Im Falle von Lebensmittelallergien oder Unverträglichkeiten finden die meisten Au Pairs eine Kompromisslösung mit der Gastfamilie. Wer in der näheren Umgebung keine geeignete Einkaufsmöglichkeit für spezielle Produkte finden sollte, der kann die zahlreichen Lieferdienste in Anspruch nehmen und bekommt so z.B. von Amazon glutenfreie Produkte direkt ins Haus geliefert.

Shopping gehört zum amerikanischen Au Pair-Alltag dazu

Kinder essen in den USA häufig separat von ihren Eltern und bekommen ihre eigenen Lebensmittel und Gerichte zubereitet. Wie alle Kinder, werden auch die Gastkinder sehr stark darauf fokussiert sein, wie ihr Essen aussieht. Für das Au Pair bedeutet dies gerade zu Beginn ihrer Zeit in Amerika, dass sie viel zu beobachten und zu lernen haben. So sollte man sich auch nicht von manch sonderbarer Zusammenstellung von Gerichten, wie z.B. Huhn mit Apfelkompott, irritieren lassen.

Die Ernährung in den USA ist mit Sicherheit anders, als sie ein Au Pair von zu Hause kennt. Und dies bezieht sich nicht nur auf Fast Food oder Fertigprodukte. In den USA gibt es eine große Health-Food-Bewegung, die eine gesunde und ausgewogene Ernährungsweise propagiert. Früchte und Gemüse sind frisch und in großer Auswahl zu beziehen und viele Lebensmittel sind mit *nutrition facts* (Nährwertangaben) bedruckt.

Trotzdem werden einige Au Pairs erleben, dass sie etwas an Gewicht zulegen. In der Regel sind die extra Pfunde im Heimatland schnell wieder verschwunden. Deshalb sollte man sich auch den Genuss der ein oder anderen Leckerei nicht verbieten. Viele Au Pairs verbinden den Geschmack eines bestimmten Lebensmittels später immer noch mit ihrer USA-Zeit. Essen verbindet auch auf anderer Weise, lässt es sich dabei doch wunderbar entspannen, plaudern und genießen. Viele Gasteltern kochen gerne und aufwendig (z.B. an Wochenenden), und so sollten Au Pairs immer bereit sein, ein neues Gericht zu probieren. Immerhin fungieren sie auch als Vorbild für die Kinder, und viele Lebensmittel schmecken in den USA ganz anders, als man dies von zu Hause gewohnt ist!

9.6 Gesetze und Regeln

Jedes Au Pair ist nicht nur an die Vorgaben des Programms, sondern insbesondere auch an die Gesetze und Vorschriften der Vereinigten Staaten gebunden. Es versteht sich von selbst, dass kein Au Pair mit dem Gesetz in Konflikt kommen sollte. In solch einem Fall kann auch kein Betreuer oder der amerikanische Programmsponsor etwas ausrichten.

Der häufigste Berührungspunkt mit dem Gesetz liegt für Au Pairs beim Thema Alkohol. Im Gegensatz zu den Heimatländern der Au Pairs liegt das *legal drinking age* in den USA bei 21 Jahren. Dies bedeutet, dass Alkohol erst ab 21 Jahren konsumiert und erworben werden darf! Natürlich kann man auch unter 21 Jahren ein Glas Bier oder Wein im Rahmen einer privaten Familienfeier trinken, solange man dies von den Gasteltern angeboten bekommt. In allen öffentlichen Bereichen, und auch auf der Straße, darf man jedoch unter 21 Jahren nicht mit Alkohol erwischt werden. Generell werden hochprozentige Alkoholika in den USA meist nur in speziellen Läden verkauft, und die Flaschen werden blickdicht in Papiertüten verpackt. In Restaurants und Clubs sind die Bar und andere Räumlichkeiten immer voneinander getrennt. Wer als *minor* (Minderjährige/r) ausgeht, erhält meist ein spezielles Armband, an dem Mitarbeiter erkennen, dass an diese Person kein Alkohol ausgeschenkt werden darf!

Der Umgang der Amerikaner mit Alkohol ist rigide und strikt – insbesondere in der Anwesenheit von Kindern. Es gibt Eltern, die nur dann Wein trinken, wenn ihre Kinder nicht anwesend sind und ansonsten den Alkohol regelrecht verstecken und vor den Kindern wegschließen! Dies erscheint gerade vielen Nicht-Amerikanern sehr übertrieben, da dieses strikte Verbot den Reiz eventuell noch erhöht. Trotzdem müssen sich Au Pairs an diese Vorgaben halten und auch gegenüber den Kindern das Verhalten der Eltern unterstützen.

No-Go

Selbst wenn Gasteltern den Genuss von Alkohol in der Freizeit des Au Pairs billigen oder das Au Pair nach dem amerikanischen Gesetz volljährig ist, wird niemals gebilligt, wenn Au Pairs alkoholisiert oder verkatert zur Kinderbetreuung antreten.

Extrem vorsichtig sollten Au Pairs auch sein, wenn sie den PC der Gastfamilie benutzen oder ein Smartphone bzw. Tablet gestellt bekommen. Webseiten oder auch Datingportale, die den Gasteltern problematisch erscheinen können, sollten von solchen Geräten nicht angewählt werden. Gleiches gilt auch für die vielen privaten TV-Programme in den USA. So sollten z.B. Softpornos nicht aufgerufen werden, auch wenn diese Sender in den TV-Paketen der Familie zur Verfügung stehen. Amerikaner finden es nicht immer verwerflich, die eigenen Kinder und evtl. auch das Au Pair zu kontrollieren, in dem

Ist dein Gastkind auch ein Superheld?

sie z.B. die angeklickten Webseiten im PC überprüfen. Dieses Problem kann vermieden werden, indem man das eigene Laptop mit in die USA nimmt und mit einem Passwort sichert.

Die meisten Richtlinien der Au Pair-Programme sehen es zudem vor, dass Au Pairs nicht aktiv mit Schusswaffen hantieren dürfen. Auch wenn sich der eine oder andere Leser hier wundert: Nicht wenige Familien in den USA haben Schusswaffen im Haushalt. Diese müssen immer für die Kinder unerreichbar aufbewahrt werden. Es gibt einige Familien, die in ihrer Freizeit auf *Shooting Ranges* bzw. in Schützenclubs die Waffe gebrauchen. In solchen Fällen sollte das Au Pair bei der jeweiligen Organisation nachfragen, wie es sich zu verhalten hat. Amerikaner sind sich des kritischen Standpunkts vieler Ausländer im Hinblick auf den privaten Gebrauch von Waffen bewusst und fordern bzw. erwarten deshalb auch keine aktive Beteiligung des Au Pairs.

Doppelmoral

Die in den USA vorherrschende Doppelmoral in Bezug auf viele Dinge kann einen durchaus verwirren und auch etwas ängstigen. Auf keinen Fall hält einen dies aber davon ab, sich in Amerika zu amüsieren und als Au Pair auch ein „Leben außerhalb der Gastfamilie“ zu führen. Allerdings muss sich jedes Au Pair immer seiner Grenzen bewusst sein und sollte das eigene Bauchgefühl nicht ignorieren!

9.7 Freunde und Beziehung

Friends make the life worth living! Kontakt zu anderen Au Pairs aufzubauen geht sehr schnell: Zum einen lernt man über den persönlichen Betreuer und bei verschiedenen Treffen automatisch die anderen Au Pairs in der Nachbarschaft kennen. Aber natürlich trifft man auch Au Pairs sowie *nannies* anderer Programme z.B. auf dem Spielplatz, in der Bücherei oder beim Abholen der Kinder von der Schule. Kurzum, unter Au Pairs ergeben sich immer Freundschaften. Oft fühlt man sich mit Au Pairs, die aus dem gleichen Heimatland kommen, besonders verbunden. Da es in den meisten Regionen aber nicht gerade wenige deutschsprachige Au Pairs gibt, sollte man versuchen, die anderen Nationalitäten nicht auszugrenzen. Schließlich wollen ja alle Au Pairs ein internationales Erlebnis haben!

Etwas anders sieht es in der Regel mit dem Kontakt zu Amerikanern aus. Natürlich lernt man über seine Gastfamilie automatisch auch ihre Freunden, Verwandten und Personen in der Nachbarschaft kennen. Nur sind leider viele gleichaltrige Amerikaner nicht vormittags auf dem Spielplatz anzutreffen und auch nicht am Nachmittag mit den Kindern im Park unterwegs. Educares haben es da etwas leichter, sind sie doch meist am College oder in anderen Bildungseinrichtungen automatisch mit Leuten der gleichen Altersgruppe zusammen. Trotzdem gilt für alle Au Pairs: *Get out and find the friends you want!* Soll heißen: ab ins Fitnessstudio, ins Bowlingcenter oder in die Cafés und Kneipen, besonders in der Nähe von Schulen und Universitäten. Warum nicht bei einem Sozialprojekt in der Nachbarschaft mitarbeiten, im Tierheim aushelfen oder das eigene Hobby unterrichten? Mit ein bisschen Mut und Recherche findet man Wege und Möglichkeiten, auch außerhalb der Au Pair-Community Kontakte zu knüpfen! Es ist zudem hilfreich, wenn Au Pairs nicht immer in Form ganzer Fußballmannschaften einfallen – deshalb ruhig mal in der

Kleingruppe die Umgebung erkunden. Generell kommt man sehr schnell mit Amerikanern ins Gespräch. Verbindet einen dann noch ein gemeinsames Hobby oder Interesse, dann ist auch der unverbindliche Smalltalk gut zu meistern!

Sind Freundschaften geknüpft – egal ob mit Au Pairs oder anderen Personen – bedeutet dies allerdings nicht, dass man jeden mit in das Haus der Gastfamilie bringen sollte. Amerikaner schützen ihre Privatsphäre sehr stark und möchten immer wissen, mit wem sie sich umgeben. Folglich sind manche Au Pairs erst einmal überrascht, wenn ihnen die Gasteltern mitteilen, dass ein anderes Au Pair nicht ins Haus kommen soll, bis die Eltern es und evtl. auch dessen Gastfamilie persönlich kennengelernt haben! Gleiches gilt oft auch für die Mitnahme im Auto oder für gemeinsame *play dates* der Kinder.

Solch ein Verhalten hat in der Regel nichts mit Bevormundung zu tun, sondern ist als kulturelle Eigenheit einzuordnen. Hier hilft nur Respekt und Kommunikation. Respekt gegenüber dem Zuhause und der Privatsphäre der Gasteltern, auch in Hinblick auf die Kinder. Au Pairs sollten ihren Gasteltern immer von neuen Freunden berichten und ihnen diese auch erst einmal vorstellen. Will man jemanden nach Hause einladen, sollte man dies vorher auf jeden Fall mit den Gasteltern absprechen. Falls diese damit nicht einverstanden sind, bleibt dem Au Pair meist nichts anderes übrig, als

Privatsphäre wahren

Es passiert schnell, dass man sich in der Au Pair-Runde oder mit Freunden über die eigene Gastfamilie unterhält! Dies kann zu ungeahnten Problemen führen, insbesondere wenn Informationen weitergegeben werden, durch die sich Gastfamilien bloßgestellt oder beleidigt fühlen. Dabei muss es sich nicht einmal um Probleme, Krankheiten oder Krisen handeln, auch vermeintlich positive Ereignisse sollten privat bleiben. Au Pairs erleben Situationen in der Gastfamilie ungefiltert, und es fällt nicht immer leicht, diese für sich zu behalten. Deshalb gilt es sehr genau darauf zu achten, wem man sich anvertraut. Im Fall der Fälle ist ein Gespräch mit dem persönlichen Betreuer einer Offenbarung gegenüber Freunden immer vorzuziehen!

Au Pairs bei einem Festival in San Francisco

die Entscheidung zähneknirschend hinzunehmen. Private Treffen und Unternehmungen müssen dann in der Freizeit des Au Pairs stattfinden.

Verliebt man sich als Au Pair oder wartet sogar jemand im Heimatland, dann ist es sinnvoll, dies mit der Gastfamilie zu besprechen. Bezüglich einer Fernbeziehung machen sich manche Gasteltern Sorgen und thematisieren dies oft bereits in der Kennenlernphase. Hier ist es wichtig, die Gasteltern zu beruhigen und ihnen zu versichern, dass man die Situation mit seinem Partner besprochen hat und dass dieser nach Möglichkeit den Au Pair-Aufenthalt auch noch unterstützt. Trotzdem ist es angebracht, sich mit seinem Gefühlsleben der Gastfamilie gegenüber zurückzuhalten, und kein Au Pair sollte während der Arbeitszeit oder in Gegenwart der Kinder mit dem oder der Liebsten chatten oder skypen. Auch wenn die Gastkinder dies bestimmt spannend und lustig finden, viele Eltern halten es für unangebracht, dass Au Pairs

„Mein Amerika" – dem Partner die neue Heimat zeigen

das Thema Sexualität mit den Kindern besprechen. An dieser Stelle möchte ich an die Vorbildfunktion und die richtige Wortwahl erinnern, die Au Pairs gegenüber den Kindern an den Tag zu legen haben.

Beziehungen, insbesonders Liebesbeziehungen, laufen in den USA nach einem anderen Schema ab, als es die meisten Au Pairs gewöhnt sind. Das *dating* folgt gewissen Regeln, und ich selbst kann mich noch sehr genau erinnern, wie schrecklich peinlich ich es fand, als mein Bekannter vor dem ersten Kinobesuch von meinen Gasteltern und den Großeltern in die Küche zum Gespräch zitiert wurde. Wenn man sich verliebt, dann muss man als Au Pair trotzdem die Professionalität der Familie und insbesondere den Kindern gegenüber wahren – auch wenn dies reichlich schwerfällt! Au Pairs haben keinesfalls das Recht, den Freund oder die Freundin einfach mit nach Hause zu bringen. Viele Gasteltern werden dies vielleicht sogar ganz untersagen. Sexualität wird in vielen Bereichen der amerikanischen Gesellschaft noch weitestgehend tabuisiert, und daran wird kein verliebtes Au Pair etwas ändern können!

9.8 Kontakt nach Hause und Besuch aus der Heimat

Als Au Pair den Kontakt nach Hause zu halten, ist heutzutage leichter als früher: Dank sozialer Medien, Smartphones, Blogs etc. erleben viele Angehörige und Freunde den Auslandsaufenthalt so gut wie „live" mit. Dies ist Fluch und Segen zugleich!

Natürlich ist es toll, den Besuch von Sehenswürdigkeiten schnell mit den Lieben zu Hause zu teilen, schließlich sind die USA ja nicht nur einen Katzensprung entfernt. Andererseits gibt es auch das Phänomen, dass Au Pairs zwar physisch im Ausland sind, aber aufgrund ständiger digitaler Verfügbarkeit weder ihr altes Leben loslassen noch unbeschwert in den amerikanischen Alltag eintauchen können. Das Bestreben eines Au Pairs sollte nicht darin liegen, das beste Bild zu posten oder den lückenlosesten Blog zu erstellen, sondern die USA mit allen Sinnen zu genießen und zu er-leben! Schnell zieht man sich auf eine Art „Beobachtungsposten" zurück, wenn man alles, was neu ist, fotografiert oder anderweitig festhält, sich aber nicht damit auseinandersetzt, warum es denn nun anders ist! Auch in schwierigen Situationen sind die vielen Meinungen, die man aus der Heimat einholen kann, nicht immer hilfreich, muss die Situation doch vor Ort angepackt werden.

Von daher sollten Au Pairs versuchen, den Kontakt nach Hause zu reduzieren, nicht um die anderen auszuschließen, sondern um sich selbst die Chance auf einen intensiven Auslandsaufenthalt zu geben. Auch leichtfertig getroffene Absprachen, wie z.B. regelmäßig mit den Eltern oder den Freunden zu chatten, können in Amerika nach ein paar Wochen hoffentlich nicht mehr eingehalten werden! Warum? Ganz einfach: Wer seinen Rhythmus in den USA gefunden hat, einem anderen Tagesablauf folgt und viel mit den neuen Freunden unternimmt und reist, dem bleibt nur sehr wenig oder manchmal eben auch keine Zeit mehr, um regelmäßig darüber zu berichten. Für Erinnerungen und ausführliche Erzählungen bleibt einem als Ex-Au Pair noch genug Zeit!

Viele Daheimgebliebene möchten sich die Chance nicht entgehen lassen, das eigene Kind, den Bruder oder die Schwester oder den Freund oder die Freundin nach ein paar Monaten wiederzusehen und in den USA zu besuchen. Auch für Au Pairs ist in der Bewerbungszeit der Gedanke, die Lieben nicht erst nach zwölf Monaten oder mehr wiederzusehen, absolut verlockend und manchmal auch tröstend. Ist man dann Au Pair in den USA, wendet sich oft das Blatt. Der Besuch aus der Heimat gibt einem das Gefühl, „zwischen zwei Stühlen“ zu sitzen. Man ist hin- und hergerissen zwischen alter und neuer Rolle, muss evtl. auch seinen Aufgaben in der Gastfamilie nachkommen und lässt vermeintlich das neue Leben und die neuen Freunde irgendwie im Stich. Hier hilft nur, offen über die eigenen Gefühle und Bedenken zu reden und vielleicht auch dem ein oder anderen Besucher abzusagen, auch wenn es schwer fällt.

Gastfamilien sind prinzipiell auch nicht dazu verpflichtet, Freunde oder Angehörige des Au Pairs aufzunehmen. Einerseits verlangt es die amerikanische Gastfreundschaft, sich um den Besuch des Au Pairs zu kümmern, andererseits haben nicht alle Familien den Platz oder auch die finanziellen Mittel, dies zu bewerkstelligen. Man sollte die Gasteltern immer fragen, ob es für sie in Ordnung ist, Besuch im

Gastfamilie? Familie? Freunde?

Den Plan, Weihnachten oder ein anderes Fest in den USA gemeinsam mit Freunden oder der Familie zu verbringen, schmieden viele Au Pairs noch vor ihrer Ausreise! In den USA erkennen dann so einige, dass sie nur dieses eine amerikanische Weihnachten erleben werden und es deshalb lieber mit der Gastfamilie verbringen möchten. Schließlich kann man zu Hause noch zahlreiche Feste mit den eigenen Traditionen und Ritualen feiern! Flüge buchen und konkrete Besuchspläne sollte man am besten erst dann in die Tat umsetzen, wenn man in den USA ist und sich dort eingelebt sowie in die neue Rolle eingefunden hat! Viele Au Pairs werden auch zu absoluten Reiseprofis, die sehr genau wissen, wie und wo man günstige Unterkünfte findet oder einen guten Deal für einen Flug machen kann!

neuen Zuhause zu empfangen. Forderungen zu stellen ist hier nicht angebracht! Oft ist es für Au Pairs und Gastfamilien einfacher, wenn ein Besuch am Ende der Au Pair-Zeit erfolgt!

Plant ein Au Pair, während dem Jahr nach Hause zu reisen, sei es für einen privaten Besuch oder aufgrund eines Bewerbungsverfahrens, dann muss dies immer mit dem Programmsponsor abgesprochen werden. Mit dem OK der Organisation und einem Vermerk, dass das Au Pair in *good standing* ist, sollten sich keine Probleme bei der Wiedereinreise in die USA ergeben. Einen zwischenzeitlichen Besuch zu Hause muss ein Au Pair immer selbst finanzieren und dieser sollte auch rechtzeitig mit der Gastfamilie besprochen werden!

9.9 Leben mit der Gastfamilie

Um den Au Pair-Alltag besser bewältigen zu können, sind die folgenden Tipps, Hinweise und Denkanstöße sehr hilfreich.

9.9.1 Kinder, Kinder!

Spricht man mit ehemaligen Au Pairs, egal wann der Aufenthalt war, dann reden diese meistens von „ihren *host kids*". Die Beziehung zwischen Au Pair und dem Nachwuchs der Gastfamilie wird sehr oft sehr eng, und auch wenn man mit den Gasteltern nicht immer glücklich ist, an den Kindern hängt fast jedes Au Pair.

Wichtig ist, dass ein Au Pair niemals die Eltern der Kinder ersetzen soll, will oder kann. Viele Gasteltern verpassen in der Tat viel vom Alltag ihrer Kinder. Oft ist das Au Pair beim ersten Schritt anwesend, schafft es, dass das Kind alleine Fahrrad fahren lernt oder hilft beim ersten Liebeskummer. Dies macht die Arbeit von Au Pairs zum einen so wertvoll und spannend, manchmal aber auch extrem schwierig! Den

Kindern gegenüber muss immer klar kommuniziert werden, dass in letzter Instanz die Eltern entscheiden. Dies bedeutet auch, dass Au Pairs die Verantwortung für manche Entscheidungen gar nicht mitzutragen haben, sondern an die Gasteltern abgeben sollten. Deshalb ist es immer von Vorteil, mit den Gasteltern in regem Austausch zu bleiben, ihnen auch von positiven Ereignissen zu erzählen und nicht nur, wenn ein Kind hingefallen ist oder es in der Schule Probleme gibt! Manchmal lassen sich ganz kleine Kinder sogar leichter vom Au Pair als von ihren eigenen Eltern ins Bett bringen. In solchen Fällen kann man den Eltern eine Art Tagebuch erstellen, in dem man vermerkt, was das Baby heute gemacht hat, ob der *toddler* (Kleinkind bis ca. zwei Jahre) etwas Neues gelernt hat oder welches Kuscheltier aktuell favorisiert wird. Diese Notizen lassen sich am Ende des Jahres wunderbar als Abschiedsgeschenk verwenden, und so hat auch das Kind später ein ganz besonderes Andenken an das Au Pair.

Wie bereits beschrieben, steht das Au Pair zwischen Gasteltern und Kindern. Diese Position bedeutet einerseits, dass man sich an die Vorgaben und die Erziehung der Gasteltern halten muss, aber auch, dass das eine oder andere Geheimnis der Kinder bewahrt wird. Die Regeln der Gasteltern etwas weiter auszulegen ist ok, solange es sich im Rahmen hält! Allerdings sollten Au Pairs auch nicht zu persönlichen Bediensteten der Kinder werden, selbst wenn sich der Nachwuchs manchmal anschickt, den Ton anzugeben.

Kinder und Au Pair werden sehr oft zu einem eingeschweißten Team, das sich nach einiger Zeit auch ohne viele Worte versteht. Das Au Pair ist für viele Kinder einfach nur cool, ein Vorbild und die Person, die man nachahmt und zu der man aufschaut. Das Au Pair kann und soll diese Rolle genießen, muss aber beachten, dass er oder sie immer ein positives Vorbild bleibt! Deshalb ist es auch in Ordnung, wenn man sich in schwierigen Situationen die Eltern mit ins Boot holt oder sich explizit auf deren Vorgaben beruft. Dies macht das Leben eines Au Pairs in vieler Hinsicht leichter! Wenn man es zudem noch schafft, die Kinder zu motivieren und mit ihnen zusammen zu agieren, dann bekommt das Au Pair auch sehr viel von den kleinen Menschen zurück!

Häufig werden das Au Pair und die Kinder ein eingeschweißtes Team

Jedes Au Pair wird viele lustige und komische Momente mit den Kindern erleben, die man dann gerne mit einem schnellen Bild oder einem kurzen Video festhält. Sehr oft freuen sich auch die Gasteltern über entsprechende Ablenkung während der Arbeitszeit. Vorsichtig sollte man in den USA allerdings mit der Aufnahme von nackten Kindern sein – auch wenn diese noch ganz klein sind. Nacktheit ist in den USA in der Öffentlichkeit verpönt, und so tragen selbst Kleinkinder Badebekleidung. Auch andere Informationen über das Leben in und mit der Gastfamilie sowie die Bilder von Kindern dürfen nicht einfach so auf dem Blog oder dem Facebook-Profil des Au Pairs hochgeladen werden. Hier reagieren Gasteltern oft verärgert und sind extrem darauf bedacht, die Privatsphäre ihrer Kinder zu schützen!

9.9.2 Gasteltern

Wie schon mit den Kindern, entwickelt sich auch zwischen vielen Au Pairs und Gasteltern eine enge Freundschaft. Dies ist völlig in Ordnung, solange ein Au Pair nicht vergisst, dass

The Wave – bizarre Formation aus versteinerten Sanddünen im Vermilion Cliffs National Monument

die Gasteltern nicht beste Kumpel sind, sondern Arbeitgeber!

Ebenso sind Gasteltern verpflichtet, diese Grenzen gegenüber dem Au Pair einzuhalten. Die Privatsphäre eines Au Pairs darf nicht beeinträchtigt werden, egal ob von der Gastmutter oder dem Gastvater. Fühlt sich ein Au Pair auf körperliche Weise bedrängt oder ist die Kommunikation herabwürdigend oder verletzend, muss sich das Au Pair umgehend an den Betreuer oder die Au Pair-Organisation wenden. Hier sollte kein Au Pair unnötig leiden, nicht aus falscher Scham abwarten und die Situation nicht verdrängen!

Eine besondere Herausforderung stellt in manchem Fall auch die Position dar, die ein Elternteil in der Familie einnimmt: Gibt die Gastmutter den Ton an und entscheidet oder zeigt sich vielleicht ein Gastvater als eher unterwürfig oder teilnahmslos? Wie auch immer die Rollen in einer Beziehung verteilt sind, das Au Pair kann mit einer völlig anderen Konstellation in der Gastfamilie konfrontiert werden als es von zu

Hause gewöhnt ist. Hier heißt es erst mal zu beobachten und zu versuchen, Handlungsmuster zu erkennen. Sehr oft kann der Betreuer auch behilflich sein, da dieser die Gastfamilie schon länger kennt und auch mit der einen oder anderen zusätzlichen Information für Klarheit schaffen kann!

Soweit möglich, sollte bei Problemen in der Gastfamilie immer das Gespräch mit den Eltern gesucht werden. Dies kostet viele Au Pairs große Überwindung und ist auch mit Angst belegt. Ich kann mich selbst gut an eine Situation erinnern, in der ich die Haltung meiner Gasteltern mir gegenüber einfach nicht nachvollziehen konnte. Mit einem Zettel in der Hosentasche, auf den ich mir vorher meine Argumente notiert hatte, bat ich meine Gasteltern um ein Gespräch. Der Zwischenfall, bei dem wir schlichtweg aneinander vorbei kommuniziert hatten, konnte relativ einfach geklärt werden. Meine Gasteltern haben die Lage völlig anders eingeschätzt als ich, und dies wurde allen Beteiligten klar. Die Genugtuung, mich mit einer Situation nicht einfach abgefunden zu haben, stärkte mich für den Rest meines USA-Aufenthaltes!

9.9.3 Dos und Don´ts

Die folgenden Hinweise sollen mögliche Schwierigkeiten und Herausforderungen kurz und knapp aufzeigen sowie Anregungen zum Nachdenken und Tipps für Lösungsansätze geben:

Die Gastfamilie und den eigenen Au Pair-Aufenthalt mit den Erfahrungen anderer vergleichen

Wir sind alle Menschen mit guten und weniger guten Eigenschaften, deshalb sind Reibungspunkte unvermeidlich und gehören zum Leben. Das Au Pair hat nicht die Traumfamilie gefunden? Vielleicht hat die Gastfamilie auch nicht das perfekte Au Pair gefunden! Gibt es diese Konstellation überhaupt, oder geht es nicht vielmehr darum, das Beste aus der Situation zu machen und an Herausforderungen zu wachsen? Was stört ein Au Pair wirklich am Leben in den USA? Liegt es an der Gastfamilie, an den Bedingungen des Au Pair-Programms, an der amerikanischen Kultur oder den eigenen Erwartungen? Ehrliche Pro- und Contra-Listen, über mehrere Tage erstellt, helfen in solch einer Situation weiter. Wie beurteilen andere Personen, deren Meinung einem selbst wichtig ist, die Situation? Die Entscheidung, die Gastfamilie zu wechseln oder den Aufenthalt zu beenden, sollte von einem Au Pair nicht übereilt getroffen werden!

Persönliche Freiheit

Die Vorgaben der Gasteltern erscheinen einem zu eng, die *curfew* (Ausgangssperre) unangemessen und von der vielgepriesenen amerikanischen Freiheit bleibt nicht viel übrig? Man sollte sich erst einmal folgende Fragen stellen: Warum schränken Gasteltern ihr Au Pair ein, kann ich ihnen in der einen oder anderen Hinsicht die Angst nehmen? Muss das gegenseitige Vertrauen nicht erst wachsen, damit die Gasteltern erkennen, dass sie sich auf mich verlassen können? Hier hilft auf Dauer nur ein offenes Gespräch, in dem das Au Pair beschreibt, wie es sich mit den Regeln fühlt. In Hinblick auf den amerikanischen Umgangston sollte die Argumentation dabei immer vorsichtig aufgebaut werden, indem man nicht automatisch einer anderen Person die Schuld zuweist. Vielmehr sollte man vom eigenen Standpunkt und der eigenen Gefühlslage ausgehen und erfragen, ob Veränderungen möglich sind!

Patriotismus

Überall und in jeglicher Form begegnet einem die amerikanische Flagge. Auch die Nationalhymne wird bei allen möglichen Gelegenheiten mit Inbrunst angestimmt. Generell zeigt sich Amerika nur wenig kritisch gegenüber der eigenen Nation, denkt aber in Bezug auf das Ausland in klar abgegrenzten Kategorien. Manch Au Pair kann mit dieser Situation nur schwer umgehen. Aber Amerikaner lieben ihr Land. Punkt! Patriotismus gehört zu Amerika, auch wenn dieser Ausländern oft als zu viel und zu übertrieben erscheint. Hier gibt es nur zwei Optionen: aktiv mitmachen oder sich zurückhaltend und respektvoll verhalten. Niemand ist gezwungen, bei der Nationalhymne die Hand aufs Herz zu legen; es genügt, sich wie der Rest der Menge vom Platz zu erheben. Eine Diskussion über die USA an sich, das Selbstverständnis der Amerikaner, ihre Politik oder das Hinterfragen ihrer Handlungen sollte nicht erzwungen und auch nicht erwartet werden. Schließlich entscheidet sich ein Au Pair für den Aufenthalt in den USA, um Land und Leute kennenzulernen. Dazu gehört dann auch die meist uneingeschränkte Begeisterung der Amerikaner für die eigene Nation!

Land der Extreme und Doppelmoral

Amerika beschreitet nur selten den Mittelweg; dies gilt für so gut wie jeden Aspekt des Lebens. Diese Kontraste beginnen schon bei den vielen Nationalparks und der endlosen Wildnis, denen die Mega-Metropolen gegenüberstehen. Und obwohl Sport und persönliche Fitness in der amerikanischen Gesellschaft einen sehr hohen Stellenwert einnehmen, legt man selbst kürzeste Strecken mit dem Auto zurück. Oder die persönliche Freiheit, die als absolut hohes und schützenswertes Gut angesehen wird, wird konterkariert durch das Tabuisieren freizügiger Kleidung und dem öffentlichen Umgang mit dem eigenen Körper und der Sexualität. Amerika funktioniert in den Extremen und definiert sich sogar dadurch. Jeder hat die Möglichkeit, sich seine persönliche Überzeugung aus der Bandbreite an Optionen herauszupicken. Als Au Pair wirkt dieses Wechselspiel oft nicht authentisch und schon gar nicht stringent. Dies wird bereits dem einen oder anderen beim Lesen dieses Buches aufgefallen sein! Trotzdem: Das ist Amerika, und oft ist es genau dieses polarisierende Verhalten, was an den USA so fasziniert. Au Pairs sollten versuchen, hier nicht zu bewerten, sondern zu akzeptieren, auch, wenn Akzeptanz nicht immer bedeutet, Amerika und die Amerikaner bis ins letzte Detail zu verstehen. Warum nicht einfach den extremen Weg mitgehen und sich nach dem Au Pair-Jahr überlegen, wo man den eigenen Standpunkt ansiedelt?

„Thank you" am laufenden Band

Diese beiden Wörter benutzen Amerikaner ständig und bei so gut wie jeder Gelegenheit. Auch dann, wenn sie etwas fordern und nicht wirklich darum bitten. Oder wenn Kinder diszipliniert werden und endlich die gewünschte Reaktion zeigen. Als Au Pair kann einen das manchmal verwirren. Wie soll man hier Grenzen aufzeigen und sich durchsetzen? Ist dieser Dank dann noch ernst gemeint? Die Antwort lautet: nicht immer. *Thank you* ist in Amerika sehr oft eine Floskel, wie das allgegenwärtige *How are you?* Dankbarkeit zu bekunden, bedeutet in den USA, Respekt zu zollen. Das sollten sich Au Pairs zu Nutzen machen, um von vorne herein eine positive Beziehung zu ihrem Umfeld aufzubauen! Es lohnt der Versuch: Diesen Ausdruck in die eigene Kommunikation mit einzubauen, bedeutet keinen großen Aufwand, zeigt aber Wirkung!

Überbehütete, unselbstständige Kinder

Last but not least nochmal ein genauer Blick auf die Kleinen: Nicht nur in Bezug auf die eigene Gastfamilie empfinden viele Au Pairs den amerikanischen Nachwuchs als verzogen und im Überfluss lebend, sei es in materieller oder emotionaler Hinsicht. Selbständig und verantwortungsbewusst zu werden, definieren Amerikaner nicht damit, dass sich ihre

Kleine Prinzessin? Sich mit amerikanischen Erziehungsmethoden auseinanderzusetzen gehört dazu

Kinder alleine beschäftigen können oder die Konsequenzen für ihr eigenes Handeln erkennen sollten. Sicherheit wird für viele Gasteltern dadurch bestimmt, dass Kinder niemals alleine gelassen werden dürfen. So manches Au Pair erlebte seine Gasteltern schon mit verstörtem Gesichtsausdruck, wenn es versuchte, ein Zimmer zu lüften: Was, wenn das Kind entführt wird oder aus dem offenen Fenster stürzt? Negative Aspekte oder auch eigene Probleme versteckt man in den USA bewusst vor Kindern und leugnet deren Existenz. Auch hier lauten Antwort und Lösung: Das ist Amerika! In der Kindererziehung, wie auch in vielen anderen Bereichen des Lebens, führen viele Wege zum Ziel. Auch wenn wir Menschen immer bestrebt sind, andere Handlungsweisen zu bewerten – es gibt nicht nur den einen, richtigen Weg. Viele Menschen bedeutet, dass es viele verschiedene Herangehensweisen gibt. *So live with it!* Sich mit amerikanischen Erziehungsmethoden auseinanderzusetzen, ist die Aufgabe eines Au Pairs, und wer sich nicht darauf einlassen möchte, sollte sich eventuell nach einem anderen Auslandsaufenthalt umsehen!

9.9.4 Gastfamilienwechsel

Die Gastfamilie zu wechseln, gehört für rund ein Viertel aller Au Pairs zum Auslandsaufenthalt dazu. Dabei ist dieser Schritt nicht als Versagen oder Scheitern anzusehen, sondern viel mehr als Chance auf Veränderung!

Der Wechsel der Gastfamilie (meist *rematch* oder *re-placement* genannt) kann ein Au Pair grundsätzlich nicht alleine bewerkstelligen, sondern muss immer vom Programmsponsor mitgetragen werden. Folglich sollte immer ein triftiger Grund für die Beendigung des Matches vorliegen. Vorsicht ist geboten, wenn ein Au Pair die Aufsichtspflicht für die Kinder eklatant verletzt hat oder mit dem Gesetz in Konflikt geraten ist. In diesen Fällen wird ein Wechsel der Gastfamilie fast immer abgelehnt und das Au Pair muss das Programm verlassen.

Die Gründe für einen Gastfamilienwechsel lassen sich grob in zwei Kategorien einteilen: Erstens Unzufriedenheit beim Au Pair und/oder auf Seiten der Gastfamilie, und zweitens eine Notsituation, die das weitere Zusammenleben von Au Pair und Gastfamilie unmöglich macht. Dies kann z.B. eine ernsthafte Erkrankung eines Familienmitglieds sein, der Verlust des Arbeitsplatzes, finanzielle Probleme, aber auch grenzüberschreitendes Verhalten wie z.B. körperliche oder seelische Gewalt sowie sexuelle Übergriffe. Muss ein Au Pair die Gastfamilie sofort verlassen, bietet meist der persönliche Betreuer Unterkunft und Verpflegung für die nächsten Tage an. In manchen Fällen wird das Au Pair auch bei der Familie eines befreundeten Programmteilnehmers untergebracht. Welche Lösung auch immer gefunden wird, der Betreuer und die Au Pair-Organisation müssen aktiv involviert werden.

In den meisten Fällen wird ein Gastfamilienwechsel mit dem sogenannten Umvermittlungsprozess eingeleitet. Dies bedeutet, dass das Au Pair für einen gewissen Zeitraum (meist zwei Wochen) weiterhin die Kinder der Gastfamilie betreut, während diese ein neues Au Pair sucht und auch die Bewerbung des Au Pairs wieder zur Ansicht für interessierte Gastfamilien freigeschaltet wird. Wie schon bei der ersten Suche müssen sich auch im Falle einer Umvermittlung das Au Pair und die neue Gastfamilie aus freien Stücken füreinander entscheiden. In den USA ergibt sich natürlich oft die Möglichkeit, direkt mit anderen Gastfamilien zu sprechen, diese zu besuchen oder auch einige Tage probeweise in der Familie zu leben und zu arbeiten.

Nicht immer verläuft die Suche nach einer neuen Gastfamilie erfolgreich, in diesem Fall bedeutet das die Beendigung des Programms für das Au Pair und den Rückflug nach Hause. Das J1-Visum verliert mit dem Ausscheiden aus dem Au Pair-Programm die Gültigkeit, was einen weiteren Aufenthalt in den USA unter dieser Visakategorie ausschließt.

Wenn ein Au Pair in eine neue Gastfamilie zieht, enden damit manchmal auch die Weiterbildungskurse. Das Taschengeld wird in der neuen Gastfamilie fortgezahlt, ebenso das Budget für Weiterbildungskurse, in diesem Fall anteilig der verbleibenden Dauer des Au Pair-Jahres. Auch der Urlaubsanspruch des Au Pairs bleibt für die restliche Zeit bestehen. Anfallende Reisekosten trägt die neue Gastfamilie und, wie bei der ersten Platzierung auch, wird dem Au Pair wieder ein persönlicher Betreuer sowie eine neue Au Pair-*community* zugeteilt.

Die Zeit vor und während einem Gastfamilienwechsel ist oft sehr anstrengend und eine große Herausforderung für das Au Pair, aber auch nicht immer einfach für die Gasteltern und die Kinder. Entgegen weitverbreiteter Meinung kommt es nicht immer zu einem großen Knall zwischen Au Pair und Gastfamilie, sprich: zu einem unlösbaren Problem oder einer unüberwindbaren Konfliktsituation. Manchmal überrascht der Wunsch nach einem Wechsel auch die eine oder andere Seite. Meist spüren aber beide Parteien, dass die Chemie und das Zusammenleben einfach nicht stimmen! In diesem Fall heißt es für alle Beteiligten, die angespannte Situation noch eine Weile auszuhalten. Dabei kann sich aber auch Erleichterung breitmachen, und der Abschied gestaltet sich gar nicht so schlimm wie befürchtet.

Egal wie sich die Situation in den USA entwickelt oder mit welchen Problemen sich ein Au Pair konfrontiert sieht, den Kontakt zur deutschen wie auch zur amerikanischen Organisation sollte man nie scheuen. Die meisten Programmanbieter haben in den USA eine kostenlose Hotline geschaltet, die jederzeit angerufen werden kann. Hier ist es wichtig, immer auf den Anrufbeantworter zu sprechen und Hinweise auf die aktuelle Erreichbarkeit zu geben, da diese Nachricht an die Mitarbeiter im Notdienst weitergeleitet wird. Eine Sprachnachricht ist deswegen erforderlich, damit die Notfallrufnummer nicht durch einen Anrufer für längere Zeit blockiert werden kann!

Die Hinweise des State Departments lauten wie folgt: „*All participants have a right to be treated fairly and to report abuse without retaliation or threat of program cancellation. Among other prohibitions, no sponsor may threaten program termination, or otherwise retaliate against an Au Pair solely because he or she has instituted a complaint or taken action to gain assistance from an outside entity regarding a complaint.*" Dies bedeutet also auch, dass Au Pairs die Möglichkeit haben, gegen unkorrektes Verhalten der Au Pair-Organisation sowie deren Mitarbeiter vorzugehen!

Unterstützung

Über das State Department steht den Au Pairs in den USA eine weitere Hotline zur Verfügung, die rund um die Uhr per Telefon und E-Mail zu erreichen ist: 1-866-283-9090 oder jvisas@state.gov.

10 | Goodbye Amerika

Alles hat ein Ende, und so ist es auch mit der Au Pair-Zeit! Irgendwann wird einem klar, dass die Tage in den USA gezählt sind. Alltägliche Dinge wie liebgewonnene Aktivitäten mit den Kindern, die Gespräche im Freundeskreis oder das sonntägliche Barbecue mit der Gastfamilie gewinnen an neuer Bedeutung. Der letzte Abschnitt im Au Pair-Dasein beginnt, und es ist an der Zeit, ein paar wichtige Entscheidungen zu treffen.

10.1 Urlaub und Reisemonat

The world is a book and those who do not travel read only one page! Diese englische Übersetzung eines Zitats von Augustinus von Hippo ist Wegweiser für viele Au Pairs. Die Reise in die USA stellt nur den Anfang dar, denn Au Pairs erkunden die Vereinigten Staaten und deren Nachbarländer auf ihre ganz eigene und intensive Weise. Ob der Besuch bei Freunden und Familienangehörigen, anderen Au Pairs oder im Bekanntenkreis der Gastfamilie, Reisen gehört für Au Pairs einfach dazu. Selten reist man so leicht, unbeschwert und ohne langwierige Planung wie als Au Pair. Ist die Arbeit geleistet, braucht man sich um nichts weiter zu kümmern als um das Reiseziel, den Transport und das Budget.

Innerhalb der Au Pair-Gemeinschaft gibt es einen großen Erfahrungsschatz hinsichtlich günstiger Reisemöglichkeiten, und dieses Wissen wird von Au Pair zu Au Pair weitergereicht und erweitert. Es ist ganz normal, dass neue Au Pairs von anderen mit auf Ausflüge oder spontane Reisen genommen werden, und so erlebt man Dinge und erreicht Ziele, die vorher weder geplant noch vorstellbar waren. Diese Form von Abenteuer und Freiheit genießen viele Au Pairs in vollen Zü-

Die Niagarafälle befinden sich an der Grenze zu Kanada

gen, und sie entschädigen für so manchen stressigen Tag in der Gastfamilie.

Auch Reisen oder Urlaube mit der Gastfamilie sind keine Seltenheit. Sehr viele Gastfamilien planen ihr Au Pair in den Familienurlaub ein; es muss nur vorab abgeklärt werden, ob die Reise als Freizeit oder Arbeitszeit gilt. Ich selbst durfte eine Woche lang am Strand babysitten und empfand diese Zeit nicht wirklich als Arbeit.

Amerika bereisen

Sehr oft kooperieren Au Pair-Programme auch mit speziellen Reiseanbietern, die (insbesondere für Personen unter 21 Jahren) geführte Gruppenreisen quer durch die USA organisieren. Viele Au Pairs erleben auch mit Freunden und Familie die letzten Wochen in den USA und zeigen ihnen so ihr Amerika!

Einige Monate vor Beendigung des Au Pair-Jahres meldet sich der amerikanische Programmsponsor bei den Au Pairs und startet den Prozess hinsichtlich Rückflug und Reisemonat. Nach einiger Bedenkzeit muss sich jedes Au Pair entscheiden, ob es die *grace period* des Visums in Anspruch nehmen möchte oder ohne Reisezeit den Rückflug antritt. Die Reisezeit liegt in den allermeisten Fällen zwischen Ende des zwölften und dreizehnten Monats des

USA-Aufenthaltes. Die maximale *grace period* ist auf 30 Tage angesetzt, innerhalb dieser Frist kann das Au Pair flexibel entscheiden, wann es den Aufenthalt beendet. Alle Organisationen bieten mindestens ein bis zwei kostenlose Rückflugtermine pro Monat an, die das Au Pair frei wählen kann. Besonders günstig ist es, wenn die Organisation den Au Pairs mehrere, über die USA verteilte Rückflughäfen zur Verfügung stellt, die ohne Aufpreis genutzt werden können. So bietet sich vielen Au Pairs die Möglichkeit, eine ganz andere Ecke der USA zu besuchen oder an die jeweils andere Küste bzw. Landesgrenze zu reisen!

Kanada & Mexiko

Vorsichtig sollten Au Pairs mit Reisen nach Kanada oder Mexiko innerhalb der *grace period* sein, da es oftmals Probleme mit der Wiedereinreise in die USA gibt. Bei entsprechenden Plänen bitte rechtzeitig die Au Pair-Organisation kontaktieren!

Wer nicht reisen will, kann in Absprache mit seiner Gastfamilie auch vor Ort bleiben. Oft freuen sich Gasteltern und Kinder über einen Abschied auf Raten und planen sogar eine aktive Übergangszeit von neuem und altem Au Pair!

10.2 Programmverlängerung

Zum Ende des Au Pair-Jahres erhalten viele Au Pairs die Option, das Programm zu verlängern. Die Einschränkung „viele" Au Pairs bezieht sich dabei auf die Vorgabe des State Departments, dass für eine Verlängerung des Programms das erste Au Pair-Jahr erfolgreich abgeschlossen werden muss. Dies bedeutet u.a., dass die Auflagen für den Besuch von Weiterbildungskursen erfüllt sein müssen. Von daher muss sich kein Au Pair vorab Gedanken machen, ob man länger in den USA bleiben möchte oder nicht, die Entscheidung wird erst gegen Ende des Aufenthalts getroffen.

Fast alle amerikanischen Au Pair-Programme bieten eine einmalige Verlängerung des Aufenthaltes um sechs, neun oder zwölf Monate an. Das Programm kann je nach Bestimmungen der einzelnen Organisation entweder in der aktuellen Gastfamilie fortgesetzt werden, oder das Au Pair startet die Suche nach einer neuen Gastfamilie. In diesem Fall läuft die Suche nach dem gleichen Prinzip ab wie schon im Heimatland.

Für die Programmverlängerung wird kein neues J1-Visum ausgestellt, sondern das bestehende Visum wird legal verlängert. Von daher können auch in der Verlängerungszeit des Visums eventuell Probleme bei einer Wiedereinreise in die USA, z.B. nach einem Urlaubsaufenthalt oder Besuch zu Hause, auftreten. Hierzu erhält jedes Au Pair Informationen vom jeweiligen Programmsponsor und kann sich zudem über die Webseite des State Departments (http://j1visa.state.gov) informieren.

Die Option auf eine Reisezeit, die *grace period*, wird in der Regel am Ende der Programmverlängerung gewährt, so dass Au Pairs nicht auf dieses Highlight verzichten müssen. Ebenso bieten alle Organisationen eine kostenpflichtige Verlängerung des Versicherungsschutzes für die zusätzliche Au Pair- und Reisezeit an!

10.3 Verabschiedung

Der Loslösungsprozess von der Gastfamilie und dem Leben in den USA fällt vielen Au Pairs erheblich schwerer als einst der Abschied von zu Hause. Dies liegt nicht zuletzt daran, dass man sich so manche Errungenschaft und Freundschaft in den USA hat erkämpfen müssen. Nicht immer weiß man, wie es nach dem Au Pair-Jahr weitergeht und wie sich der Kontakt zur „zweiten Familie" und den Freunden und Bekanntschaften in Amerika aufrechterhalten lässt!

Recht häufig fühlt man sich ähnlich zerrissen wie zu Beginn des Aufenthaltes: Man freut sich auf Freunde und Ge-

Au Pair-Retirement – irgendwann muss sich jedes Au Pair verabschieden

wohntes, will aber den ein oder anderen Vorzug des Au Pair-Dasein nicht vermissen. Es gibt Au Pairs, die bereits Wochen im Voraus beginnen, sich von der Familie und den Freunden zurückzuziehen, um so eine Distanz zu schaffen. Diese Methode ist nur bedingt erfolgreich, birgt sie doch einiges an Konfliktpotential in sich und hält zudem die Person davon ab, die verbleibende Zeit voll auszukosten. Andere Au Pairs ignorieren den bevorstehenden Abschied und verdrängen Veränderungen, auch in der Beziehung zur Gastfamilie. Dies macht insbesondere dem nachfolgenden Au Pair den Start erheblich schwerer, vor allem dann, wenn das alte Au Pair nicht bereit ist loszulassen. Hier sollte sich jedes Au Pair an den eigenen Beginn in den USA zurückerinnern, und oft hilft es auch, dem Betreuer nochmal sein Herz auszuschütten.

Eine gelungene Ablenkung bietet in dieser Zeit die Beschäftigung mit Abschiedsgeschenken und Souvenirs für zu Hause. Wer kreativ ist, kann für Gastfamilie und Freunde Erinnerungen gestalten, z.B. in Form von Fotobüchern, bedruckten T-Shirts oder auch personalisierten Müslischalen oder Tassen. Einige Au Pairs planen große Abschiedparties oder wagen sich an Menüs aus der Heimat. Sehr schön finde ich auch die Idee, Samen oder eine Pflanze zu hinterlassen, die den Kindern die Zeit bis zum Wiedersehen verdeutlicht.

Manches Au Pair erlebt in den letzten Tagen des Aufenthaltes nochmal eine sehr hektische Zeit, die einem nicht viel Möglichkeit zum Nachdenken bietet. Die Erträge zahlreicher Einkaufstouren sowie allerlei Andenken und typisch Amerikanisches müssen in Koffer und Taschen verstaut oder per Post und Schiff verschickt werden. Freunde wollen verabschiedet werden, der ein oder andere Lieblingsplatz nochmal besucht oder das allerbeste Eis nochmal ganz bewusst genossen werden. All dies gehört zu einem Au Pair-Aufenthalt dazu und wird sich, wie auch der erste Kontakt mit der Gastfamilie, tief in das eigene Gedächtnis einbrennen!

10.4 Rückkehr und Wiedereingliederung

Die tatsächliche Verabschiedung fällt für viele Au Pairs sehr tränenreich aus und auch Gastfamilie und Freunde kämpfen meist mit den Gefühlen. Die Gastkinder finden die ganze Aktion oft absolut überflüssig, fragen das Au Pair, warum es denn nicht einfach da bleibt und sind manchmal auch sehr ärgerlich, enttäuscht und verletzt.

Ist man erst einmal am Flughafen angelangt und trennen einen Ticketkontrolle sowie Glastüren von seinem amerikanischen Leben, gilt es, die letzte Herausforderung zu meistern: Fast jedes Au Pair begibt sich mit einer nicht unerheblichen Menge Übergepäck auf die Heimreise. Erfahrungsgemäß drücken die Mitarbeiter der Fluglinien hier ein Auge zu und stellen nicht viele Fragen, wenn sie das verheulte Gesicht und den Pass samt Einreisestempel des Au Pairs vor sich haben. Hierfür gibt es natürlich keine Garantie und so sollte man sich ein paar Dollar aufheben, falls doch noch Gebühren von der Fluggesellschaft erhoben werden.

Rückkehr planen

Zurück in der alten Heimat, zahlt es sich aus, wenn man vorher die Rückkehr mit Familie und Freunden geplant hat. Nicht immer fühlt sich ein Ex-Au Pair mit einem lautstarken Empfang am Flughafen wohl oder ist schon für die Willkommensparty bereit. Die Freude darüber, endlich zurück zu sein, lässt bei manchem auf sich warten und stößt bei den Daheimgebliebenen oft auf Unverständnis!

Egal ob man sich erst mal zurückzieht oder versucht, nahtlos in das alte Leben einzutauchen, jedes ehemalige Au Pair wird die vergangene Zeit und die Rückkehr auf ihre oder seine ganz eigenen Art bewältigen und verarbeiten müssen.

Typisch und für das Umfeld oft nervig, ist ein Kauderwelsch aus deutschen und englischen Wörtern, das vielen Au Pairs gar nicht auffällt. Vielleicht beginnt man auch damit, direkte Vergleiche zwischen den USA und der Heimat anzustellen, und meist fällt der Blick auf das eigene Land dabei recht kritisch aus. Auch Anmerkungen aus dem persönlichen Umfeld, dass man sich ja verändert habe, zehren oft an der Geduld.

Mir selbst kamen Deutschland und mein Zuhause nach meiner Rückkehr auf einmal sehr eng und klein vor. Überall waren Zäune, die Menschen lächelten kaum und waren für mein Empfinden recht unfreundlich. Als ich mit Freunden in ein Fastfood Restaurant ging, regte ich mich fürchterlich darüber auf, dass man für Ketchup extra zahlen musste, und es gab auch keinen kostenlosen Nachschlag bei Getränken (*free refill*). Meine Freunde blickten mich mit verstörten Gesichtern an, und ich kam mir einmal mehr recht fehl am Platz vor. In solchen Situationen half es ungemein, den Telefonhörer in die Hand zu nehmen oder auf andere Weise ein Ex-Au Pair zu kontaktieren. Ohne große Erklärung verstand man sich und die andere Person wusste genau, wie man sich fühlte!

Mit der Zeit lassen die extremen Gefühle und auch das Vergleichen nach, und vom Alien wird man wieder mehr und mehr zum Einheimischen. Was bleibt, sind Erinnerungen und positive wie auch negative Erlebnisse, die man nach und nach bewertet und einsortiert. Viele Au Pairs bleiben mit der Gastfamilie in Kontakt und kehren innerhalb der nächsten ein oder zwei Jahre für einen Besuch in die USA zurück. Nicht alle Freundschaften zu Amerikanern und anderen Personen werden bestehen bleiben, aber meist begleitet einen das eine oder andere Ex-Au Pair im weiteren Leben. Die Anzahl der Souvenirs und Erinnerungsstücke verringert sich über die Jahre. Manche verschwinden in Koffern oder Kisten, die dann zu speziellen Zeiten wieder hervorgeholt werden. Für mich gibt es diesen einen Koffer, in dem ich nicht nur Briefe, Karten und Emails aus meinem Au Pair-Jahr aufbewahre, sondern der für mich das Tor zu vielen intensiven Erinnerungen darstellt. Einige Rezepte meiner Gastmutter sind heute fester Bestandteil des Ernährungsplans meiner Familie geworden, und das Erntedankfest nicht auf amerikanische Weise zu feiern ist undenkbar! Aber natürlich hinterlässt die Zeit als Au Pair nicht bei jedem so tiefe Spuren wie in meinem Leben – habe ich doch meine Studienpläne geändert und noch so einiges mehr.

Egal, wie man im Nachhinein die Zeit in den USA bewertet, die Erfahrungen, die man als Au Pair gemacht hat, kann einem keiner nehmen!

Rückkehr in die USA

Viele Au Pairs zieht es in die USA zurück, sei es für regelmäßige Urlaube, zum Studium oder um ganz in den Staaten zu leben. Wer von seiner Au Pair-Zeit nicht genug bekommen kann, hat bei manchen Programmanbietern die Option, einen zweiten Au Pair-Aufenthalt zu starten: mit den gleichen Bewerbungsvoraussetzungen wie bei der ersten Programmteilnahme auch. Außerdem muss man als Return-Au Pair für mindestens zwei Jahre außerhalb der USA gelebt haben.

11 | Erfahrungsberichte

11.1 Au Pairs

11.1.1 Tanja aus München war von 2014 bis 2015 (klassisches) Au Pair in Kalifornien

Warum hast Du Dich für einen Au Pair-Aufenthalt in den USA entschieden?
Sprache verbessern, reisen, mit Kinder was machen und Erfahrungen sammeln.

Warum hast Du Dich für Deine Austauschorganisation entschieden?
Bestes Angebot für mich!

Wie lange hat Dein Bewerbungsprozess gedauert?
Insgesamt zwei bis drei Monate.

Wie bewertest Du den Bewerbungsprozess? Was fandest Du gut, was schlecht oder schwierig?
Der Bewerbungsprozess war gut, es ging sehr schnell voran, und ich habe schnell gematcht. Die Beratung und das Interview waren ebenfalls gut.

Wie hast Du Dein persönliches Interview in Erinnerung? Gruppen-/Einzelgespräch, wo hat das Interview stattgefunden, welche Themenbereiche wurden besprochen, was rätst Du zukünftigen Au Pairs?
Das Interview war ein Einzelgespräch im Büro meiner Betreuerin. Es wurde ein Eignungstest gemacht und ein Gespräch auf Englisch geführt über alle mögliche Themen. Man hat die Ermutigung zum Englischsprechen bekommen, auch wenn einem manchmal nicht gleich die passenden Wörter

eingefallen sind, und das fand ich sehr gut. Zukünftigen Au Pairs rate ich, unvoreingenommen an die Sache ran zu gehen und keine Angst zu haben bzw. nicht nervös zu sein, da alles ganz locker ist.

Wie bist Du mit Deinem Englisch in den USA zurechtgekommen?
Sehr gut, und mein Englisch wurde sehr schnell noch flüssiger!

Wie verlief Deine Gastfamiliensuche?
Per Skype und Email.

Details zu Deiner Gastfamiliensuche
Zwei Gastfamilien haben mit mir den Kontakt aufgenommen.

Hast Du die Gastfamilie(n) gewechselt?
Nein.

Beschreibe bitte Deine (letzte/für Dich wichtigste) Gastfamilie.
Meine Gastfamilie besteht aus: Mutter, ca. Mitte 40, bei Legoland California in der Marketingabteilung arbeitend. Der Vater, ca. Ende 40, ist Anwalt und arbeitet in einer Kanzlei als Senior Partner. Die Oma, ca. Mitte 70 (Mutter des Vaters), kam jeden Sonntag und ab und zu unter der Woche zu Besuch. Sie hat mir meine Zeit mit Heimweh sehr erleichtert, da sie mich an meine eigene Oma erinnerte. Mein ältestes Gastkind, ein Junge, sieben Jahre alt. Dann meine zwei Babies, Zwillings-Jungs; als ich ankam, waren sie noch nicht geboren, als ich gegangen bin, dann ein Jahr alt. Meine Familie war wundervoll! Ich habe mich sofort geborgen gefühlt und hätte am liebsten schon nach drei Monaten für ein weiteres Jahr verlängert. Nachdem meine beste Freundin mich für einen Monat besucht hat, habe ich schlimmes Heimweh bekom-

Rasant unterwegs – Tanjas Freizeitgestaltung

men. Meine Gastfamilie versuchte das Beste für mich aus der Situation zu machen und mich abzulenken.

Jedoch hatte meine Familie auch eine kleine Macke: Während meiner Zeit bei ihnen bekam ich das alte iPhone meines Gastvaters. Darauf hatten sie wohl ein Programm installiert, mit dem sie mich überwachen konnten. Sie haben gesehen, wo ich mich aufgehalten habe, wieviel Prozent mein Akku hatte, wann ich mein Handy ein- oder ausgeschaltet habe und auch, wie schnell ich mit dem Auto gefahren bin. Auch als meine Eltern zu Besuch kamen und wir Urlaub machten, haben sie mich kontrolliert. Woher ich das weiß? Mein großer Junge hat mir immer alles erzählt, wie Kinder halt nun mal so sind – immer ehrlich! Ein Siebenjähriger kann sich sowas auch nicht ausdenken: «Tanja, we always saw where you have been with your parents. My mommy has something in her phone, it´s like a computer where we can see that!” Ich habe das nie angesprochen, aber es hat mich seit dem Zeitpunkt, wo ich es wusste, schon belastet. Irgendwie verstehe ich, dass sich meine Gasteltern Sorgen machen, wenn ich alleine unterwegs bin, und dass sie wissen wollen, wo ich bin, falls etwas passieren sollte. Aber nicht, wenn ich den offiziellen Urlaub mit meinen Eltern verbringe!

Wie sah ein typischer Tagesablauf von Dir aus?
Aufstehen um 7 Uhr, checken, ob die Babies schon wach sind, Fläschen herrichten und füttern, wickeln und spielen. Nebenbei dem Siebenjährigen das Frühstück machen, Lunch für die Schule packen, ihn zum Anziehen überreden und fertig für die Schule machen. Der Vater hat ihn jeden Morgen zur Schule gebracht. Als nächstes die Babys zum *nap* (Schläfchen) hinlegen und warten, bis sie wieder wach werden. In der Zwischenzeit aufräumen oder die Wäsche waschen sowie den Hund füttern. Nochmals die Flaschen geben und dann gegen 10 Uhr spazieren gehen und den Hund mitnehmen. Meist bin ich zu Starbucks die Straße runter gegangen und habe mit dem Hund und den Babies erst mal einen Kaffee getrunken. Wieder daheim erneut mit den Babys spielen. Gegen 11 Uhr kam immer eine Tagesnanny, welche die Babys dann von mir übernahm. Ich hatte Freizeit! Meistens bin ich dann ins Fitnessstudio gegangen oder mit Freundinnen an den Strand, vorausgesetzt, diese hatten auch frei. Gegen 15 Uhr musste ich immer den großen Jungen von der Schule abholen. Daheim angekommen gab es immer einen Snack und eine kurze Verschnaufpause für ihn. Danach ging es an die Hausaufgaben, und darauf folgte das Duschen. Gegen 17 Uhr ging die Tagesnanny, und ich hatte wieder alle drei Kinder zu bespaßen. Entweder haben wir alle gemeinsam gespielt, gelesen oder sind in den Park gegangen. Gegen 18 Uhr kamen die Eltern wieder nach Hause. Die Mutter hat gekocht oder hat *take out* mitgebracht, und wir haben alle zusammen gegessen.

Was hast Du in Deiner Freizeit gemacht?
Viel mit Freundinnen unternommen und sich eigentlich jeden Tag am Abend auf einen Frozen Yoghurt oder bei Starbucks

getroffen. Untertags waren wir gemeinsam am Strand oder im Fitness. Sport an fünf Tagen die Woche, private Houseparties an den Wochenenden und natürlich Jungs kennengelernt.

Wie und wo hast Du Freunde gefunden in Amerika? Waren es andere Au Pairs, Amerikaner etc.? Hast Du noch Kontakt?
Durch mein Cluster habe ich die ersten anderen Au Pairs kennengelernt und diese haben wiederum andere gekannt und so hat sich unsere Clique ergeben. Au Pairs aus allen Ländern: Südafrika, Schweden, England, Chile, Brasilien und natürlich auch aus Deutschland. Später haben wir dann auch Amerikaner kennen gelernt, z.B. auf den Houseparties. Ja, wir haben immer noch Kontakt untereinander und mit vielen gab es auch schon eine *reunion* (Wiedersehen) nach unserem Au Pair-Dasein.

Welche Weiterbildungskurse hast Du besucht?
Englischkurse, um mein Englisch noch mehr zu perfektionieren.

Wie bist Du mit dem Taschengeld zurechtgekommen?
Sehr gut! Ich habe jeden Donnerstag 200 Dollar auf mein Konto überwiesen bekommen. Davon habe ich immer 100 Dollar auf die Seite gelegt. Die anderen 100 Dollar habe ich ausgegeben!

Wie beurteilst Du die Betreuung durch Deine Organisation in den USA? Persönlicher Betreuer, Unterstützung, Versicherung etc.?
Meine Counsellorin hat einmal im Monat angerufen und gefragt, ob alles passt, und einmal im Monat gab es auch noch ein (freiwilliges) Treffen mit ihr und allen anderen Au Pairs. Unterstützung habe ich persönlich keine gebraucht, allerdings Freundinnen von mir, und denen wurde auch geholfen.

Amerika von oben: Tanja wagte einen Fallschirmsprung

Die Versicherung musste ich zum Glück auch nicht in Anspruch nehmen.

Wurden Deine Erwartungen an Gastfamilie, Leben in den USA etc. eingehalten oder nicht? Was hast Du Dir vor Deiner Au Pair-Zeit anders vorgestellt?
Ich bin recht unvoreingenommen an die Sache heran gegangen und habe einfach nur einen Flash bekommen und wurde auf „Wolke 7" versetzt. Die bisher schönste Zeit in meinem Leben und die beste Entscheidung, die ich getroffen habe. Ich möchte nichts von dieser Zeit missen und möchte am liebsten wieder zurück.

Welches Fazit ziehst Du nach deinem USA-Aufenthalt? Was hat Dir gefallen, was nicht?
Mir hat alles gefallen. Man wird selbstständig und lernt sehr, sehr viel dazu. Ob es die Kommunikation mit anderen ist oder Kompromisse einzugehen etc. Es ist eine Erfahrung wert, und ich würde es jedem raten, diesen Schritt zu wagen.

Hatte Dein USA-Aufenthalt einen persönlichen Nutzen für Dich?
Ich habe definitiv mein Englisch noch mehr verbessert und habe viele neue Freunde in meinem Leben und auch eine zweite Familie, zu der ich immer (zurück-) kann.

Was rätst Du zukünftigen Au Pairs?
Habt keine Angst vor Heimweh oder allem anderen. Es geht so schnell vorbei, und man wird mit neuen Eindrücken überflutet, sodass man das Heimweh etc. schnell vergisst und einfach nur glücklich ist. Es wird bestimmt „the time of your life".

11.1.2 Maren aus Bremen war 2013 bis 2014 (professionelles) Au Pair in Massachusetts

Warum hast Du Dich für einen Au Pair-Aufenthalt in den USA entschieden?
Ich war noch nie wirklich woanders gewesen. Ich wollte mal einen anderen Kontinent sehen, so richtig weit weg von Deutschland. Ein Land, das ich nur mit dem Flieger erreiche, denn ich bin zuvor noch nie geflogen.

Warum hast Du Dich für Deine Austauschorganisation entschieden?
Meine Organisation war zu der Zeit die einzig wirklich bekannte Organisation, die das Au Pair Professional-Programm anbot. Da ich vorab eine Ausbildung zur Erzieherin gemacht hatte, kam natürlich nur dieses Programm auch für mich in Frage.

Wie lange hat Dein Bewerbungsprozess gedauert?
Wenn ich mich recht erinnere, habe ich um die fünf Monate mit allem Drum und Dran für meine Bewerbung benötigt.

Wie bewertest Du den Bewerbungsprozess? Was fandest Du gut, was schlecht oder schwierig?
Der Bewerbungsprozess bei meiner Organisation verlief sehr strukturiert, und das Gute war, dass man immer einen Ansprechpartner hatte, der sozusagen für einen „zuständig“ war. Diesen Ansprechpartner konnte man bei jeder Frage oder Sorge kontaktieren, und es gab immer schnelle Hilfe. Dennoch fand ich sehr gut, dass eine so ausführliche Bewerbung von einem verlangt wird, so hat man die Chance, sich vielschichtig zu präsentieren. Referenzgeber können einen „bewerten“, und man selbst bekommt auch die Möglichkeit, sich von seiner besten Seite zu zeigen. Das Einzige, was mir wirklich schwerfiel,

war der Videodreh. Hierbei habe ich letztendlich Unterstützung von meinem Cousin bekommen, weil ich davon wirklich so gar keine Ahnung hatte. Ich ließ mir die Ideen für das Video einfallen, und er hat das Ganze gefilmt und geschnitten, und so entstand ein tolles Vorstellungsvideo. Im Großen und Ganzen war ich mit dem Bewerbungsprozess sehr zufrieden.

Wie hast Du Dein persönliches Interview in Erinnerung? Gruppen-/Einzelgespräch, wo hat das Interview stattgefunden, welche Themenbereiche wurden besprochen, was rätst Du zukünftigen Au Pairs?
Mein persönliches Interview hat in Form eines Einzelgespräches und zu Hause bei meiner damaligen Interviewerin stattgefunden. Das Gespräch war zudem echt entspannt, alle Sorgen, die man vorab hatte, waren unbegründet. Das Interview war gegliedert, es gab einen deutschen und einen englischen Teil. Zum Schluss gab es noch eine Art „Testprogramm", welches von den Vereinigten Staaten vorgeschrieben ist. Dieser Fragebogen nimmt einige Zeit in Anspruch, dennoch ist er unbedenklich und schnell bearbeitet. Ich würde jedem zukünftigen Au Pair raten, das Ganze ruhig und entspannt anzugehen. Nervosität ist normal, na klar, aber man sollte sich nicht zu viele Sorgen um sein Englisch oder allgemein um das Interview machen. Denn die Interviewer/innen sind total nett und erklären einem auch nochmal, wenn man etwas nicht verstanden hat.

Wie bist Du mit Deinem Englisch in den USA zurechtgekommen?
Natürlich gab es anfängliche Schwierigkeiten, z.B. haben die Amerikaner so schnell gesprochen, dass man so manches Mal nicht folgen konnte. Außerdem hatte ich oft Bedenken wegen meinem Englisch, doch meine Gasteltern und auch die Gastgroßeltern haben mir immer wieder bestätigt, dass ich mir

Maren erkundete in ihrer Freizeit die Umgebung

keine Sorgen machen müsse und mein Englisch perfekt sei. So nahm das Ganze seinen Lauf und binnen weniger Wochen hat man richtige Konversationen führen können.

Wie verlief Deine Gastfamiliensuche?
Anfangs per Email und dann via Skype.

Details zu Deiner Gastfamiliensuche
Die Gastfamiliensuche ist mitunter das Aufregendste an dem ganzen Bewerbungsprozess. Nachdem die eigene Bewerbungsseite für die amerikanischen Familien freigeschaltet ist, gibt es die Möglichkeit, auf der Startseite zu sehen, welche Familien derzeit an einem interessiert sind. Durch die Zeitverschiebung in die USA sind die meisten Familien mitten in der Nacht auf meinem Profil gelandet. So bin ich morgens vor der Schule noch schnell an den PC gehuscht, um erstmal zu checken, ob es irgendwelche interessierten Familien in meinem Account gibt. Und dann hieß es immer mal wieder warten und da war sie dann, die erste Familie. Es ist ganz unterschiedlich, mal schreiben die Familien einen selbst an und andere Male habe ich die Familien angeschrieben. Die erste Familie entsprach leider nicht meinen Vorstellungen. Ihre Erwartungshaltung stimmte nicht mit meiner überein. Und da kam sie, meine „Traumfamilie", dies war schon die zweite Familie in meinem Account. Ich hatte zu der Zeit ca. fünf Familien, die sich für mich interes-

sierten. So gut wie alle lebten an der Ostküste und hatten jüngere Kinder. So schrieb ich dann Emails mit meiner zukünftigen Gastfamilie, und wir verabredeten uns auch in Skype.

Mit wie vielen Gastfamilien hattest Du insgesamt Kontakt?
Insgesamt fünf oder sechs Familien.

Hast Du die Gastfamilie(n) gewechselt?
Nein.

Beschreibe bitte Deine (letzte/für Dich wichtigste) Gastfamilie
Meine Gastfamilie bestand aus drei Familienmitgliedern: mein Gastpapa, 41, meine Gastmama, 38 (Anwältin), und dann gab es da noch mein Gastkind, ein kleines Mädchen und bei meiner Ankunft 1,5 Jahre alt.

Wie sah ein typischer Tagesablauf von Dir aus?

- 8:20 Uhr: Arbeitsbeginn.
- 9:30 Uhr: Frühstücken, anziehen, Zähne putzen, baden etc., halt eine typische Morgenroutine für ein kleines Kind.
- Bis 12/13 Uhr: meist *Playdates* mit anderen Kindern, wir besuchten Indoorspielplätze oder die Großeltern, gingen zu *music class*, auf den Spielplatz oder an den Strand, und ich erledigte auch den Wocheneinkauf mit meinem Gastkind.
- Gegen 15 Uhr: *Naptime* – meine kleine Mittagspause, während mein Gastkind ihren Mittagsschlaf gemacht hat. Diese Zeit habe ich meist für Skypetelefonate mit meiner Familie und meinen Freunden zu Hause genutzt.
- Bis 18 Uhr: wieder *Playdates*, Treffen mit den Großeltern etc.
- Gegen 19.20 Uhr: Abendessen für die ganze Familie kochen – dies war allerdings meine freie Entscheidung!

Was hast Du in Deiner Freizeit gemacht?
In meiner Freizeit bin ich gerne ins Fitnessstudio gegangen,

um vom Tag abzuschalten. Am allerliebsten bin ich aber mit den anderen Au Pairs weggegangen. Wir sind abends noch in die Malls zum Shoppen gefahren, haben die Sonnenuntergänge am Strand genossen oder einfach gemeinsam ferngesehen. Außerdem gehörte zu meinen „Nummer 1“-Freizeitaktivitäten in Amerika das Reisen. Gerne hat man Au Pairs in anderen Staaten besucht, die man auf den Orientations (in Deutschland und den USA) kennengelernt hatte.

Wie und wo hast Du Freunde gefunden in Amerika? Waren es andere Au Pairs, Amerikaner etc.? Hast Du noch Kontakt?
Die Mehrzahl meiner Freunde in Amerika waren Au Pairs: Entweder waren es Au Pairs, die ich schon vor dem Flug kannte oder die ich auf dem Flug oder auf der Orientation kennengelernt habe. Natürlich auch Au Pairs, die im selben Ort wie ich beschäftigt waren. So hatte ich meine zwei besten Freunde in Cohasset: Franzi kam als Rematch-Au Pair in eine Familie, in der vorher eine gute Freundin aus meiner Heimat lebte, und Mirjam, die als Au pair in die Familie der Freunde meiner Gasteltern kam. Und ja, der Kontakt besteht trotz unterschiedlicher Wohnorte in Deutschland immer noch!

Welche Weiterbildungskurse hast Du besucht?
In Zusammenarbeit mit der UCLA (University of California Los Angeles) hat meine Au Pair-Organisation einen speziellen Kurs nur für Au Pairs angeboten. Dieser ließ sich online absolvieren. Man bekam einen „Reader» zugeteilt, dieser hat die Hausaufgaben bewertet, die man wöchentlich in schriftlicher Form abschicken musste. Der Kurs befasste sich mit amerikanscher Geschichte, Kunst, Literatur etc. Wöchentlich bekam man Texte, die sich eben mit diesen Themen befassten, und dazu gab es verschiedene Fragestellungen, welche man dann in Form eines „Essays» beantworten musste. Zudem hatte man sich eine Einrichtung zu suchen, wo man eine gewisse „Frei-

Maren mit Au Pair-Freundin am Broadway in Manhattan

willigenarbeit» leisten musste. Diese Stunden absolvierte ich in einer Bücherei, wo ich gemeinsam mit einer Freundin abends die Bücher einsortierte.

Wie bist Du mit dem Taschengeld zurechtgekommen?
Durch meine Tätigkeit als Au Pair Professional bekam ich 250 Dollar pro Woche, dies ist mehr als genug, um sich in den Vereinigten Staaten ein schönes Leben zu machen. Es reichte vollkommen aus, um shoppen zu gehen, zu reisen und das ein oder andere Mal auswärts zu essen.

Wie beurteilst Du die Betreuung durch Deine Organisation in den USA? Persönlicher Betreuer, Unterstützung, Versicherung etc.?
Die Betreuung durch meine Au Pair-Organisation war wirklich außerordentich gut. Meine persönliche Betreuerin kam uns die ersten Tage besuchen, um mich und meine Gastfamilie nach unserem Befinden zu fragen. Außerdem gab es jeden Monat ein Clustermeeting, das heißt, es treffen sich alle Au Pairs zusammen mit dem persönlichen Betreuer aus einer Region.

Wurden Deine Erwartungen an Gastfamilie, Leben in den USA etc. eingehalten oder nicht? Was hast Du Dir vor Deiner Au Pair-Zeit anders vorgestellt?
Meine Erwartungen wurden im vollen Umfang erfüllt. Es war eine wunderschöne Zeit, welche immer wieder starkes Fern-

weh in mir auslöst und große Wanderlust. Meine Gastfamilie war die beste, die ich mir hätte vorstellen können, und mein Leben in den USA war einfach nur überragend. Ich würde immer wieder als Au Pair nach Amerika gehen!

Welches Fazit ziehst Du nach deinem USA-Aufenthalt? Was hat Dir gefallen, was nicht?
„You will never be completely at home again, because part of your heart will be elsewhere. That is the price you pay for the richness of loving and knowing people in more than one place." Miriam Adeney

Für alle: Es ist wirklich so, wie es in dem Zitat von Miriam Adeney steht. Ich hatte die Chance, dank der Unterstützung meiner Eltern den Alltag in Deutschland hinter mir zu lassen und ein riesengroßes Abenteuer in Amerika als Au Pair zu beginnen. Ein Teil meines Herzens wird immer dort drüben in Cohasset sein. Ich habe ein zweites Zuhause gefunden, eine zweite Familie, ein Gastkind, welches ich total in mein Herz geschlossen habe, und, ganz besonders wichtig, Großeltern, die ich in Deutschland nie hatte. Die Großeltern meines Gastkindes haben mich immer behandelt, als wäre ich eines ihrer Enkelkinder, und genauso fühlte es sich an. Es war für mich eine wahnsinnig tolle Erfahrung, und ich bin froh, dass ich die Möglichkeit dazu hatte. Rückblickend betrachtet gab es nichts, was mir nicht gefallen hat, und ich bin durch und durch mehr als zufrieden, vom Anfang bis zum Schluss.

Hatte Dein USA-Aufenthalt einen persönlichen Nutzen für Dich?
Das hatte er defintiv! Ich durfte Abstand nehmen von dem ganzen Trott in Deutschland und konnte weniger schöne Dinge einfach mal hinter mir lassen. Außerdem bin ich gewachsen an meiner Aufgabe, in einem fremden Land, mit einer fremden Familie als Au Pair zu leben. Ich habe großes Selbstbewusstsein während des Jahres bekommen, und ich

habe so einiges mitnehmen können auf meinen Reisen durch die USA: Ich habe neue Freunde, ein zweites Zuhause und eine zweite Familie gewonnen. Außerdem habe ich eine Familie in Deutschland, die unheimlich stolz auf mich ist! Und meine Englischkenntnisse haben sich auch enorm verbessert.

Was rätst Du zukünftigen Au Pairs?
Überlegt euch gut, was ihr wirklich wollt. Wenn ihr als Familienmitglied in eurer Gastfamilie akzeptiert werden wollt, beruht das immer auf Gegenseitigkeit. Das ganze Leben dort besteht aus Geben und Nehmen. Außerdem solltet ihr euer Leben in den USA genießen, denn meist geht die Zeit viel zu schnell vorbei und schon ist so ein Jahr rum. Lebt euer Leben und genießt es! Aber vergesst nie, es gehört immer auch etwas Fleiß und Motivation dazu, das Ganze mit Bravour zu meistern. Denn vierzig Stunden Kinderbetreuung sind nicht immer ein Zuckerschlecken. Es kann passieren, dass ihr an eure Grenzen stoßt, aber dadurch könnt ihr euch selbst beweisen, wie stark ihr seid. Also, das Leben eines Au Pairs besteht nicht nur aus Shopping, Reisen und irgendwelchen Collegeparties. Das Leben als Au Pair beinhaltet so viel mehr, und was daraus wird, liegt bei euch. “Hang in there and always remember: it‘s not a `goodbye´, it‘s just `see you later´!”

11.1.3 Julia aus Oldenburg war von 2011 bis 2012 Educare in New Jersey, Florida und Massachusetts

Warum hast Du Dich für einen Au Pair-Aufenthalt in den USA entschieden?
Neugierde und die super Chance, Reisen und Arbeit zu verbinden. Außerdem musste ich das „Was soll ich nach dem Abi machen“- Jahr überbrücken. Als ich mich mehr und mehr über die Möglichkeiten informierte und mir bewusst wurde,

dass ich für diesen Traum einmalig ein paar Hundert Euro zahle und jeden Monat mehrere Hundert verdiene, fragte ich mich: Warum macht das nicht jeder?

Warum hast Du Dich für Deine Austauschorganisation entschieden?
Ich habe mich vorab bei mehreren Organisationen informiert, fühlte mich aber bei meiner Organisation am besten über alle Fakten aufgeklärt. Im Nachhinein kann ich sagen, dass mich dieser Eindruck nicht getäuscht hat. Ich erinnere mich, dass die Informationsbroschüre zwei Tage nach der Anforderung bei mir zu Hause im Briefkasten war. Fragen wurden auch immer sehr zeitnah beantwortet und ich wurde vom ersten bis zum letzten Schritt super betreut. Es war immer Unterstützung da und alles war super organisiert. Der Eindruck einer guten Organisation war mir sehr wichtig, da man ohnehin viel Überwindung braucht, diesen Schritt überhaupt zu wagen.

Wie lange hat Dein Bewerbungsprozess gedauert?
An die genaue Dauer erinnere ich mich leider nicht mehr. Ich weiß allerdings, dass die Schritte alle recht zeitnah hintereinander folgten und man immer etwas zu tun hatte. Wenn man dann auf das Freischalten wartet, wird die Geduld allerdings auf die Probe gestellt. Man wartet Tag für Tag darauf, sich endlich dem spannendsten Teil zu widmen und die Gastfamilie zu suchen.

Wie bewertest Du den Bewerbungsprozess? Was fandest Du gut, was schlecht oder schwierig?
Ich kann mich wirklich an nichts Negatives erinnern, was meinen Bewerbungsprozess beeinflusst haben könnte. Ein bisschen mühsam war der Visumsantrag und die Reise zum Konsulat, da dies bei mir mit einer fünfstündigen Autofahrt verbunden war. Bei diesem Schritt muss man aber wohl ein-

Gastfamilie auf vier Pfoten: Julia unterwegs mit Dackel Hobbes

mal in den sauren Apfel beißen und sich ein bisschen in das System des Antrags reinfuchsen. Ist das Visum aber erst einmal genehmigt, ist der letzte große Schritt zum Au Pair-Abenteuer bewältigt.

Wie hast Du Dein persönliches Interview in Erinnerung? Gruppen-/Einzelgespräch, wo hat das Interview stattgefunden, welche Themenbereiche wurden besprochen, was rätst Du zukünftigen Au Pairs?
Ich erinnere mich weniger an die Themen des Interviews, jedoch viel mehr an meine Aufregung. Ich war super nervös und konnte nicht wirklich einschätzen, was auf mich zukommen würde. Heute schmunzele ich über meine Panik von damals: Was ist, wenn ich das Haus nicht finde und meine Betreuerin durch ihr Küchenfenster sieht, dass ich 20 mal daran vorbeifahre? Was ist, wenn es nur eine kleine Parklücke gibt, in die ich nicht reinkomme? Zu meiner Beruhigung hat mich mein Navi nicht enttäuscht und parken konnte ich auch mit weniger als zwei Korrekturzügen. Natürlich beschäftigen einen Sachen wie z.B., dass man Angst hat, man könnte vielleicht aus irgendwelchen Gründen doch nicht geeignet sein. Man macht sich Gedanken, ob das Englisch ausreichend ist, und ich hatte gehofft, dass ich ihre Fragen überhaupt verstehe. Dieser Part war aber ganz locker, und allgemein war auch das Einzelgespräch in einer super Atmosphäre. Ich meine mich zu erinnern, dass man im Grunde nur mündlich noch einmal über die Bewerbung, die persönliche Erfahrung, die Motivation und die Erwartungen redet. Man unterhält sich locker, und meine Betreuerin war unglaublich freundlich, sympathisch

und geduldig. Die Aufregung war schnell verflogen, und ich hatte ein gutes Gefühl nach dem Interview.

Wie bist Du mit Deinem Englisch in den USA zurechtgekommen?

An der englischen Sprache war ich schon immer ein wenig interessiert. Es hat mir Spaß gemacht und ich habe Leute bewundert, die der Sprache fließend mächtig waren. Meine damalige beste Freundin ist Amerikanerin und jedes Mal, wenn sie sich mit ihrer Familie unterhielt und ich einen kleinen englischen Beitrag zusteuern konnte, hielt ich dies für unglaublich cool. Umso mehr war es schade, mein Abi relativ schlecht im Fach Englisch absolviert zu haben. Dies nahm mir kurzzeitig meine Motivation und hat mich überhaupt nicht in dem Bild bestätigt, das ich bis dahin von meinen Englischkenntnissen hatte. Ich hatte Angst, man würde mich in den USA vielleicht nicht verstehen oder sogar auslachen. Einem geht ja so einiges durch den Kopf, wenn man nicht übermäßig selbstbewusst ist. Ich erinnere mich auch noch sehr gut an die erste Zeit vor Ort. Bei der Orientation konnte ich super folgen, und alle haben langsam und deutlich gesprochen. Hier gab es also wirklich gar keine Probleme. Anders war es dann in den ersten Tagen bei der Gastfamilie. Ich erinnere mich, dass meine Gastmutter auf der ersten Autofahrt nach Hause zu mir sagte, dass ich sehr still sei und sie einen ganz anderen Eindruck diesbezüglich von mir gehabt habe. Es war nur so, dass ich wirklich gerne reden wollte, aber das Gefühl hatte, nicht ausdrücken zu können, was ich sagen möchte. Ich war sehr ruhig und legte mir im Kopf die Wörter zurecht, um anschließend den perfekten Satz zu sagen. Eine lange Konversation war dadurch natürlich ganz unmöglich. Wir waren zu zweit im Auto und konnten beide auf niemand anderen ausweichen, so dass das Gespräch geprägt war von ihren Fragen und meinen Antworten aus zwei Wörtern. Ich erkläre mir dies aber auch damit, dass ich viele Eindrücke verarbeiten musste und nicht direkt von „Null auf Hundert" mit einer Person warm werde. In den kommenden Tagen wurde die Kommunikation immer leichter und auch durch die Kinder fühlte ich mich gestärkt: Sie verbesserten keine Fehler! Während des Jahres sind natürlich auch immer wieder kleine Vokabel-Fauxpas passiert, über die ich aber im Nachinein nur lachen kann. Ich glaubte zum Beispiel einmal meiner Gastmutter ein Kompliment zu machen, indem ich ihr sagte, sie sei so schön „brown". Dass gebräunt „tanned" heißt, erfuhr ich also erst an diesem Sommertag. Ich erinnere mich zusätzlich daran, dass mein Gastsohn es liebte, zu diskutieren. Manchmal war ich in solchen Situationen aber mit meinem Englisch am Ende und sagte ab und zu falsche Wörter, die er als „gefundenes Fressen" sah, um mir zu sagen, dass er die Diskussion gewonnen habe. Wir haben danach immer beide gelacht und fortan nutzte er meine falschen Wörter, um mich zu ärgern. Insgesamt kann ich sagen, dass ich von Tag zu Tag dazugelernt habe und nach einiger Zeit viele Komplimente für mein gutes Englisch bekommen habe. Nach dem Jahr habe ich mich für ein Englischstudium eingeschrieben, welches ich erfolgreich absolviert habe.

Wie verlief Deine Gastfamiliensuche?
Per Telefon, Skype und Email.

Details zu Deiner Gastfamiliensuche:
Jeder Gastfamilienvorschlag war Aufregung pur. Man googelt den Wohnort und egal, was dabei rauskommt, es klingt nach ganz großer, weiter Welt. Man kann sich gar nicht genug Fotos von den Kindern anschauen und ist interessiert an jedem kleinsten Detail. Ich erinnere mich an meine erste Skype-Verabredung, die leider sehr förmlich war. Ich war unglaublich aufregt und hatte während des Gesprächs das Gefühl, die wollten kurz drei Sätze mit mir sprechen und sich dann nicht

weiter um die Suche kümmern. Dieser Eindruck wurde bestätigt, als ich nach dem zehnminütigen Gespräch eine Email im Postfach hatte, ob ich das neue Au Pair sein möchte. Ich habe abgelehnt. Das wichtigste ist, auf sein Bauchgefühl zu hören. Wenn man sich denkt: „Ich weiß nicht, irgendwie konnten wir uns nicht so gut unterhalten", dann weitersuchen! Egal wie lange es dauert, ich bin überzeugt, dass man merkt, wenn es passt. Als der Vorschlag kam, dem ich auch zugestimmt habe, war ich sofort in die Fotos der Familie verliebt. Es müsste ungefähr der vierte Vorschlag gewesen sein. Alles, was die Familie geschrieben hatte, klang perfekt, und ich konnte nicht abwarten, mehr zu erfahren. Wir skypten, und ich fühlte mich sofort wohl. Es bestand eigentlich kein Zweifel mehr, und ich habe ganz stark gehofft, dass die Familie mich fragt, ihr Au Pair zu werden. Das Match lief erfolgreich ab und beide Seiten waren zufrieden. Die Angst, dass man keine passende Gastfamilie findet oder es nicht in der Zeit schafft, ist ständig da. Aber ich bin sicher, es gibt immer mindestens eine Familie, mit der man sich toll arrangieren kann. Als Tipp kann ich hier nur jedem ans Herz legen, nicht nach dem größten Haus oder den unkompliziertesten Kindern zu suchen. Vielmehr geht es darum, das Gefühl erwidert zu bekommen, ein Teil der Familie werden zu können und menschlich auf einer Ebene zu sein. Zugegebenermaßen kamen nach meinem Match mehr und mehr Zweifel, weil ich gar nichts mehr von meinen Gasteltern hörte. Gleichzeitig erzählte mir ein anderes Au Pair, mit der ich mich recht zeitgleich beworben hatte, dass ihre Gastfamilie jede Woche Bilder und Videos von den Kindern schickt und sie sich gegenseitig Geschenke zusenden. Ich war wirklich neidisch und hatte Angst, eine doch nicht so tolle Gastfamilie erwischt zu haben, weil es scheinbar auch anders ging. Ich weiß nun: ein ganz großer Fehler, so etwas zu denken! Man darf die Familien nach dem Match nicht vergleichen und muss der Sache Zeit geben. Alles, was meine Freundin und ihre Gastfamilie vorab geschickt und kommuniziert hatten, fehlte dann in den ersten Tagen. Die Erwartungen aneinander waren ganz anders und in deren Köpfen herrschte schon ein Bild vom jeweils anderen vor, ohne dass sie sich vorher gekannt haben. Ich war froh, „bei Null anfangen" zu können und persönlich eine ganz liebevolle Bindung zu meiner Gastfamilie aufzubauen.

Mit wie vielen Gastfamilien hattest Du insgesamt Kontakt?
Ich glaube, es waren vor dem ersten Match vier Familien.

Hast Du die Gastfamilie(n) gewechselt?
Ja.

Gib an, wie und warum es zum Wechsel kam. Wie lief der Wechsel ab und wie ging es Dir während dieser Zeit?
Der Grund, warum es zum Rematch kam, ist ein wenig komplexer. Schon bevor ich in die USA reiste, schickte mir meine Gastmutter eine super lange Email, in der sie erklärte, dass die Familie zwei Monate nach meiner geplanten Ankunft nach Florida ziehen würde. Dort gab es zu diesem Zeitpunkt kein Educare-Programm, sodass wir eine Lösung finden mussten, die für beide Seiten angenehm war. Wir einigten uns nach langen Emails darauf, dass ich wie geplant zu ihnen komme und wir dann vor dem Umzug weitersehen würden, was passiert. Meine größte Angst war zu diesem Zeitpunkt, dass ich keine neue Familie finden würde und das Jahr nach zwei Monaten beendet wäre. Ich ließ mich schließlich darauf ein, weil ich dachte, die Zeit sei zu knapp, um eine neue Familie zu suchen. Zudem hatte ich mich schon so sehr auf diese Familie gefreut und mich auf sie eingestellt. In New Jersey wuchs mir die Familie immer mehr ans Herz, was den zeitnahen Umzug noch schlimmer machte. Zum Glück sagten sie mir, dass sie mich nicht nach Hause schicken würden und sie mir die Zeit

geben, die ich brauche, um eine neue Familie zu finden. Vor dem Umzug haben wir uns noch nicht sehr intensiv mit dem Rematch beschäftigt, sodass ich erst ein Mal mit nach Florida gekommen bin. Da mein Gastvater dort noch keinen neuen Job hatte, war es in seinem Interesse, mich zeitnah weiter zu vermitteln, da ein Au Pair leider auch sehr teuer für die Familie ist. Meine Betreuerin vor Ort hat einige Male mit mir telefoniert und mich sehr unterstützt. Sie versprach, mit anderen Betreuern zu reden, um zu erfahren, wo Au Pairs gebraucht werden, weil andere das Jahr abgebrochen haben oder aus anderen Gründen gehen mussten. Schnell schlug sie mir eine Familie aus Boston vor. Ich hörte mir die Fakten an und erfuhr, dass der Gastsohn seit seiner Geburt an Diabetes leidet. Zu meinem Job gehörte es, darauf zu achten und ihn zu unterstützen. Ich lehnte schließlich ab, da ich mir dies nicht zutraute. Nach weiteren Gesprächen mit meiner Betreuerin hat diese mich mehr oder weniger überredet und überzeugt, dass die Familie super ist und auch die Hürde mit dem Diabetes überwunden werden kann. Ich solle mir das davon nicht kaputt machen lassen, riet sie mir. Ich willigte letztendlich also ein und bin meiner Betreuerin für immer dankbar, mich überzeugt zu haben. Auch wenn der unfreiwillige Abschied in Florida sehr traurig war, hatte ich eine mindestens genauso gute Zeit in der neuen Familie.

Beschreibe bitte Deine (letzte/für Dich wichtigste) Gastfamilie.
Meine Gastfamilie aus Boston bestand aus Mama Terry, Papa Chris, Jack und Lily. Die Gastmutter war um die 40 Jahre alt und Finanzberaterin für Millionäre. Die genaue Bezeichnung hat sie mir sicher mal genannt, aber ich habe es mir nur so merken können. Der Gastvater, auch etwa 40, war Chef in einer Computerfirma. Ich habe nie ganz verstanden, was genau deren Aufgabe war, weiß aber, dass beide sehr beschäftigt waren und für ihre Tätigkeit sehr gut entlohnt wurden. Lily (13)

und Jack (11) sind Geschwister, die unterschiedlicher nicht sein können. Beide hatten trotz ihres kleinen Altersunterschiedes ganz andere Interessen und steckten in unterschiedlichen Entwicklungsphasen. Die Familie wurde ergänzt durch eine kleinen Dackel namens Hobbes.

Wie sah ein typischer Tagesablauf von Dir aus?
Ein typischer Arbeitstag begann mit dem Wecken der Kinder. Bei der Gasttochter ging dann alles wie von allein: Sie packte ihre Schultasche, machte sich fertig und frühstückte. Das Essen stellte ich den Kids kurz nach dem Wecken auf den Tisch, und sie bedienten sich dann selbst. Hierbei sollte ich darauf achten, dass immer etwas Obst bereitstand, damit sie mit etwas Gesundem in den Tag starteten. Etwas mehr Kraft erforderte die Morgenroutine mit meinem Gastsohn. Ich musste ihm die Anziehsachen rauslegen, seine Tasche packen und ihn daran erinnern, sich zu waschen und zu frühstücken. Anschließend mussten wir uns um seine Diabeteswerte kümmern, damit er weder unter- noch überzuckert in die Schule ging. Den Vormittag hatte ich dann für mich und habe oft etwas mit meinen Freundinnen unternommen. Dies waren unterschiedliche Sachen: Manchmal haben wir auch einfach alle noch zwei Stündchen geschlafen, da unser Tag fast immer recht früh anfing. In der Regel habe ich dann nachmittags die Kinder von der Schule abgeholt. Erst sie, dann ihn. Ich habe Lily immer erst nach Hause gebracht, damit sie sich dort ausruhen konnte und nicht eine weitere halbe Stunde im Auto sitzen musste, um ihren Bruder abzuholen. Wenn alle wieder zu Hause waren, hatten die Hausaufgaben erste Priorität. Ich unterstützte beide und habe immer versucht darauf zu achten, dass alles erledigt wird. Der restliche Nachmittag stand uns dann zur freien Verfügung, sofern keine Aktivitäten vorgesehen waren. Oft regierten Hobbies, Sport, Musikinstrumente etc. das Nachmittagsprogramm. Im Großen und Ganzen war ich das Taxi für Aktivitäten und

habe dafür Sorge getragen, dass der Tagesablauf funktionierte. In freien Zeiten spielten wir oft Gesellschaftsspiele oder waren draussen. Dies hängt aber ganz stark von den Interessen und vor allem vom Alter der Kinder ab. Manchmal wollten meine auch nur ein bisschen Nintendo spielen und waren froh, wenn ich sie in Ruhe ließ.

Julia und ein amerikanisches Original: Harley Davidson

Was hast Du in Deiner Freizeit gemacht?
In meiner Freizeit war ich eigentlich nie allein. Alles wurde mit meinen beiden Freundinnnen und dem amerikanischen Freundeskreis geplant. Wir verreisten sehr viel, einige von uns hatten ab und zu Besuch aus Deutschland, und ansonsten haben wir Sachen gemacht, wie z.B. kurz in die Stadt fahren, etwas essen, shoppen usw. Wir nutzten immer unsere Autos, um neue Orte zu entdecken und einander zu besuchen.

Wie und wo hast Du Freunde gefunden in Amerika? Waren es andere Au Pairs oder Amerikaner? Hast Du noch Kontakt?
Meine Zimmerpartnerinnen von der Orientation lebten glücklicherweise im gleichen Ort, sodass wir uns in unserer Freizeit oft treffen konnten. Auf den Clustermeetings haben wir dann noch andere Au Pairs aus der Umgebung kennengelernt. Zugegebenermaßen waren dies aber auch oft nur Zweckbekanntschaften, um jemanden zu haben. Man hätte sich in Deutschland wahrscheinlich nie angefreundet, hat sich damit aber in Amerika arrangiert, weil man „im gleichen

Boot saß.“ Dies kann natürlich bei jedem anders laufen. Mehr Glück hatte ich da bei meiner zweiten Gastfamilie in Boston. Am Tag meiner Ankunft hatten schon zwei andere Au Pairs aus der Gegend erfahren, dass ich ankommen werde. Noch am Abend fragten sie mich über Facebook, ob sie mich abholen sollten, damit wir uns kennenlernen könnten. Dies war der Beginn einer super Freundschaft, die jetzt – Jahre später – immer noch so besteht wie in den besten Zeiten in Boston. Wir besuchen uns, telefonieren und wissen eigentlich alles über das Leben der jeweils anderen. Es war ein Riesenglück, dass die beiden sich auch noch in einen amerikanischen Freundeskreis eingeklinkt hatten. Die beiden hatten die Bademeisterjungs vom örtlichen Pool angesprochen. Diese haben sich in den Collegeferien ein bisschen Geld dazu verdient, und meine Freundinnen verbrachten die Sommertage mit ihren Gastkindern oft am Pool. Zwischen den beiden und den Jungs entstand eine gute Freundschaft, und fortan wurde ich also auch auf Parties mitgenommen, zum gemeinsamen Kochen eingeladen, und wir alle haben Ausflüge zusammen gemacht. Sehr hilfreich war dies natürlich für die Sprache und auch für den kulturellen Austausch. Wenig später sah ich auf Facebook, dass ein Junge aus meinem Abijahrgang nach Boston reiste, um einen Freund zu besuchen. Wir hatten daraufhin geschrieben, und schnell wurde ich auf ein Strandwochenende in Cape Cod eingeladen, weil der besagte Freund, ein Amerikaner, dort ein Haus hat. Ich nahm meine beiden Freundinnen mit, und schon hatten wir den zweiten amerikanischen Freundeskreis. Zu den meisten habe ich noch Kontakt, und eine meiner Freundinnen hat den Freundeskreis seither schon zweimal besucht. Bald kommt einer der Jungs nach Deutschland, und wir freuen uns alle auf ein Wiedersehen.

Welche Weiterbildungskurse hast Du besucht?
Ich habe einen Psychologiekurs an der Harvard Extension

School belegt. Dieser war einmal wöchentlich am Donnerstagabend. Es war schön, den Uniablauf mitzubekommen und in das Fach hineinzuschnuppern. Recht zeitnah wurde mir aber klar, dass diese Schiene für meine weitere Karriere ausgeschlossen sein wird – aber dies zu wissen, ist ja auch ein Erfolg und eine tolle Erfahrung.

Wie bist Du mit dem Taschengeld zurechtgekommen?
Mit dem Taschengeld kommt man super zurecht. Ich musste nur für ein getanktes Auto sorgen und hatte den Rest zur freien Verfügung. Zugegebenermaßen habe ich viel (zu viel) fürs Shoppen ausgegeben, zum Glück aber auch für Reisen und tolle Ausflüge. Ein großer Teil wurde sicher auch für die unendliche Menge an leckerem Essen ausgegeben! Ansonsten bekam ich während des Jahres zu Weihnachten und zum Geburtstag ein bisschen Geld dazu, wovon ich weitere Reisen finanziert habe. Weiteres Geld von zu Hause oder von meinem Ersparten brauchte ich allerdings nicht.

Wie beurteilst Du die Betreuung durch Deine Organisation in den USA? Persönlicher Betreuer, Unterstützung, Versicherung etc.?
Wie schon vorher beschrieben, kann ich nur Positives über die Betreuung meiner Organisation sagen. Ich wurde in jeder Hinsicht unterstützt und würde die Organisation immer wieder wählen und weiterempfehlen.

Wurden Deine Erwartungen an Gastfamilie, Leben in den USA etc. eingehalten oder nicht? Was hast Du Dir vor Deiner Au Pair-Zeit anders vorgestellt?
Ich hätte vorab nicht gedacht, dass ich als Au Pair einen so großen Stellenwert in der Familie einnehme. Ich kannte das Au Pair-Dasein aus deutschen Familien nicht und wusste nicht, wie viel Verantwortung die Familie in meine Hände

legen wird. Es ist absolutes Vertrauen da, und man hat zwischenzeitlich das Gefühl, dass der ganze Familienalltag aus den Fugen gerät, wenn man als Au Pair nicht alles „unter einen Hut“ bringt. Ich finde das eigentlich toll, weil meine Familie mir viel Wertschätzung dafür gezeigt hat und dankbar für alles war, was ich für sie gemacht habe.

Welches Fazit ziehst Du nach deinem USA-Aufenthalt? Was hat Dir gefallen, was nicht?
Ich lege jedem so einen Aufenthalt ans Herz. Mir hat an sich alles gefallen, weil ich immer versucht habe, aus allem das Beste zu machen. Unglücklich war der Wechsel aus meiner geliebten Gastfamilie, aber auch das hat sich zum Guten gewendet und mir tolle, neue Chancen ermöglicht. Ich war kein besonders großer Fan von den Clustermeetings, finde es aber toll, dass das Angebot besteht, zumindest für die, die daran Interesse haben. Umso besser fand ich es, dass diese Treffen bei meiner Organisation freiwillig waren und man nicht gezwungen wurde, etwas mitzumachen, worauf man nicht so große Lust hatte.

Hatte Dein USA-Aufenthalt einen persönlichen Nutzen für Dich?
Das Jahr in den USA hatte in vieler Hinsicht einen Nutzen für mich. Am größten ist natürlich der persönliche Nutzen – man wächst als Person, lernt auf sich alleine gestellt zu sein und wird offener gegenüber Personen und anderen Kulturen. Sehr wichtig war aber auch, das Leben in der Heimat mehr schätzen zu lernen. Man beginnt die Sachen zu vermissen, die man vorher als selbstverständlich angesehen hat. Ich bin seither reflektierter und habe mich seit meiner Heimkehr nie wieder mit meiner Mutter angelegt – man lernt, wieviel Arbeit Kinder machen und wie wenig diese einem manchmal zurückgeben. Ich bin mehr als dankbar, diese Einsicht erlangt zu haben. Dies soll auf keinen Fall heißen, dass meine Gastkinder undankbar waren, aber man wird eben zum ersten Mal mit

einem anderen Blickwinkel konfrontiert, über den man sich vorher keine Gedanken gemacht hat! Ein weiterer Vorteil ist natürlich die Sprache, die wohl fast jeder am Ende des Jahres besser beherrscht als vorher. Dies war seitdem nur von Vorteil und hat mich im Studium sehr gestärkt und weitergebracht.

Was rätst Du zukünftigen Au Pairs?
In erster Linie rate ich ihnen, nicht aufzugeben, wenn schlechte Tage auf einen zukommen. Ich kann jedem versprechen, dass diese Tage kommen werden. Bei einem sind es vielleicht nur zwei dieser Tage, bei anderen auch mehr. Man wird dann dort sitzen, seinen Kopf auf den Tisch legen und sich fragen, was man hier eigentlich gerade zu suchen hat. Diese Tage gehen vorbei, und wenn man merkt, es gibt ein längerfristiges Problem, muss man mit jemandem reden, der helfen kann. Man ist nie allein, und es gibt immer viele Wege, ein Problem zu lösen, bevor man die Zelte in den USA abbricht. Ein anderer wertvoller Tipp ist, nicht zu viel Geld fürs Shoppen auszugehen. Von all den Klamotten, die ich für so viel Geld gekauft habe, besitze ich jetzt, einige Jahre später, kaum noch welche. Finanziert lieber Reisen und tolle Ausflüge, denn diese Erinnerungen kann einem keiner mehr nehmen.

11.2 Gastfamilien

11.2.1 Gastfamilie Hammond aus Washington D.C.

Family details:
Myle, Military Officer
Rani, Human Resources Executive
Mason, son, 9 years
Sydney, daughter, 8 years

Wie ein richtiger Teil der Familie: Gemeinsam auf das Familienfoto

For how many years do/did you have au pairs?
6.5 years

Which nationalities do/did your au pair(s) have?
South African: 2
German: 2
Polish
Swedish

Do you prefer to host au pairs from certain country/countries? If so, please provide details.
The quality of their spoken English has been an important part of the selection process, especially when the kids were very young. You can typically get an initial feel for a candidate's language skills when viewing their videos, but confirmation of that is always determined during Skype inetrviews. We do not typically exclude countries of origin, but we have noticed over the years that there are those countries that tend to have more au pairs with strong language skills as well as the other highly sought after attributes.

Why did you decided to welcome au pair(s) into your home?
I knew friends from work that had a positive experience and because we had dual careers that are very demanding we needed a childcare solution that was flexible enough to meet changing needs and schedules.

What are/were your biggest worries regarding hosting a (new) au pair?
Integrating a new personality into the family dynamic.

What are/were daily tasks of your au pair(s)?
Responsibilities have evolved over the years, but they range from making sure that the kids are prepared for each school day, dressed appropriately, have eaten breakfast and are driven to school on time. After school they are responsible for picking the kids up, taking them to after school sports and activities, as well as assisting them with their school homework.

What are the most important skills & personal qualities an au pair applicant needs to provide?
Responsible, reliable and trustworthy. There was one au pair (from Germany) that we had to request a rematch and it was primarily because she did not meet our expectations in those three areas.

What are you looking for regarding childcare experience of a suitable au pair applicant?
A healthy amount of childcare experience is never a bad thing; however, what we tend to look for most are au pairs that are hard working, intelligent and with a good temperament. Working with kids can be challenging, so it requires a diligent personality type that actually enjoys spending time with kids.

How would you define a good reference an au pair provides?
We do review the in country interviews and weight them much the same way that you would a reference; however, we have a set of interview questions we have developed that we use as the primary tool amongst those we feel are highly qualified applicants.

What add-on "qualifications" do you prefer an au pair applicant to have?
First Aid course for children, Driver/car safety training, Music instrument(s), International travel experience, Sports

Which parts of the application do you rate as most important?
Video, Interview Report, Evaluation of English skills

What do you regard as "typical" for Au pairs from Germany, Austria and Switzerland?
They typically have strong English skills, but at times can be very rigid and are often not as open or warm during initial interviews.

Any recommendations for future au pairs coming to America?
I would not say that there is a typical American family, instead families are different along a broad spectrum. There are regional traits for families, but I would encourage au pairs to keep an open mind, but look for the family that feels most welcoming to their natural personality.

Special memories/experiences with your au pair(s) you want to share?
We have always integrated our au pairs into the family, to include traveling with them on family vacations. It has always been great to look back at photos of all the times shared with people that have become a part of our family. We also regularly have past au pairs coming back to visit on an annual basis, which is also a great feeling.

11.2.2 Gastfamilie Schwartz aus New Jersey

Family details:
Kelly, Andrew, Matthew (9), Lara (6)

For how many years do/did you have au pairs?
5 years

Which nationalities do/did your au pair(s) have?
German, Brazilian, Mexican

Austausch der Kulturen: Weihnachtsmarkt auf amerikanisch

Do you prefer to host au pairs from certain country/countries? If so, please provide details.
No preference, although South Americans tend to extend for 2 years, whereas Europeans do not.

Why did you decided to welcome au pair(s) into your home?
We needed in home childcare coverage. My parents are from Ireland and I thought the cultural experience would be good for our family.

What are/were your biggest worries regarding hosting a (new) au pair?
Losing some of our privacy and possible immaturity of au pairs. With two parents working stressful jobs, I wasn't sure the au pairs could manage the stress.

What are/were daily tasks of your au pair(s)?
Responsibilities vary year to year at the children age, but the primary tasks were feeding the children, caring for their needs, weekly laundry, organizing activities.

What are the most important skills & personal qualities an au pair applicant needs to provide?
General competence – the need to understand you are working for busy parents who need a helping hand. Au pairs need to care for the children's emotional needs at times. With pa-

Traditionen teilen: Thanksgiving-Turkey samt Familienfeier

rents out of the house, children need to be cared for someone who loves them even on the tough days.

What are you looking for regarding childcare experience of a suitable au pair applicant?
Strong communication. Without it, the relationship will not work.

How would you define a good reference an au pair provides?
A good reference goes beyond working at a camp or daycare. I look for candidates who are involved in childrens lives personally, whether being an aunt, neighbor or cousin. I seek out someone who really loves children.

What add-on "qualifications" do you prefer an au pair applicant to have?
Driver/car safety training, English language course/certificate

Which parts of the application do you rate as most important?
Driving experience, Video, Evaluation of English skills

What do you regard as "typical" for Au pairs from Germany, Austria and Switzerland?
Strong English speaking skills and driving capabilities.

Any recommendations for future au pairs coming to America?
Understand that each family environment is unique to itself. Seek out families who truly convey their love for their children. Do the parents make their children a priority during their free time? If they don't – run!

Special memories/experiences with your au pair(s) you want to share?
All of our au pairs were special, valued and important to us. They each provided our children with special moments – from building train tracks and playing dress up, to playing soccer and swimming with the kids. My children were truly cared for and loved and for me that is priceless.

11.3 Amerikanische Au Pair-Betreuer

11.3.1 Kimberly, lokale Betreuerin in Seattle

Kimberly schreibt über ihre Gefühle und die Gespäche, die sie mit Au Pairs zu Beginn des Aufenthaltes führt, und über das Gespräch kurz vor Ende der Au Pair-Zeit.

As a Community Counselor, giving back to this generation of young women is full circle for me since my overseas living experiences were so life-changing – the deepest education I‘ve ever received. In our two week meetings, au pairs and I talk about coping strategies, goals for the year, along with the physical journey they took to get here, and then after a year or two, that same au pair and I will talk in our re-entry discussion about this intense journey they took within themselves, finding out exactly what they are made of and coming to realize that they traveled very far away to travel very deeply within themselves. That conversation always gives me chills!

Für alle zukünftigen Au Pairs hat Kimberly sechs Tipps, die ihnen das Leben in den USA erleichtern sollen:
- Don‘t remain in your room on the off duty hours – venture out to just chill in your home.
- Ask your host parent to go on a walk to talk about the day –

exercise opens the mind to more open dialogue. Ask your host parent how her/his day was when they ask you.

- Cry when you need to and don‘t be afraid to let your new family see you vulnerable. Crying releases the stress you carry and admitting you are human and homesick is never a weakness. Let your family see and help you!
- Cook a meal from your country for your family. It will help with your homesickness and they may just love it.
- Don‘t hold back or be shy. It is not the year for this. Your family will not know what you are thinking if you don‘t find your own voice and tell them. They will not know how you wish to be treated compared to past au pairs if you don‘t educate them. Americans are busy – they will expect you to communicate to them, but might not stop for long periods to ask about you. For the good or the bad, this is a cultural tendency. So speak your truth!
- Be vulnerable, be open, be available, be emotional. Talk about the cultural differences. Write up some table topper discussions for dinner to spark conversation.

11.3.2 Jody, Au Pair-Orientation Trainerin und Mitarbeiterin der ersten Stunde des amerikanischen Au Pair-Programms

Jody blickt im Rahmen des 30-jährigen Programmjubiläums von Au Pair in America (1986-2016) auf ihre Arbeit mit Au Pairs zurück und beschreibt, wie intensiv die Zeit des Einführungsworkshops ist.

I often say to the women I meet that I respect and admire them for the courage they show to accept this challenge. It is true, I tell them, for I am sure I would never have been brave enough to get on the plane, leave behind the life I had always known and set out for a new world and expectations I can't even define. Many have never been on a plane; some have never been out of their own country or perhaps even far away from their own small part of that country. Now, here they are in a land of 320 million people whose language, food and behavior may be totally different. And yet, 100,000 of them have chosen Au Pair in America to fulfill their dreams.

As the orientation team leader I feel particularly lucky to be a part of the exciting adventure of each young woman I meet. Every new arrival I stand in front of the group on the first morning and look at them. Some are tired, some are frightened, and some are annoyed they have to be in the room, but they are all looking at me, strangers to me and to each other. At the end of the days of laughter, lots of tears, more words than anyone can count, it is the young woman, who in the rush of departures, loading buses and greeting families, that comes and stands in front of me, like a deer in headlights, and says in a most quiet voice; can you give me a hug? That's when I know that somewhere within this woman, and all those who come, are common traits of courage and resilience that will bring them through life's challenges. Most don't even know they are there, but something moves them forward. A small, still voice said they could … when they could hardly hear it. It is not to say they might not question the decision at times, they may miss home and family, they may find the hours of childcare challenging, but what I think brings them here is the belief that if they can do this, they can do anything. As the great philosopher Christopher Robin says to Winnie the Pooh, "You are braver than you believe; you are smarter than you seem and you are stronger than you think." Some special few of us simply know this, and that is who our young women are!

12 | Nützliches

12.1. Vorgaben des U.S. Department of State

- § 62.31 Au Pairs ist abrufbar auf folgender Webseite: www.ecfr.gov (Title 22 – Foreign Relations / Chapter 1 Browse Parts 1-999 Department of State / Subchapter G – Public Diplomacy and Exchanges – Part 62.1 to 62.63 Exchange Visitor Program - Subpart B—Specific Program Provisions - § 62.31 Au pairs)

Weitere offizielle Webseiten:
- J-1-Visa Exchange Visitor Program: http://j1visa.state.gov
- U.S. Department of State: www.state.gov
- Bureau of Educational and Cultural Affairs: https://eca.state.gov/about-bureau

12.2. Diplomatische Vertretungen, Fachverbände und Amerikazentren

- US Botschaft Berlin
  Clayallee 170
  14191 Berlin
  Tel.: 030-8305-0, www.usembassy.de

- US Generalkonsulat München
  Königinstraße 5
  80539 München
  Tel.: 089-2888-0

  US Generalkonsulat Frankfurt
  Gießener Str. 30
  60435 Frankfurt am Main
  Tel.: 069-7535-0

- US Botschaft
  Österreich: https://at.usembassy.gov/de
  Schweiz: https://bern.usembassy.gov

- Auswärtiges Amt: www.auswaertiges-amt.de
- Deutsche Botschaft in den USA: http://www.germany.info
- International Au Pair Association (IAPA): https://www.iapa.org
- Au Pair Society e.V.: http://au-pair-society.org
- Council on Standards for International Educational Travel (CSIET), unabhängiger amerikanischer Verein zur Überwachung der US-Austauschorganisationen: http://www.csiet.org
- Amerikazentrum Hamburg e.V.: http://www.amerikazentrum.de
- Amerikahaus
  Köln: www.amerikahaus-nrw.de
  München: http://www.amerikahaus.de
- Deutsch-Amerikanisches Institute (DAI)
  Heidelberg: www.dai-heidelberg.de
  Nürnberg: www.dai-nuernberg.de
  Saarbrücken: www.dai-sb.de
  Tübingen: www.dai-tuebingen.de
- Deutsch-Amerikanisches Kulturinstitut
  Freiburg: www.carl-schurz-haus.de
  Stuttgart: www.daz.org

12.3. Internet-/Adressen und Reisetipps

- unabhängiger Bildungsberatungsdienst: www.weltweiser.de
- Visit USA Committee Germany e.V.
  Thalkirchner Str. 14
  80337 München
  www.vusa.travel
  info@vusa.travel
- Corporation for Travel Promotion, Brand USA, eine öffentlich-private Marketing-Organisation zur Förderung von Reisen in die USA: www.visittheusa.de

Register